Brian Fleming Research & Learning Library
Ministry of Education
Ministry of Training, Colleges & Universities
900 Bay St. 13th Floor, Mowat Block
Toronto, ON M7A 1L2

DES MENTORS POUR LA RELÈVE

PRESSES DE L'UNIVERSITÉ DU QUÉBEC
Le Delta I, 2875, boulevard Laurier, bureau 450
Québec (Québec) G1V 2M2
Téléphone : 418-657-4399 • Télécopieur : 418-657-2096
Courriel : puq@puq.ca • Internet : www.puq.ca

Diffusion / Distribution :

CANADA et autres pays
PROLOGUE INC.
1650, boulevard Lionel-Bertrand
Boisbriand (Québec) J7H 1N7
Téléphone : 450-434-0306 / 1 800 363-2864

SUISSE
SERVIDIS SA
Chemin des Chalets
1279 Chavannes-de-Bogis
Suisse

FRANCE
AFPU-DIFFUSION
SODIS

BELGIQUE
PATRIMOINE SPRL
168, rue du Noyer
1030 Bruxelles
Belgique

AFRIQUE
ACTION PÉDAGOGIQUE
POUR L'ÉDUCATION ET LA FORMATION
Angle des rues Jilali Taj Eddine
et El Ghadfa
Maârif 20100 Casablanca
Maroc

La *Loi sur le droit d'auteur* interdit la reproduction des œuvres sans autorisation des titulaires de droits. Or, la photocopie non autorisée – le « photocopillage » – s'est généralisée, provoquant une baisse des ventes de livres et compromettant la rédaction et la production de nouveaux ouvrages par des professionnels. L'objet du logo apparaissant ci-contre est d'alerter le lecteur sur la menace que représente pour l'avenir de l'écrit le développement massif du « photocopillage ».

RENÉE HOUDE

DES MENTORS POUR LA RELÈVE

ÉDITION REVUE ET AUGMENTÉE

2010

Presses de l'Université du Québec
Le Delta I, 2875, boul. Laurier, bur. 450
Québec (Québec) Canada   G1V 2M2

Nous reconnaissons l'aide financière du gouvernement du Canada
par l'entremise du Programme d'aide au développement
de l'industrie de l'édition (PADIE) pour nos activités d'édition.

La publication de cet ouvrage a été rendue possible
grâce à l'aide financière de la Société de développement
des entreprises culturelles (SODEC).

Intérieur
Mise en pages : INFOSCAN COLLETTE-QUÉBEC

Couverture
Conception : RICHARD HODGSON

1 2 3 4 5 6 7 8 9 PUQ 2010 9 8 7 6 5 4 3 2 1

Tous droits de reproduction, de traduction et d'adaptation réservés
© 2010 Presses de l'Université du Québec

Dépôt légal – 1er trimestre 2010
Bibliothèque et Archives nationales du Québec / Bibliothèque et Archives Canada
Imprimé au Canada

*À Raphaëlle et Alexandre
et à tous les petits-enfants de la terre
pour la suite du monde…*

REMERCIEMENTS

À mes étudiantes et à mes étudiants du Québec, de Suisse romande et de France.

Aux personnes restées dans l'anonymat qui m'ont autorisée à publier leur récit et leur analyse.

Aux collègues du Québec, de Suisse romande et de France qui ont lu et apprécié mes travaux et qui ont partagé leurs idées et leurs lectures avec moi.

Aux personnes qui font que ce livre vient au monde: éditeur, responsable de production, concepteur de maquette, réviseur, imprimeur.

À l'Université du Québec à Montréal, qui offre un programme court de 2e cycle en mentorat.

Aux personnes qui m'ont inspirée, depuis si loin et si longtemps.

Aux personnes qui inventent les chemins entre les générations.

AVANT-PROPOS

Édtion revue et augmentée, disons-nous en quatrième de couverture. Il aurait fallu dire : édition diminuée, revue et augmentée.

Diminuée parce qu'ont été enlevés l'ancien épilogue ainsi que des passages ou paragraphes qui n'étaient plus pertinents.

Revue parce que nous avons enrichi ou ajouté des topiques déjà présentes.

- les trois pôles ou 3-D (dimensions) de la relation mentorale, le défi, le soutien et le projet, au chapitre 4 ;
- une comparaison entre le mentor et le *coach*, au chapitre 4 ;
- des nouveaux éléments sur chacune des phases de l'évolution de la relation mentor-mentoré, au chapitre 5 ;
- comment prendre contact avec le mentor éventuel et l'importance du pairage, au chapitre 7 ;
- le débat sur les programmes de mentorat : la question des anciens et des modernes, au chapitre 9 ;
- les balises d'un programme de mentorat : un canevas comme un chemin, au chapitre 9 ;
- quelques mots sur le cybermentorat, au chapitre 9.

Augmentée parce que :

- nous avons inséré en introduction des thématiques qui nous intéressaient précisément :
  - la résurgence du mentorat dans nos sociétés,
  - le phénomène de l'accompagnement tout au cours de la vie adulte,
  - la transmission intergénérationnelle,
- nous avons ajouté un chapitre sur le croisement entre les approches biographiques et les pratiques mentorales, soit le chapitre 10 ;
- nous rendons hommage, en épilogue, à Erik H. Erikson, le psychosociologue américain au parcours peu banal qui a inventé la notion de générativité.

Le présent ouvrage est une refonte des livres sur le mentorat parus en 1995 et 1996 qui sont considérés comme des ouvrages de base dans le domaine et qui sont en voie de devenir des classiques. C'est pourquoi j'ai voulu maintenir l'allure de l'ouvrage et le propos qui m'animait tout en intégrant l'air du temps qui est celui des années 2010. Cette édition est diminuée, revue et augmentée et une grande partie du texte est nouvelle. Comme quoi les livres aussi ont leur histoire !

Renée Houde
2010

TABLE DES MATIÈRES

REMERCIEMENTS ix

AVANT-PROPOS xi

INTRODUCTION 3
   La filiation 4
   L'origine du mot mentor et de notre vision implicite
   du mentorat 7
   La résurgence du mentorat 9
   Le phénomène de l'accompagnement 11
   Une vision de la transmission intergénérationnelle 13
   L'organisation de cet ouvrage 16

Partie 1
MA CONCEPTION DU MENTORAT 19

Chapitre 1
QU'EST-CE QU'UN MENTOR ET QU'EST-CE QUE LE MENTORAT? .. 21
   Le mentor, un passeur 22
   Le mentor, une figure d'identification 24
   Le mentorat, une relation affective importante 25
   Le mentorat, une relation de réalité 25
   Le mentor, une figure de transition 27

Une relation arc-boutée sur différents temps
de la vie adulte 29
Deux expériences, deux ports d'attache 30
Les différentes aires de la vie adulte...................... 32
   Exercice : Les cinq aires de ma vie 33
Une expérience possible sur toute la durée de la vie adulte .. 34
Le mentor, une personne nourrissante 36
Le mentor, une figure significative à l'échelle d'une vie..... 38
   Récit : Annette.. 39

Chapitre 2
AVOIR UN MENTOR, UNE TÂCHE DE JEUNESSE............... 43
Pour entrer dans le monde adulte 45
Se relier à soi-même, aux autres, au monde 48
Accéder à son Rêve de vie et lui faire de la place 49
   Exercice : Le Rêve de vie................................ 52
Établir une relation amoureuse et choisir un style de vie.... 53
   Exercice : La «femme spéciale» ou l'«homme spécial» 55
S'orienter professionnellement et décider d'un travail 55
   Exercice : Le choix d'un métier ou d'une carrière 56
Établir une relation avec un mentor 56
   Récit : Charles... 57
   Exercice : Avoir un mentor.............................. 59

Chapitre 3
DEVENIR MENTOR, UNE TÂCHE DU MITAN 61
Le mitan de la vie adulte, plus qu'un virage 62
Le sens du temps se modifie 65
Le stress du mitan... 67
Le Rêve de vie est évalué, modifié ou abandonné.......... 70
   Rêves à vendre 71
Devenir mentor, une tâche du mitan 72
   Exercice : Être mentor.................................... 73
Le mentorat et la générativité 73
Les composantes de la générativité 76
Le profil des personnes qui exercent leur générativité
et les caractéristiques du mentor 78
La maturité et le mentorat.................................. 81
Le mitan, une nouvelle donnée............................ 86
Le mitan, une construction culturelle 87
Un détour historique 89

Chapitre 4
LE BUT DU MENTORAT, SES TROIS DIMENSIONS (3-D) ET LES FONCTIONS DU MENTOR 91
   Le but du mentorat : révéler le mentoré à lui-même et l'aider à implanter son Rêve de vie 92
   Les trois dimensions (les 3-D) de la relation mentorale 94
   Les douze fonctions du mentor 98
   Mentorat de carrière, mentorat de vie 102
   Le modèle de Kram 103
   Le modèle de Cohen 105
      Récit : Monique 107
   Des rôles connexes 111
   Le rôle de mentor et celui de *coach* : une comparaison 113
   Les fonctions et le mentorat réussi 116
   La constellation mentorale 117
      Exercice : Moi et les fonctions de mentor 117
   Des pistes de recherche 118

Partie 2
LE PROCESSUS DU MENTORAT 121

Chapitre 5
L'ÉVOLUTION DE LA RELATION MENTOR-MENTORÉ 123
      Récit : Jacinthe 125
   Phase 1 : le commencement de la relation 129
   Phase 2 : le déroulement proprement dit 133
   Phase 3 : le dénouement de la relation 138
      Le cas d'Élise 140
   Un exemple, la relation de Jung et de Freud 142
   Les six phases du modèle de Phillips-Jones 144
   Les quatre phases du modèle de Kram 146
   Une brève comparaison entre les modèles 149
   Mentorat et communication initiatique 150
      Exercice : L'évolution d'une relation mentor-mentoré 152

Chapitre 6
L'ESPACE TRANSITIONNEL DE LA RELATION MENTOR-MENTORÉ : LA LIMINALITÉ 155
   Le mot « liminalité » 157
   Les types de liminalité 158
   L'exemple de Rita 159

Phase 1: la séparation.................................. 159
Phase 2: la liminalité proprement dite 163
   Une belle description d'une expérience de liminalité..... 164
Phase 3: la reconstitution du soi 166
«Je est un autre», ou la liminalité synchronique 168
   Un poème de Juan Ramón Jimenez................. 169

Partie 3
QUESTIONS PRATIQUES............................. 171

Chapitre 7
LE CHOIX D'UN MENTOR 173
   Un sol fertile.. 175
   Les facteurs d'attraction 177
   Un choix fondé sur un manque........................ 178
   Un choix fondé sur une perception subjective 180
   Le mentor est-il plus sage et plus avancé que le mentoré?... 181
   Le choix d'un mentor est-il plus difficile pour les femmes?... 183
   Comment prendre contact avec le mentor éventuel?....... 186
   Pour que se poursuive la relation:
   trois déterminants relationnels 187
   L'importance d'un bon pairage dans les programmes
   de mentorat 188
   Le choix, un processus mystérieux 189

Chapitre 8
LES CHAMPS D'APPLICATION ET LES EFFETS................. 191
   Les champs d'application du mentorat 192
   Les effets du mentorat 194
   Les effets positifs................................... 194
   Les effets négatifs 197
      Grille d'analyse de la relation mentor-mentoré 199

Chapitre 9
LES PROGRAMMES DE MENTORAT 203
   Une reprise de la question 204
   Qu'est-ce qu'un programme de mentorat? 205
   Le débat sur les programmes de mentorat:
   la querelle des anciens et des modernes 207
   Les conditions de réussite des programmes de mentorat 209
   Les balises d'un programme de mentorat:
   un canevas comme un chemin 211
      Canevas d'un programme de mentorat............... 212

Quelques mots sur le cybermentorat 215
Que faire pour promouvoir le mentorat? 216
En conclusion 217

Chapitre 10
LES APPROCHES BIOGRAPHIQUES ET LES PRATIQUES MENTORALES 219
Les approches biographiques en sciences humaines 220
La grammaire des histoires 224
L'utilisation des approches biographiques
dans les pratiques mentorales 227
Un exemple: celui du RAME 228
Le projet du RAME 229
En conclusion 233

CONCLUSION 235

ÉPILOGUE
ERIK H. ERIKSON (1902-1994): LE PSYCHOLOGUE DE LA GÉNÉRATIVITÉ 241
L'homme aux quatre noms 242
L'architecte de l'identité 245
Son influence 247
Conclusion 252

BIBLIOGRAPHIE 253

INDEX 265

Les livres grandissent en nous, mot par mot, phrase par phrase, page par page. Ils jettent des ponts entre les êtres. Parfois le pont, semblable au Golden Gate Bridge, sorte de pont d'or faisant écho aux bateaux ivres de nos moi intérieurs, est suspendu entre soi et soi-même. Le charme s'installe, l'émerveillement se lève, la magie règne. Le plaisir rôde là où le propos nous retient, là où la phrase nous chavire, là où l'auteur nomme pour nous ce que nous avons furtivement senti, un jour. Ce que nous avons frôlé, sans nous y attarder.

Il y a des gens qui ressemblent aux livres. Ils s'installent en nous. Ils nous habitent et nous transforment. Ils prennent l'allure d'un pont d'or suspendu entre soi et soi-même. C'est de ces gens-là que je parle dans ce livre. Je les appelle des mentors.

INTRODUCTION

De tout temps, les êtres humains ont appris les uns des autres. L'un, plus avisé, servait de modèle, d'enseignant, de conseiller à l'autre, à l'affût de tout : à travers l'apprentissage d'un métier, le jeune adulte apprenait aussi à vivre, à comprendre le monde dans lequel il se trouvait, à devenir quelqu'un. Souvent le modelage se faisait à l'endroit. D'autres fois, le jeune adulte devait découvrir l'envers des choses et supputer le revers des êtres pour s'y retrouver : les gens, en ces temps-là, n'étaient pas plus parfaits que maintenant. La formation du cœur, de l'esprit, se moulait sur celle de la main et du corps. Il se trouvait même qu'il existât des maîtres.

Socrate a sans doute été le mentor de Platon. Jésus, celui de Pierre, de Jean ; Merlin l'enchanteur, Yoda, sont d'autres figures de mentor. Au Moyen Âge, la formation professionnelle se faisait dans les ateliers où les rapports humains étaient fortement individualisés sans pour autant être très personnalisés. (Mais qu'en savons-nous au juste ?)

Le film *Tous les matins du monde* présente un Marin Marais se cachant sous la cabane du maître, à l'insu de ce dernier, afin de capter des bribes de son savoir.

Maintenant la quantité d'information disponible est telle que personne ne peut prétendre posséder un savoir universel ; beaucoup de pédagogies le proclament : il faut former les jeunes à « apprendre à apprendre ». De plus, les professeurs ne jouissent plus du prestige qu'ils avaient naguère. Par ailleurs, les adultes semblent avoir du mal à vivre :

concilier le travail et la famille, être citoyen[1], conjoint et parent sont autant d'expériences qui les amènent à rencontrer constamment des problèmes, problèmes vieux comme le monde, mais qui prennent une nouvelle couleur quand le village a les frontières de la planète, quand les grandes œuvres sont sur CD-ROM, quand il y a probabilité de vivre 70 ans et plus. Comme à d'autres époques, les penseurs les plus pénétrants s'étonnent de la complexité du monde, mais les frontières de la science semblent se déplacer, depuis les trous noirs du cosmos, jusqu'à la bioéthique en passant par les abysses de l'inconscient, et l'autoroute électronique. Plus que jamais, vivre est une tâche, non une donnée.

Si l'apprentissage en atelier avec un maître appartient à une autre époque, le besoin de mentor, lui, n'est pas révolu. Au contraire, il apparaît tenace et vigoureux. La métamorphose des liens, d'une part, et la mutation du monde du travail, d'autre part, contribuent au besoin de mentors que nous avons.

La filiation

Dans toute société, pour devenir homme, le jeune garçon a besoin d'être en contact avec l'énergie mâle de ses aînés. C'est la thèse que défend Robert Bly (1992) dans son commentaire du conte *Jean-bras-de-fer, Iron John* :

> *Jean-bras-de-fer* représente l'adulte mentor qui met le jeune homme en contact avec sa grandeur et sa «tête dorée[2]». (p. 182)

> Sa tâche est d'enseigner au jeune la richesse, la variété et les multiples facettes de sa «mâlitude». (*Ibid.*, p. 55)

Le jeune homme ne peut apprendre à devenir un homme uniquement parmi ses pairs; il a besoin des plus vieux, des anciens, de ses pères. Il en est de même pour les filles. Quelque chose doit être transmis de femme à fille, pour que celle-ci devienne femme à son tour; la jeune fille a besoin des femmes plus âgées, des anciennes, de

---

1. J'ai opté pour une féminisation euphonique qui n'alourdit pas le style et est agréable à l'oreille. Lorsque la féminisation des termes ne s'effectue pas de façon naturelle, le lecteur comprendra que le mode masculin inclut le féminin, inclusion toute grammaticale, bien sûr.
2. Dans cet ouvrage, les traductions des citations originellement en anglais sont des traductions libres de l'auteure. Le lecteur intéressé à consulter le texte original pourra se reporter à la bibliographie.

ses mères et grands-mères. Il y a quelque chose qui se transmet uniquement d'homme à fils, et si j'extrapole, de femme à fille. Mais également d'homme à fille, de femme à fils.

Plus largement, quelque chose doit être transmis par l'aîné au jeune adulte pour que la filiation s'opère. Les initiations et les apprentissages entre pairs possèdent leurs limites. Le phénomène des gangs le démontre. Aux aînés, hommes et femmes, incombe la tâche initiatrice de contribuer à ce que le jeune homme devienne homme, à ce que la jeune fille devienne femme. Sur le plan personnel comme sur le plan professionnel. Telle est la loi de la civilisation humaine.

Or, dans notre société, les rituels de passage pour entrer dans le monde adulte sont bien limités. Ils sont tellement pauvres que nous en sommes réduits à invoquer l'acquisition du droit de vote et l'obtention du permis de conduire une automobile comme de pâles imitations de rituels de transition. Non seulement nos rituels de passage sont pauvres, mais encore les personnes qui devraient s'investir dans des rôles de passeur semblent prises ailleurs. Occupées. Absentes. En effet, on peut se demander où se trouve la génération du mitan[3] dont les jeunes ont besoin pour devenir à leur tour des adultes à part entière. Le rôle de mentor semble délaissé, méconnu, comme si les fils qui relient jeunes et aînés étaient coupés. Mais le sont-ils réellement?

Il importe de remblayer les fossés entre générations creusés par une société en mal de clientèle cible, qui, en distinguant les générations, les isole. Manifestement, le besoin est là: les jeunes voudraient rencontrer un mentor, être guidés par un adulte mature. Souvent, toutefois, ils ne savent pas nommer ce besoin. Quand ils découvrent cette figure qu'ils recherchent, ils en éprouvent une grande satisfaction. *Le mentorat[4] est une relation dont nous avons un besoin urgent.*

---

3. Le *Grand Robert* dit que le mot mitan est un nom masculin qui date du XIIIe siècle et qui signifie «milieu, centre». J'utilise ce mot pour désigner la saison de la vie adulte qui se déroule entre la jeunesse et la vieillesse et qui est appelée le milieu de la vie adulte.
4. J'ai traduit le terme anglais *mentoring* par le néologisme français «mentorat», m'inspirant de la famille de mots «tuteur, tutorat». J'ai eu plus de peine à rendre en français le terme anglais *mentee*: le mot «disciple» avait trop de résonance spirituelle ou didactique, le mot «élève» était trop restreint et le mot «protégé» évoquait la protection, le paternalisme. Je choisis donc le terme de «mentoré» qui est entré dans l'usage chez nous.

C'est en me situant dans le contexte précis du développement psychosocial de l'adulte et à la faveur des idées avancées et prônées dans cette perspective[5] que je conçois et souligne l'importance du mentor et la nécessité du mentorat. À travers une identification à un modèle et à un guide appelé mentor, le jeune (ou le moins jeune) adulte apprendra à devenir adulte; réciproquement, à travers le rôle de mentor, l'adulte mature travaillera à laisser sa trace et à transmettre la civilisation. Telle est la filiation. Ainsi, les défis psychosociaux de développement appellent jeunes et moins jeunes comme deux aimants, et ce à divers âges de la vie. *Le mentorat est donc une relation centrale dans le développement psychosocial d'un adulte.*

On sait maintenant que la vie adulte implique un processus continu de transformation de soi. Tout ne se joue pas avant six ans. Nous ne sommes pas adultes une fois pour toutes aux alentours de la vingtaine. Nous devenons adultes et nous poursuivons le travail de maturité et d'individuation bien au-delà de la vingtaine, car le développement de l'identité se poursuit pendant toute la vie humaine. De la jeune fille à la jeune femme en passant par l'épouse, la mère, la travailleuse, puis la femme mûre et, enfin, la femme âgée, la transformation n'a de cesse; il en est de même pour le jeune garçon. Nos amours à l'âge adulte, nos investissements dans différentes expériences de travail, nos engagements familiaux et sociaux contribuent à sculpter les personnes que nous devenons. Ainsi, à travers les événements de notre vie (événements de la vie personnelle tels que changement d'emploi, retour aux études, perte d'un conjoint, naissance d'un enfant, et événements de la vie sociale tels que guerre, mouvement de libération de la femme, apparition de nouveaux moyens contraceptifs, informatisation, nouvelle conception du mariage et de la famille, etc.), nous pouvons ressentir le besoin de rencontrer des personnes significatives en vue de faciliter nos transitions et notre transformation personnelle.

Parmi les personnes qui nous accompagnent sur le chemin de la maturité, il y a les mentors. Faire prendre conscience au jeune adulte qu'il a des ressources, lui permettre de se déployer comme personne dans «la richesse, la variété et les multiples facettes de son être» et d'occuper, si je puis dire, l'espace de sa propre grandeur, voilà ce à quoi un mentor convie le jeune adulte. Ainsi aide-t-il ce dernier à poursuivre et à consolider son identité d'adulte en tant que personne, en tant que professionnel.

---

5. Voir mon ouvrage *Les temps de la vie: le développement psychosocial de l'adulte*, 3e éd. revue et augmentée, préface de Jacques Languirand, Boucherville, Gaëtan Morin Éditeur, 1999.

Le mentor ne clame pas que les horizons sont bouchés, qu'il n'aurait pas voulu avoir 20 ans de nos jours. Il reconnaît les horizons qui se ferment, décèle ceux qui émergent et les montre du doigt. Il insiste sur le fait que chaque époque comporte ses difficultés et ses découvertes. Bref, il a l'espoir réaliste et non le désenchantement facile.

L'origine du mot mentor et de notre vision implicite du mentorat

On associe spontanément le rôle de mentor à des rôles de précepteur, de tuteur, de pédagogue, de guide, de professeur, de conseiller, de maître et même de sage. Ces associations liées au nom Mentor ont traversé les siècles et font en quelque sorte partie de notre imaginaire occidental. Mais d'où vient le mot mentor et quelle est l'origine de notre vision implicite du mentorat?

Mentor était l'ami d'Ulysse. Ulysse avait un fils, Télémaque. Au moment de partir pour sa grande aventure, Ulysse confia l'éducation de son fils à son ami Mentor. Il ne savait pas que son voyage allait être si long, et en son absence, Mentor a joué auprès de Télémaque plusieurs rôles, son rôle évoluant avec l'avancée en âge de Télémaque. Après coup, on pourrait dire un rôle de... mentor. Pendant le long périple d'Ulysse, Athéna voulut venir en aide au grand voyageur et lui donner sa protection. Elle lui apparut pendant son sommeil en prenant le visage de son ami Mentor: c'était une façon de l'atteindre à travers ses songes et de le conseiller.

Tout comme *l'Odyssée* est devenue le prototype du voyage, laissant sa trace dans le langage courant – une odyssée est un voyage (le mot Οδυσσεια partage une racine grecque avec le nom Ulysse: Οδυσσευσ) –, de même le nom Mentor en perdant sa majuscule est devenu un mot de la langue générale, un substantif désignant un rôle particulier, celui de guide, de conseiller, de maître: ainsi parle-t-on d'un mentor.

La conception de ce qu'est un mentor a évolué au cours des siècles; elle a modulé en fonction des philosophies de l'éducation et des idéologies. Par exemple Fénelon, dans son livre *Les aventures de Télémaque*, a présenté un Mentor sentencieux, sermonneur et moralisateur, dans le ton de l'époque. Aujourd'hui nous attendons d'un mentor qu'il soit capable de composer avec la complexité, qu'il ait des habiletés relationnelles et possède des compétences reliées à une expertise.

De ceci se dégagent trois idées importantes: Ulysse était le père. Mentor n'est pas le père. Ce n'est qu'incidemment que le père sera nommé par un individu comme étant un mentor et le plus souvent ce sera pour indiquer qu'il était un modèle; c'est au sens figuré ou encore de manière analogique que le père sera dit mentor et non au sens propre. D'où ce premier corollaire: le mentor est une figure autre que la figure parentale.

De ceci nous avons retenu, comme deuxième corollaire, que le mentor, au sens le plus noble, est un maître, c'est-à-dire quelqu'un qui inspire et conseille; celui qui sait et possède une longueur d'avance. Sans doute Athéna y est-elle pour quelque chose, elle qui inspire et conseille Ulysse pendant qu'il dort, elle qui est une déesse – un autre mode d'exister que celui de l'être humain –, elle qui sait des choses. C'est ainsi qu'on associe le maître à celui qui sait, et le mentor au maître. Encore ici il faut considérer que notre conception du maître est sculptée par les idées d'une époque.

De surcroît, il me paraît passionnant de voir l'idée de sagesse associée au mot mentorat. D'où cela vient-il? Plongeons une fois de plus dans les racines de notre imaginaire occidental. Dans le récit d'Homère, en vue de donner des conseils à Ulysse happé avec ses compagnons par des épreuves plus terribles les unes que les autres, la déesse Athéna choisit d'apparaître dans les songes du héros sous l'enveloppe corporelle du vieux Mentor. Subterfuge, ruse. On se rappelle qu'Athéna est la déesse sortie de la cuisse de Zeus, qu'elle porte le casque, qu'elle est la déesse guerrière mais aussi celle aux idées claires, symbolisant la rationalité et la sagesse. Parmi les nombreux dieux et déesses de l'Olympe, Athéna est étroitement concernée par la sagesse, une sagesse empreinte de créativité, et où *raison* donne la main à *intuition*. C'est ainsi que, tandis qu'Ulysse dort, elle lui suggère conseils et ruse (la *hubris* en grec), stratégies et... recadrages, dirait-on aujourd'hui. Il faut se rappeler que la ruse était une qualité convoitée chez les Grecs. Cette *hubris* se rapproche de l'ingéniosité. D'où ce troisième corollaire: le récit établit des liens entre mentor, ingéniosité et sagesse.

Ainsi, en ces périodes tourmentées où les rapports entre les générations ne vont pas de soi, où l'on parle de crise de la transmission, Athéna nous fait-elle signe une fois de plus en empruntant le visage de Mentor, d'un mentor revu et corrigé par la culture contemporaine.

Abbott (2000) nous prévient: «Longtemps associé à un sorte de personne, ce n'est que récemment que le terme "mentor" a été utilisé pour désigner un processus. De fait, les premières occurrences du mot mentor comme verbe apparaissent seulement au début des années 1980 dans le dictionnaire *Webster*.» Je sais que, lorsque j'ai commencé à m'intéresser au mentorat, au milieu des années 1980, la majeure partie de la littérature était en langue anglaise, et le mot « *mentoring* » était d'usage courant en langue française. En m'inspirant du mot « tutorat », j'ai préféré le mot « mentorat » qui s'est imposé avec le temps.

La conception du mentorat qui est véhiculée dans cet ouvrage ne restreint pas le mentorat au monde du travail. C'est pourtant la tendance qui s'impose tant dans les pratiques que dans la littérature. J'ai maintenue l'extension que je donne encore à ce concept de mentorat, qui englobe toutes les applications qu'on peut en faire dans de multiples situations d'apprentissage, que ce soit dans le monde académique, dans le monde de la santé et celui des affaires, dans le monde communautaire ou dans la vie. La clef de voûte de ma philosophie du mentorat se situe dans l'approche développementale qui décrit comment la personne se développe à travers des enjeux reliés à des phases et apprend tout au long de son cycle de vie. C'est d'ailleurs sous la plume des auteurs-fondateurs de l'approche développementale, C.G. Jung, Erik H. Erikson, Daniel Levinson, Roger Gould *et al.*, que le mot mentor apparaît dans les textes de psychologie. Bien sûr il existait déjà dans les textes littéraires et philosophiques qui ont pétri notre imaginaire occidental.

Pourtant il m'importe de ne pas ignorer, comme le disent Ragins et Kram (2007) que la définition traditionnelle du mentorat, à savoir « une relation entre quelqu'un de plus vieux et plus expérimenté, le mentor et un jeune, moins expérimenté, le protégé dans le but d'aider et de développer la carrière du protégé (Kram, 1985 ; Levinson, 1978) […] » a été affinée et que ce qui est au centre des savoirs sur le mentorat et ce par quoi on le distingue des autres sortes de relations est la définition suivante :

« Le mentorat est une relation développementale incrustée (*embedded*) dans le contexte de la carrière […] dont le point focal de la relation est le développement et la croissance de la carrière. » (Ragins et Kram, 2007, p. 5) Néanmoins la vision du mentorat que je propose dépasse le seul monde du travail.

La résurgence du mentorat

Appartenant à une vieille tradition anglophone, le mentorat est de plus en plus connu dans les milieux francophones ; il jouit d'une grande popularité aux États-Unis et au Canada anglais. La relation mentor-mentoré exerce une forte influence dans divers milieux, et ce de plus en plus. Il suffit d'entrer dans une banque de données ou un moteur de recherche pour constater à quel point le mentorat a le vent dans les voiles.

Comment expliquer cette popularité grandissante du mentorat ?

Elle s'explique par le besoin de redonner aux environnements éducatifs leur sens et leur richesse. Le climat créé par les pédagogies qui offrent des cours en pièces détachées répandues au cours des dernières décennies a atteint ses limites. Les étudiants réclament de pouvoir évoluer dans un milieu qui leur offre l'occasion de se développer maximalement, ce qui exige non seulement des ressources matérielles, mais aussi des ressources humaines disponibles et compétentes. De plus, la technologie, et, pour le désigner plus précisément, l'ordinateur, par-delà toutes les merveilles qu'il nous offre, n'a pu supplanter le ressort de tout développement : la relation interpersonnelle. Les jeunes (et les moins jeunes) ont besoin de quelqu'un au bout du fil, à côté de l'écran de leur ordinateur. Enfin la mobilité dans le monde du travail a entraîné des changements à l'intérieur des cultures organisationnelles : les lieux naturels d'exercice du mentorat ont ainsi été perturbés. Nous avons besoin d'environnements interpersonnels nourrissants à même nos environnements bureaucratiques et technologiques, à travers la mobilité sociale.

À un niveau sociétal, on peut se demander pourquoi cette relation vieille comme le monde réapparaît maintenant dans nos sociétés occidentales. Qu'est-ce que la résurgence du mentorat peut nous faire comprendre de notre société ?

Dans un univers en mutation, dans la société de production et de compétition qu'est la nôtre, les gens ont besoin de délaisser les objectifs de performance et de rentabilité qui prévalent et de créer un environnement nourrissant et porteur. Le mentorat, en tant que relation d'une part et en tant que stratégie organisationnelle d'autre part, est à la fois un outil de formation de la relève, de formation des mentorés et des mentors, et de transformation des organisations. En effet, dans les entreprises, dans les milieux académiques et professionnels, dans les milieux communautaires, le mentorat s'avère un moyen de conserver la mémoire institutionnelle, de perpétuer et de renouveler la culture, assurant ainsi à la fois la continuité et le renouvellement. C'est une façon de garder vivants l'organisation – au sens large – et ses membres. C'est une manière de construire le « tissu social » en favorisant la création de liens par le réseautage et la rencontre interpersonnelle, dans un univers où prévalent la surinformation et l'individualisme[6]. Bref, le mentorat contribue à recréer du lien social par la relation interpersonnelle, par la qualité des communications, par le réseautage, par une intervention inventive dans un monde en grande mutation. Pourtant, il y a un danger qu'on utilise le mentorat à toutes les sauces. J'ai choisi de réfléchir avec vous sur deux phénomènes sociétaux intimement liés au mentorat : celui de l'accompagnement de l'adulte et celui de la transmission intergénérationnelle.

Le phénomène de l'accompagnement

Les formules d'accompagnement de l'adulte se sont multipliées au cours des dernières décennies : accompagnement en cours de formation, formation continue ou sur le tas, tutorat, mentorat ou entraînement professionnel, conseillers et psychothérapeutes, accompagnement en histoire de vie, en relecture de vie, et ce jusque dans la mort avec l'accompagnement des mourants. Les moments de l'accompagnement se sont circonscrits : entrée au travail, changement de poste ou mutation dans un autre milieu, moments de transition de carrière, retour au travail après une absence, retraite, de sorte qu'il semble que l'adulte ait besoin d'être accompagné tout au cours de son cycle de vie.

Comment expliquer ce phénomène de l'accompagnement ?

On peut invoquer d'abord les mutations du cycle de vie au travail : d'une part se dessine un nouveau modèle de cheminement de carrière qui implique des formations ponctuelles en cours de route, des moments de ruptures et des périodes de reprise du travail, des temps de travail pluriels, bref un chemin sinueux qui s'oppose à un parcours linéaire (modèle traditionnel) ; d'autre part, le cycle professionnel est plus long. De plus, dans la majorité des pays occidentaux, la retraite est repensée, de sorte que nos sociétés offrent un immense réservoir de personnes retraitées qui deviennent des ressources potentielles.

On peut aussi faire appel à la métamorphose de l'univers du travail : complexité, surinformation, mobilité *versus* stabilité du lieu de travail qui expliquerait que les lieux naturels d'émergence du

---

6. Collectif, « Table ronde : Martine Lani-Bayle, Gaston Pineau, Alexandre l'Hotellier, André Vidricaire, Renée Houde et Franck Ribault », in *Chemins de formation, Les écritures de soi*, n° 6, octobre 2003, p. 86-96 (transcription François Texier et Marie-Anne Mallet suite au séminaire du DUHIVIF sur les écritures de soi, Université de Nantes, 14-15 juin 2002 : « Écriture de soi : entre sciences et littérature »).

mentorat ont disparu, et enfin la qualité du monde du travail qui recèle les caractéristiques de l'organisation apprenante par comparaison à celles de l'organisation « répétitive ».

Troisièmement, le malaise du lien, conséquence de la mutation des structures traditionnelles, oblige individus et organisations à pallier la perte des liens. Dès lors, le mentor apparaît comme une figure significative à l'échelle d'une vie.

Faut-il en conclure que le mentorat parle de l'immaturité de la vie adulte? Faut-il en conclure que l'adulte souffre de manque d'autonomie, d'incompétence, d'immaturité? Certains ont vu, dans le phénomène de l'accompagnement, l'expression de l'immaturité de la vie adulte. À mes yeux, rien de tel. Les multiples figures d'accompagnement témoignent plutôt de trois facteurs.

Le premier réside dans la manière dont se construit le sujet. On a compris récemment à quel point la personne se fabrique à l'intérieur d'un tissu social et relationnel. Les psychologues Freud, Kohut, Harry Stack Sullivan et Carl Rogers ont insisté sur le phénomène de la rencontre nourrissante et sur son pouvoir de transformation. De même, les philosophes Heidegger, Merleau-Ponty et Paul Ricœur ont insisté sur l'intersubjectivité humaine et, d'autres après eux, sur la construction du sujet, sur la construction identitaire. Certes, devenir adulte est une affaire éminemment personnelle, cependant les autres y sont pour quelque chose dans la personne que nous devenons. Les figures significatives de nos vies disent quelque chose sur la construction de notre identité. La qualité des relations que nous vivons est capitale, et tout comme l'air que nous respirons, elle nous régénère. Pas étonnant que l'adulte contemporain demande à être accompagné! L'accompagnement et le besoin d'accompagnement de l'adulte contemporain sont un corollaire de cette affirmation: nous naissons dans la mutualité et nous nous transformons dans la mutualité (la formulation est de Roger Gould).

Tributaires de la disparition des anciens lieux d'appartenance (famille, réseau de voisinage, paroisse), les adultes d'aujourd'hui – et c'est là le deuxième facteur – éprouvent le besoin d'être reconnus et confirmés comme sujets et comme personnes. Dès lors, le besoin d'appartenance s'est logé à d'autres enseignes.

Enfin, le troisième facteur vient du fait que devant la surabondance de l'information et la complexité de nos institutions, il fait bon avoir un fil d'Ariane qui permette de s'y retrouver: professeurs, mentors jouent dorénavant ce rôle. Mon hypothèse est que le mentorat fait office de fil d'Ariane puisqu'il permet à la personne de s'approprier une information formelle et informelle de manière personnalisée, de se sentir accompagnée et de s'y retrouver plus aisément.

Loin d'y voir le signe d'une immaturité, d'une incompétence, voire d'une pathologie de l'adulte à faire face aux nombreux défis qu'il rencontre, j'y vois l'expression d'une nouvelle application de découvertes récentes (on sait mieux comment se fabriquent les personnes, de l'enfance à la vieillesse), des nouvelles solidarités et des nouveaux attachements que nous inventons pour mieux vivre ensemble. Enfin, j'y vois l'expression d'adaptations ingénieuses au village global et à la surinformation qui nous entoure.

Qu'arrive-t-il si on met en lien ce besoin d'accompagnement tout au cours de la vie et le mentorat professionnel? Répondons d'abord par un exemple qui illustre l'importance de connoter positivement le besoin d'être accompagné.

Lors d'un atelier sur l'expérience des mentorés, nous avons reçu le témoignage de deux d'entre eux. Aux yeux de l'un, le fait d'exprimer le besoin d'avoir un mentor était une façon d'apprendre plus rapidement, c'était une «valeur ajoutée» (pour reprendre le langage économique qui était le sien). Aux yeux de l'autre, c'était avouer sa faiblesse, manifester son incompétence, et il nous a décrit le chemin qu'il avait fait pour se départir de ses préjugés péjoratifs et découvrir la richesse de la relation mentor-mentoré. Il était ravi de son expérience. Bref, la vision de l'accompagnement que nous avons peut influencer notre conception du mentorat.

Retenons surtout que le bon mentor a une notion de l'accompagnement; il est sensible à la richesse et à la complexité des parcours professionnels. Il sait que le projet de vie – Rêve de vie – est réaménagé, que le travail est imbriqué dans les autres zones de la vie, que les priorités d'une personne évoluent, que le projet professionnel change selon les saisons de la vie. Il sait aussi que c'est *a posteriori* que le mentor peut devenir une figure significative dans une vie. Il sait enfin qu'il existe d'autres formes d'accompagnement professionnel avec lesquelles il peut faire des ponts mais dont il sait se distinguer.

Une vision de la transmission intergénérationnelle

Quand on demande à quoi sert le mentorat dans les organisations, on répond souvent: au maintien de la mémoire institutionnelle, à la formation de la relève, en insistant sur le fait que c'est une source précieuse de transmission.

Plusieurs générations se côtoient dans le monde du travail. La pyramide des générations s'est allongée: si on postule qu'une génération dure sept ans, on peut voir sept ou huit générations travailler dans un même milieu. De plus, il y a des absences de générations suite à des départs massifs (on a vu dans ces départs massifs de générations de travailleurs une des causes qui rendait plus aiguë la formation de la relève).

On s'intéresse de plus en plus aux apports et aux synergies des générations les unes avec les autres. Chaque temps de la vie, et *a fortiori* chaque génération, adhère à une vision du monde et possède une énergie spécifique. On découvre de plus en plus la richesse des échanges intergénérationnels: il importe dès lors de favoriser la rencontre des énergies propres à chacun des temps de la vie (jeunesse, mitan, maturescence, vieillesse) et de mettre en contact les énergies du *Puer* et du *Senex*.

Plusieurs revues en éducation, en psychologie, en sociologie, en sciences humaines ont publié des numéros sur cette thématique de la transmission. On a parlé du malaise de la transmission qui touche la transmission des valeurs autant que des modes de transmission. Le phénomène de la transmission intergénérationnelle touche le mentorat. Voyons comment.

Quel est notre imaginaire occidental sur la transmission?

L'image de la «flamme olympique» qui passe d'une main à l'autre habite notre imaginaire occidental. Selon cette image, il y a une main qui transmet (le transmetteur), quelque chose à transmettre (la flamme) et une main qui reçoit ce qui est transmis (le récepteur). On pense spontanément la transmission selon le modèle cybernétique de la communication: il y a un émetteur, un récepteur et quelque chose à transmettre. Or c'est là une vision substantifiante, linéaire et unidirectionnelle de la transmission, pensée par des ingénieurs, qui donne une explication mécanique des choses et ne s'applique pas aux êtres humains. Pourquoi? Parce que l'être humain est un sujet, une personne, qui n'est ni un émetteur/transmetteur, ni un récepteur passif.

En effet, la transmission ne saurait être continuité simple de quelque chose comme ce «témoin» que les athlètes se passent dans une course à relais. Le transmetteur est un sujet, sa mémoire sélectionne, oublie, transforme, fragmente. Le récepteur est aussi un sujet: il est actif et s'approprie ce qu'il reçoit. Tous les professeurs du monde savent cela. Ceci a des conséquences. Il faut insister sur le caractère fragmentaire de la transmission, sur le fait que la dialogique traverse de part en part la transmission. Il faut également véhiculer une autre image de la transmission : la transmission n'est pas seulement informative ; elle est transformative. Comme me l'avait suggéré un ami, en s'amusant : « Dans le mot transmission, il y a le préfixe *trans* (transe) et le mot "mission", ce qui donne à croire que pour transmettre il faut être en transe et avoir une mission. » Pour ceux dont le latin serait lointain ou nébuleux, je rappelle que le préfixe *trans* signifie à travers (et non « transe »). Le rôle tenu par Robin Williams dans le film *La société des poètes disparus* illustre cette fonction inspirante et transformatrice du mentor.

Ainsi la mémoire organisationnelle passe-t-elle par l'histoire de l'organisation, par les mémoires des travailleurs. Les mentors sont des sujets qui sélectionnent, fragmentent, enjolivent. Les mentorés, des centrales autonomes. J'ai déjà dit et écrit que « transmettre, c'est donner quelque chose qui ne nous appartient pas totalement à quelqu'un qui va le pétrir à sa manière », ce qui implique de penser autrement la transmission. Repenser la transmission dans le cadre de l'interaction symbolique revient à penser la transmission comme partage de significations entre sujets. Laurence Cornu le dit bien :

> [...] le transmetteur est passeur, mais la transmission est « passation entre passants » où l'important est sans doute « ce qui se constitue entre les sujets », cet « entredeux qui plus qu'une volonté unilatérale, se révèle inducteur ». Et là sans doute se nouent les conditions de la transmission : le transmetteur « est un passeur qui a lui-même reçu ». Ce n'est pas qu'il ait à s'effacer pour que cela « passe » : cela passe par lui (Cornu, 2004, p. 43-54).

Il faut donc promouvoir une vision active/interactionniste et dialogique de la transmission. Quelque chose nous est laissé par d'autres, mais cela ne suffit pas à le faire sien. Comme l'a dit Goethe : « Ce que tes aïeux t'ont laissé en héritage, si tu veux le posséder, gagne-le. » (*Ibidem*) J'ai retrouvé une idée semblable chez Graciela Frigerio qui a écrit : « Bref la transmission héberge cette illusion sur la réalité de laquelle on travaille en gagnant des héritages jamais légués et en léguant des héritages dont on n'est pas les maîtres. » (*Ibidem*) Même sens chez Renée Char, pour qui « notre héritage n'est précédé d'aucun testament » (*ibidem*). L'héritage, on le gagne, on le recrée, en se l'appropriant... de sorte que l'héritage nous est moins légué qu'inventé.

Il y a une tendance à voir le mentorat comme un lieu de transmission des informations et des savoirs, dans cette société pétrie par l'esprit d'information, qui s'inspire d'une pensée cybernétique. Or je tiens à présenter la relation mentorale comme un lieu de transformation des personnes, mentor et mentoré, où la transmission des informations (sur l'organisation, l'expertise et les compétences) tient un rôle circonscrit et où le point nodal réside dans la rencontre qui permet la transformation, m'appuyant sur des postulats qui proviennent de l'interaction symbolique et de la psychologie humaniste.

Une telle vision de la transmission permet de comprendre comment le mentorat se situe entre continuité et renouvellement, et comment il est le lieu où les eaux se mélangent avant le partage des eaux. Si à 20 ans, chaque génération a besoin de refaire le monde, elle le fait tantôt en rupture, tantôt en continuité, comme si la trame de la transmission avait un endroit et un envers. Si à 40 ans, chaque génération a besoin de laisser sa trace et d'exercer sa générativité, elle le fait en se préoccupant du sort de la génération montante et de la formation de la relève. La transmission intergénérationnelle est un lieu dans lequel s'exerce le mentorat. Telle est la toile de fond sur laquelle il est possible de répandre la culture mentorale.

L'organisation de cet ouvrage

Le présent ouvrage porte sur le mentorat, tant celui qui est relié au développement professionnel que celui qui touche le développement global des êtres. La thèse que je développe est la suivante : à côté de la relation parentale, de la relation d'amitié, de la relation amoureuse et de la relation conjugale, il existe une autre sorte de relation interpersonnelle extrêmement importante et fort méconnue : la relation mentorale, ou le mentorat.

Le mot « mentor » évoque spontanément la notion de guide, de modèle, parfois celle de directeur de conscience ou de maître spirituel. Que faut-il entendre par mentor et qu'est-ce que le mentorat, que je présente d'emblée comme l'une des relations les plus significatives de la vie humaine ? En quel sens le besoin d'avoir un mentor est-il une tâche de développement reliée à la jeunesse ? Comment le fait de devenir mentor est-il relié à l'expression de la générativité et au mitan de la vie adulte ? Quel est le but du mentorat et quelles sont les principales fonctions que devrait exercer un mentor ? Autant de questions qui seront abordées en première partie.

Dans la deuxième partie, nous nous demanderons d'abord comment évolue cette relation en décrivant les différentes étapes du mentorat ; ensuite, nous réfléchirons sur l'espace psychique dans lequel se déroule le mentorat, en présentant la théorie de la liminalité. Le défi de cette deuxième partie sera de mettre des mots sur une complexité qui nous est familière soit parce que nous en avons fait l'expérience concrète, soit parce que nous avons une connaissance intuitive des réalités évoquées : le processus du mentorat.

Enfin, dans la troisième partie, des questions pratiques seront abordées. Comment faire le choix d'un mentor ? Le mentorat se prête-t-il à toutes sortes d'applications ? Quels sont ses effets sur le milieu ? sur le mentoré ? sur le mentor ? Comment mettre sur pied des programmes de mentorat ? Comment les pratiques des histoires de vie croisent-elles les pratiques mentorales ? Suivront la conclusion et un épilogue qui présente Erik H. Erikson comme le psychologue de la générativité, cela nous renvoyant aux racines psychosociologiques du mentorat.

Mon but est de faire connaître la relation mentor-mentoré et d'aider ceux qui le désirent à devenir mieux outillés soit pour agir comme mentors, soit pour faciliter la création d'environnements favorables à l'éclosion de la relation mentorale, soit pour concevoir et implanter des programmes de mentorat, bref de mettre à la portée d'un plus grand nombre une richesse qui m'apparaît sous-exploitée.

Je n'aborde pas le rôle du mentor en tant que maître spirituel sinon incidemment – cela ouvrirait d'autres sentiers de recherche, non pas que cette question me paraisse peu importante, bien au contraire, mais j'ai choisi plutôt d'approfondir la relation mentor-mentoré dans une perspective plus large. Je ne dresse pas davantage un inventaire des expériences de mentorat qui se déroulent actuellement dans divers pays ou au Québec[7]. Le matériel sur lequel je m'appuie provient majoritairement d'une vaste revue de littérature, de mon enseignement et des diverses sessions de formation que j'ai eu l'occasion de donner sur le sujet au Québec, en France et en Suisse romande.

Cet essai présente ma conception du mentorat dans une perspective précise, celle du développement du mentor et du mentoré en tant qu'adultes. Cette conception englobe les idées qui prévalent dans le monde des affaires, dans le monde de l'éducation, dans le monde de la santé, dans le monde communautaire également. Témoignages (les noms sont fictifs) et exercices accompagnent le texte.

---

7. À ce sujet le lecteur pourra consulter l'ouvrage *Le mentorat et le monde du travail au Canada : recueil des meilleurs pratiques* (2003) coordonné par Christine Cuerrier.

Toute personne préoccupée de comprendre son itinéraire personnel sur le sentier de la vie adulte devrait être intéressée par ce livre. Plus particulièrement, les personnes qui travaillent dans les secteurs suivants : gestion des ressources humaines, supervision, formation continue, consultation pédagogique et psychologique auprès de jeunes adultes (et de moins jeunes), enseignement, travail social, andragogie, nursing, médecine, auront l'occasion d'y découvrir un univers théorique et pratique qui les aidera à mettre des mots sur une réalité dont ils ont fait – en tout ou en partie – l'expérience.

Dans les meilleurs cas, on le sait, la métamorphose fait place à une plus grande actualisation de soi. La chenille devient papillon. Voilà ultimement à quoi vous invite ce livre.

Le style et la conception de cet ouvrage visent un public curieux de se comprendre et de comprendre les autres, dans la visée du « Connais-toi toi-même » de Socrate. J'ai eu à faire des choix. J'aurais pu éliminer quelques mots trop nouveaux et éviter certains détours théoriques. J'ai fait le choix contraire, faisant le pari que le sujet y gagnerait en profondeur, cherchant chaque fois à trouver le style qui permettrait au lecteur de partager mes découvertes.

Si comme moi vous vous demandez comment se fabriquent les personnes, si comme moi vous demeurez bouche bée quand vous vous demandez : Quelle personne aurais-je été si j'avais vécu à l'époque crétoise ? ou encore au temps de saint Augustin, ou si j'étais née en 1886, comme mes grands-parents ? Quelle femme serais-je si je n'avais pas eu d'enfant ? si j'avais vécu avec tel homme ? si j'avais été musicologue ?... Si comme moi vous vous émerveillez de voir les jeunes grandir, et les moins jeunes vieillir, surtout quand ils mûrissent bien, si comme moi vous avez la conviction qu'un réseau de fils invisibles nous relient les uns aux autres, sortes de circuits énergétiques non palpables, toiles d'araignées de notre identité, si comme moi vous êtes sensible aux influences que nous avons les uns sur les autres, vous comprendrez ce livre.

MA CONCEPTION DU MENTORAT

CHAPITRE 1

Qu'est-ce qu'un mentor et qu'est-ce que le mentorat?

Le mentor, c'est un nounours de la vie adulte.

Ils ne sont pas des devins, mais ils vous donnent l'impression de vous connaître. Ce ne sont pas des gens que vous avez croisés dans une vie antérieure, mais ils reconnaissent qui vous êtes, parfois sans que vous le sachiez. Ils croient en vous. Ils vous proposent des défis. Ils vous montrent à faire des choses. Ils vous incitent à vous dépasser. Sans eux, vous ne seriez pas tout à fait celui ou celle que vous êtes maintenant.

Ce ne sont pas des gourous. Ils passent dans votre vie. Souvent à ces moments décisifs que constituent les périodes de métamorphose, les périodes de transition. Ils entrent dans votre vie. Y occupent une place. Une place importante. Ils font partie de votre vie. Des semaines. Des mois. Des années. Puis en ressortent. Et vous n'êtes plus la même personne.

D'une certaine façon, ce sont des passeurs, au sens le plus noble du terme.

Le mentor, un passeur

Le rôle du passeur ne nous est pas inconnu. Il en existe plusieurs variantes.

Ainsi, dans les contes de fées, lorsque le héros ou l'héroïne est aux prises avec une difficulté, une épreuve, un défi ou un sort, il se présente quasi immanquablement un événement ou un personnage qui vient à son secours, fait office de passeur et l'aide à poursuivre son chemin : le chemin du conte, bien sûr, mais surtout le chemin de son être, la route pour devenir adulte. C'est ainsi que le passeur aidera Ti-Jean à traverser une rivière, à franchir une montagne, à affronter les dragons, à se transformer en prince ou en grenouille, selon le cas.

Ce rôle n'existe pas seulement dans les contes de fées ; les mythologies et la plupart des religions ont aussi leurs passeurs. Les Grecs, par exemple, recouraient à un dieu nommé l'Apollon psychopompe, qui guidait les âmes dans leurs pérégrinations. Saint Christophe, cet ermite qui, selon la légende, a hissé l'Enfant Jésus sur ses épaules et l'a transporté sur l'autre berge de la rivière, est une autre figure du passeur. Pour les chrétiens, Jean l'évangéliste, à titre de révélateur du Christ, est également un passeur.

Les passeurs, on l'aura compris, sont des catalyseurs d'êtres. Des révélateurs de personnes. Ils interviennent dans le développement des personnes et la transformation des êtres, tout au cours de la vie adulte.

Nul n'est une île. L'idée est répandue. Pourtant, j'ai le sentiment qu'elle n'est pas comprise. Je m'explique. J'ai l'impression de vivre dans un univers où les personnes se côtoient comme si elles étaient des îles. Le corps de chacun fait office de contour, et les personnes perdent de vue que des courants marins et des sédimentations terrestres d'ordre psychosociologique les relient les unes aux autres en les constituant. Elles oublient que la construction de leur personnalité est un phénomène essentiellement interpersonnel. Et pourtant, chacun a pu ressentir cette impression profonde que sa psyché la plus unique ne lui est pas totalement personnelle, qu'elle appartient à une époque, qu'elle est imbriquée dans le réseau d'autres psychés, celles de son présent, celles de son histoire personnelle et familiale, celles de son époque.

Nul n'est une île, cela veut dire que les personnes que j'ai connues font partie de moi. Qu'elles sont devenues moi, d'une certaine manière. Que je suis plus que la somme de toutes mes parties. Le propre des organismes vivants est de s'autoorganiser dans l'interdépendance et la poursuite de l'autonomie, ce que Varela (1989) appelle l'autopoièse, c'est-à-dire l'autofabrication, l'invention de soi-même.

Nul n'est une île, cela veut dire que les êtres sont reliés les uns aux autres par des réseaux de fils d'or, d'argent, de lin de toutes les couleurs. Que l'invention de soi-même ne se fait pas à vide, qu'elle s'accomplit dans l'entremêlement des uns et des autres. Dans le démêlement aussi. Que les autres sont pour quelque chose dans ce que je deviens. Que je suis pour quelque chose dans ce que les autres deviennent.

En réalité, nous ressemblons plus à des toiles d'araignées qu'à des îles. Et certains fils sont éminemment importants dans la trame qui nous constitue. La filiation n'est pas seulement une affaire de famille. C'est aussi une affaire de génération et de rencontre. De personne à personne.

Des personnes m'ont amenée à devenir celle que je suis. Je pourrais vous les nommer. Des personnes vous ont amené à devenir celui ou celle que vous êtes. Vous pourriez sans doute les nommer, sinon maintenant, du moins tout au long de la lecture de ce livre. Elles seront tout près de vous, derrière votre épaule, pendant que vous lirez. Ou encore à l'intérieur de votre regard pendant qu'il parcourra les pages, ligne après ligne.

Il y a des personnes qui révèlent les êtres à eux-mêmes. Ce sont des mentors. J'aime imaginer le mentor comme une sorte de passeur contemporain. Tout comme, dans les contes de fées, on peut déceler, puis entrevoir, à travers les péripéties que connaît le héros ou l'héroïne, une description du travail psychique qui incombe à tout être humain, de même on peut porter attention au processus de transformation et d'individuation qui est à l'œuvre tant chez le mentoré que chez le mentor, à travers leur relation passagère.

Le mentor, une figure d'identification

Le mentor apparaît comme une figure d'identification qui joue un rôle important dans la consolidation de l'identité chez l'adulte, il apparaît comme un genre de sage-femme psychologique, bref comme une version vingtième siècle de l'accoucheur d'âme dont parlait Socrate. C'est une personne à laquelle s'identifie, souvent de façon inconsciente, une autre personne que j'appellerai, à défaut de mieux et de façon arbitraire, le mentoré. En recourant à un mentor, le jeune adulte poursuit le développement de son identité. D'ailleurs, le choix qu'il fait de son mentor est profondément aiguillonné par ce besoin d'identification, comme nous le verrons au chapitre 7, quand nous traiterons du choix du mentor.

Le fait d'intérioriser une figure significative, c'est-à-dire d'avoir un mentor, est une des tâches majeures du jeune adulte. Selon Colarusso et Nemiroff (1981), une telle relation est en partie basée sur des identifications de l'enfance. Toutefois, pour ces auteurs, tandis que la relation parentale contribue à la construction de la structure psychique de l'individu, la relation avec le mentor ajoute à la spécificité de la personnalité adulte, favorisant son évolution.

En accueillant le jeune adulte comme mentoré, en lui servant de guide et de conseiller, ce qui demande de la maturité, le mentor favorise une plus grande individuation du mentoré et, par ricochet, actualise la sienne :

> Être mentor auprès des jeunes adultes est l'une des relations les plus significatives au mitan de la vie [...]. Le mentorat s'appuie sur l'impulsion parentale, mais il est plus complexe et exige un certain degré de l'individuation spécifique du mitan. (Levinson, 1978, p. 253)

Le mentor est comparable au «bon parent» dont parle Winnicott. De fait, il n'est pas un parent, mais un mélange de parent et de pair. Si le mentor se montre l'égal du mentoré, il y a risque que le mentoré n'admire pas suffisamment son mentor; si le mentor se montre trop supérieur au mentoré, il n'y aura pas de rapprochement.

La plupart des recherches effectuées sur le sujet indiquent que le mentor est généralement plus âgé que le mentoré (de 8 à 15 ans dans l'échantillon de Levinson). Mais le mentor n'est pas obligatoirement «plus vieux et plus sage» que le mentoré. Bref, le fait d'être plus âgé n'est pas une caractéristique spécifique du mentor, à plus forte raison dans une société où l'on continue d'apprendre à tout âge.

Le processus d'identification joue un rôle important – souvent de manière non consciente – lorsque le mentoré choisit son mentor; et l'inverse se confirme, lorsque le mentor choisit son mentoré. D'ailleurs la modélisation de rôle est subordonnée à l'identification du mentoré à son mentor: c'est ainsi qu'il cherchera à l'imiter.

Le mentorat, une relation affective importante

Un mentoré seul ne peut établir une relation de mentorat. Pas plus qu'un mentor seul ne peut entreprendre une telle relation. La réciprocité est essentielle.

La relation mentor-mentoré exige un investissement affectif (*cathexis*) tant du côté du mentoré que du côté du mentor. Ainsi peut-on dire de manière analogique que l'on devient mentor et mentoré un peu comme on devient amoureux, la relation mentorale étant considérée par plusieurs, dont Levinson (1978), comme une sorte de relation d'amour aussi forte et aussi importante que la relation parent-enfant ou que la relation entre les conjoints. À côté de l'amitié, de l'amour, de la relation parent-enfant, la relation mentorale constitue une relation affective importante pour chacun des protagonistes. Elle apparaît même comme l'une des relations les plus importantes, les plus significatives et les plus complexes de la vie humaine.

Le mentorat, une relation de réalité

Une figure symbolique peut-elle être un mentor? Une idole peut-elle être un mentor?

Prenons l'exemple d'un jeune écrivain qui s'enthousiasme pour Marguerite Yourcenar et qui, jusqu'à un certain point, s'identifie à elle ; ou encore, celui d'un jeune politicien qui vénère Napoléon. Dans les deux cas, il y a processus d'identification et investissement affectif du côté du jeune adulte. Cependant, ni Marguerite Yourcenar ni Napoléon n'ont connu personnellement le jeune adulte en cause, ils ne se sont pas investis affectivement auprès de lui. Ainsi, la relation demeure symbolique, ce qui ne veut pas dire qu'elle n'est pas éminemment importante dans l'économie du développement de la personne. Chacun sait que les personnes et les personnages qui hantent et habitent son château intérieur exercent sur lui une influence considérable. Dans les exemples précités, Yourcenar et Napoléon pourraient exercer une fonction de modèle, ce qui justifie de parler, par extension, de mentorat symbolique.

Toutefois, au sens strict, je préfère réserver le terme «mentorat» pour désigner une relation de réalité et de réciprocité. En effet, les expressions «c'est mon modèle» ou «c'est mon idole» sont souvent utilisées pour faire appel tantôt à une personne ou à un personnage fictif ou imaginaire avec qui le lien est entièrement symbolique, tantôt à une personne qui existe réellement – une personne réelle – mais avec qui il n'y a pas d'interactions interpersonnelles réelles ; dans ces cas-là, ces expressions renvoient à une relation imaginaire ou fictive et à une relation à sens unique. À mon avis, pour qu'il s'agisse d'un mentorat véritable, il faut qu'il y ait des transactions réelles entre les deux personnes en cause ; et pour qu'il s'agisse d'une relation de réalité et non d'une relation symbolique, la réciprocité est nécessaire, car le mentorat est essentiellement interactif, comme le confirme Carden (1990) en soulignant que la seule fonction de modelage fait appel, du côté du mentor, à un processus passif :

> Tandis que la plupart des chercheurs considèrent que le modelage est une fonction ou un comportement propre aux mentors, Bolton (1980), Shapiro, Haseltine et Rowe (1978), Young, MacKenzie et Sherif (1980), et Yoder, Adams, Grove et Priest (1985) affirment que le modelage, processus passif qui ne requiert pas de contact interpersonnel, est distinct du mentorat, qui, lui, est un processus essentiellement interactif. (Carden, 1990, p. 291)

Au sens strict, le mentorat implique des transactions réelles entre deux partenaires qui se sont choisis. Telle est du moins la conception du mentorat que je soutiens.

Le mentor, une figure de transition

Par définition, cette figure d'identification qu'est le mentor est une figure de transition. La relation mentorale est temporaire et non permanente. Ne dit-on pas du mentor qu'il est un passeur? On peut le comparer à une personne qui aide à traverser la rivière, tel saint Christophe, à l'accoucheur des esprits dont parle Socrate. Le mentor est une figure qui apparaît dans une vie, qui y joue un rôle pendant un temps certain, puis qui se retire de cette vie. D'ailleurs on peut dire que le mentor et le mentoré se sont bien acquittés de leur rôle et responsabilités respectives quand la relation parvient à son terme, à la satisfaction des protagonistes, dans les meilleurs cas. En effet, la relation qui s'établit entre le mentor et son mentoré est une relation passagère, ce qui ne diminue pas pour autant sa qualité et sa valeur. Faut-il se rappeler, à ce propos, la belle phrase de Margaret Atwood: «À l'illusion du permanent, je préfère l'illusion du temporaire!» Ce n'est pas, en effet, parce que des relations ne sont pas éternelles qu'elles n'ont pas de valeur.

En tant que figure de transition, le mentor est une sorte de partenaire transitionnel. Certaines personnes, et à mon avis le mentor est de celles-là, jouent à l'égard de l'individu qui vit une transition ou un changement, un rôle particulier qui ressemble à celui du partenaire transitionnel[1] tel que le décrit Wadner (1981). Ce rôle consiste à faciliter l'adaptation de l'individu qui vit un changement et à favoriser sa croissance; comme on le voit, ce rôle est directement relié au travail d'individuation et d'actualisation de soi du mentoré conformément au travail exigé par le développement psychosocial de l'adulte. En

---

1. L'importance de l'espace transitionnel et de l'objet transitionnel dans le développement de l'enfant avait déjà été expliquée par Winnicott (1969, p. 109-126). À la page 110, il écrit: «J'ai introduit les expressions "objet transitionnel" et "phénomène transitionnel" pour désigner l'aire d'expérience qui est intermédiaire entre le pouce et l'ours en peluche, entre l'érotisme oral et la relation objectale vraie, entre l'activité créatrice primaire et la projection de ce qui a déjà été introjeté, entre l'ignorance primaire de la dette et la reconnaissance de cette dette ("dis merci!").» De son côté, Wadner, dans sa thèse de plus de 600 pages qui a pour sujet l'utilisation des partenaires transitionnels au mitan de la vie adulte, fait l'hypothèse que «les objets transitionnels changent de forme et de fonction tout au cours de la vie adulte et peuvent représenter pour l'individu une "externalisation" symbolique des processus transitionnels et du conflit interne concomitant en vue de s'adapter aux tâches et aux "précipitants" du changement développemental» (Wadner, 1981, introduction).

recourant à un partenaire transitionnel et en s'identifiant à celui-ci, le mentoré peut accomplir certaines tâches développementales[2]. Selon la définition de Wadner, le partenaire transitionnel est

> un individu ou un objet qui, consciemment ou inconsciemment, remplit des fonctions d'empathie et de soutien à l'intérieur d'une relation étroite de type symbiotique dont le degré d'intimité varie et où il y a partage des aspects du soi. La première condition est d'aider la personne [...] à accomplir les tâches majeures de développement[3]. (1981, p. 14)

Selon Wadner, la spécificité du rôle de partenaire transitionnel, comparativement à d'autres relations interpersonnelles, s'établit en regard des tâches développementales ou des tâches de croissance que rencontre toute personne sur le chemin de la vie adulte :

> C'est par ce rôle informel primaire que cette relation se distingue des autres relations. La croissance psychologique ne fait pas partie de la définition formelle des rôles d'amant, de conjoint, de mentor ou d'ami, même s'il y a des cas où de telles relations remplissent ces fonctions – à ce moment-là, on peut parler de partenaire transitionnel. (*Ibid.*, 1981, p. 552)

Dans les faits, il pourrait arriver qu'un mentor, tout comme un conjoint ou un thérapeute, ne soit pas centré sur l'individuation de l'autre personne. Ainsi, tout mentor n'est pas nécessairement mentor dans le plein sens du mot. Seul celui qui se soucie de la réalisation personnelle et professionnelle de l'autre personne est un véritable mentor. En pratique, le mentorat s'exerce de bien des manières et à divers degrés.

---

2. Tâche développementale : ce concept désigne des apprentissages associés à des périodes de la vie, par exemple, quitter sa famille d'origine, fonder une famille, devenir parent ou encore quitter le monde du travail pour entrer dans la période de la retraite, etc.; c'est un terme de plus en plus répandu qui a été utilisé d'abord par Havighurst.
3. Même si la magistrale thèse de Wadner porte spécifiquement sur le mitan de la vie, au niveau théorique, les concepts de partenaire transitionnel et de relation transitionnelle me semblent transposables et significatifs pour les diverses transitions de la vie adulte. Comme dans beaucoup d'études qualitatives en développement adulte, l'échantillon est restreint : dix hommes du mitan (entrevues enregistrées d'une durée minimale de six à sept heures, quelques entrevues de 12 à 14 heures, sur une période de trois à six mois, avec suivi auprès de cinq de ces hommes un an plus tard). La notion de partenaire transitionnel de Wadner a tellement d'affinité avec ma compréhension du mentorat que je crois pertinent de la présenter ici.

Une relation arc-boutée sur différents temps de la vie adulte

En théorie, avoir un mentor correspond à une tâche développementale qui se situe le plus souvent au cours de l'entrée dans le monde adulte[4] où abondent les apprentissages reliés à de nouvelles expériences (*grosso modo* entre 18 et 40 ans). Devenir mentor d'autre part, correspond à une tâche développementale reliée au mitan de la vie adulte[5] (entre 40 et 65 ans). Ainsi, le mentorat se greffe sur les étapes de développement que sont l'entrée dans le monde adulte et le mitan de la vie. Il s'enracine dans certains défis qui caractérisent ces étapes et se rattache étroitement aux tâches développementales qu'elles comportent.

À titre d'illustration, le fait d'avoir un mentor peut permettre d'établir une plus grande intimité avec soi-même, de mieux connaître ses aspirations, ses intérêts, ses goûts, en établissant une forme d'intimité avec une autre personne, le mentor, conformément à la tâche d'intimité décrite par Erikson. Par ailleurs, devenir mentor semble une occasion unique d'exercer sa générativité, en mettant au profit de la génération suivante ses compétences, ses expertises et sa vision du monde. Rappelons que l'enjeu principal de la phase du jeune adulte réside, selon Erikson, dans la tension entre l'intimité et l'isolement, tandis que l'enjeu principal du mitan de la vie adulte réside dans la tension entre la générativité et la stagnation.

Le mentorat apparaît, dès lors, comme une expérience intergénérationnelle qui engage habituellement deux adultes, soit un apprenti et un adulte reconnu et expérimenté. Le mentorat constitue ainsi un lieu privilégié pour faire le pont entre les générations.

Si, d'un point de vue plus théorique, vouloir un mentor et devenir mentor sont deux expériences qui appartiennent à deux temps de la vie, dans la pratique, les situations sont plus fluides. Ainsi, Louise, 38 ans, mère de deux enfants et femme de carrière, pourrait être le mentor de Julie qui, à 28 ans, est à la recherche d'un modèle de femme autre que celui de sa mère; simultanément, Louise, qui vient d'être promue à la direction des soins hospitaliers, pourrait, dans le contexte de ses nouvelles tâches, prendre Andréa comme mentor, car celle-ci possède une longue expérience de cette fonction. Dans une société qui

---

4. La phase d'« entrée dans le monde adulte », selon l'expression de Levinson, est désignée de diverses façons par les auteurs: « intimité *versus* isolement » (Erikson et Vaillant), « quitter le monde de ses parents » et « je ne suis plus l'enfant de personne » (Roger Gould).
5. La phase que l'on nomme « mitan » s'appelle « générativité » chez Erikson, « milieu de la vie ou mitan » chez Levinson, « décennie du milieu de la vie » chez Gould.

non seulement accepte mais encourage le fait que les comportements des individus s'écartent des normes liées à l'âge chronologique, ce n'est pas l'âge qui détermine qu'une personne peut devenir mentor!

Mais comment expliquer qu'une personne puisse à la fois devenir mentor et chercher un mentor? On peut faire preuve de maturité dans une aire de sa vie et de beaucoup moins de maturité dans d'autres aires. Ainsi, les aires de vie éclairent le lien qui existe entre le mentor et le mentoré.

Deux expériences, deux ports d'attache

Nous commençons à vieillir dès le premier jour de notre naissance et nous demeurons jeunes à certains égards jusque pendant notre vieillesse. Jeunes et inexpérimentés par rapport à certaines dimensions de la vie, même lorsque nous atteignons un âge plus avancé. Ultimement, la mort se présente à chacun comme une première expérience. Comme le disait si justement Judith Viorst (1988): «Il y a une première fois à toute chose, même à la mort. Il y a une fin à toute chose, même au deuil.» Au cours de la vie adulte, et d'une façon particulière au mitan, nous sommes à la fois jeunes et vieux.

En effet, chaque personne connaît des expériences qui commencent et d'autres qui s'achèvent, par exemple, elle quitte les bancs de l'université pour entrer sur le marché du travail. Chaque personne fait face à certains défis développementaux tandis que d'autres se présentent ou vont se présenter. Par exemple, tel homme a pu réfléchir sur sa capacité (ou sa difficulté) de vivre l'intimité conjugale; il a réalisé qu'il avait tendance à se sentir avalé par l'autre et il a pu trouver de nouvelles manières de se relier à sa partenaire qui sont moins étouffantes pour lui (ce qui relève du défi intimité *versus* isolement). D'autres défis restent encore à venir.

À l'intérieur de la vie de chaque personne, il existe des aires de vie actualisées et d'autres qui ne le sont pas, qui sont encore des potentialités. Par exemple, je ne serai plus une jeune mère qui berce ses enfants: pour moi, l'expérience d'être mère de jeunes enfants est terminée. Elle appartient à ce qu'il y a d'achevé en moi, elle appartient au *senex*: en quelque sorte, je suis une «vieille» jeune mère. Présentement mon expérience est d'être mère de deux jeunes hommes qui entreront bientôt dans le mitan de la vie adulte. Surtout je suis une nouvelle grand-maman et j'aborde un nouveau continent: je suis au commencement de quelque chose qui est tout nouveau pour moi. Jusqu'ici une grand-mère, c'était ma grand-mère, et voilà que ces deux tout-petits chavirent ma vie : mon cœur certes, mon inscription dans le temps et ma place dans la société. Être grand-maman, dans la mesure où c'est une expérience nouvelle pour moi, appartient à l'archétype du *puer* et apporte son cortège d'énergies de commencement.

Ainsi, nous sommes à la fois jeunes et vieux, mais par rapport à des aspects différents. Le *puer* et le *senex* cohabitent en chacun de nous : ces mots latins, traduits le plus souvent par «jeune» et «vieux», désignent l'enfant et le vieillard. Suivant cette veine, on pourrait dire que le mentorat relève de deux archétypes, celui du *puer* et celui du *senex* dont parle Carl Gustav Jung.

Le *puer*, représenté métaphoriquement par l'aube, le printemps, la semence, la promesse, l'année nouvelle, la page blanche, etc., symbolise la naissance, la croissance, les possibilités, le commencement, l'initiation, l'ouverture, le potentiel. Le *senex*, représenté par le crépuscule, l'automne et l'hiver, la moisson, la promesse tenue, la fin de l'année, la page écrite, symbolise l'actualisation, les réalisations, la maîtrise, le terme (au sens de «boucler la boucle»), l'achèvement.

> Selon la théorie jungienne, le *puer* est l'archétype de la réalité d'être jeune ; il peut s'agir d'un enfant, d'un jeune adulte, d'une personne, peu importe son âge, qui est au commencement d'un processus de développement. [...] Le *senex* est l'archétype d'une autre réalité, celle d'être vieux, qui concerne toute personne, peu importe son âge, qui est à la fin d'un processus de développement. (Levinson, 1978, p. 211)

Le *puer*	Le *senex*
L'aube	Le crépuscule
Le printemps	L'automne, l'hiver
La promesse	La moisson
L'année nouvelle	La fin de l'année
La page blanche	La page écrite
La naissance	La mort
La croissance	Le déclin
Les possibilités	Les actualisations
Le commencement	La fin
L'initiation	La maîtrise
L'ouverture	La fermeture
Le potentiel	L'achevé

Je suis...
   une grand-mère
   une professeure retraitée
	Je ne serai plus...
	   une mère de jeunes enfants
	   une professeure titulaire

Bref, l'expérience qui consiste à avoir un mentor relève de l'archétype du *puer*, celle qui consiste à être mentor, de l'archétype du *senex*. Avoir un mentor est associé aux expériences de la vie qui sont des temps de commencement, de début, d'initiation, d'apprentissage, tandis que devenir mentor présuppose de la maturité, une intégration des connaissances, des savoir-faire et des savoir-être, accompagnés d'un sentiment de compétence. Devenir mentor s'inscrit dans des temps de la vie qui sont des périodes d'apogée, de réalisations concrètes et de réalisation de soi, bref d'accomplissement.

Les différentes aires de la vie adulte

Nous ne sommes jamais adultes une fois pour toutes. Nous sommes plus ou moins matures selon les différentes aires de la vie adulte dans lesquelles chacun évolue à son propre rythme. Ces aires sont :

- *la vie personnelle,* qui recouvre la relation avec soi-même (le soi idéal, c'est-à-dire ce que je voudrais être ; l'image de soi, c'est-à-dire ce que je pense que je suis ; le soi réel, c'est-à-dire ce que je suis ; enfin, l'estime de soi, c'est-à-dire le lien affectif qui me lie à moi-même) et qui concerne également la race, la nationalité, la religion, la langue, les valeurs et les croyances d'une personne ;
- *la vie interpersonnelle,* soit l'ensemble des relations d'amour, d'amitié, de camaraderie ;
- *la vie professionnelle,* c'est-à-dire tout ce qui concerne le travail : profession, tâches, activités, salaire, etc. ;
- *la vie familiale,* qui englobe les relations avec la famille d'origine, avec la famille actuelle et avec la famille élargie ainsi que toute l'organisation domestique et le style de vie ;
- *la vie sociale,* constituée par l'ensemble des engagements sociaux, politiques, culturels et sportifs (associations, loisirs, bénévolat, etc.).

En interaction constante, ces cinq aires de vie ne sont pas des systèmes fermés, mais bien des sous-éléments (que l'on peut considérer comme autant de systèmes ouverts) du système ouvert qu'est la structure de vie. Ainsi peut-on comprendre qu'une même personne se situe différemment à l'intérieur des différentes aires de sa vie : par exemple, elle pourra, dans sa vie professionnelle, être arrivée au terme, tandis qu'elle est au commencement sur le plan de la vie sociale.

Les cinq aires de la vie adulte

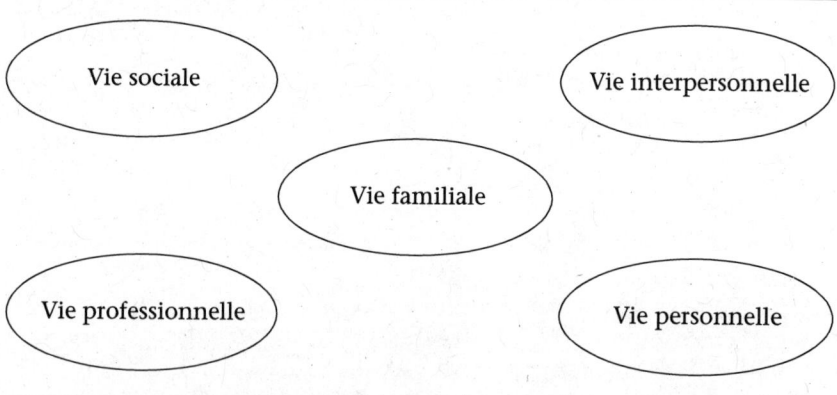

J'aime imaginer chaque adulte déambuler à l'intérieur de sa vie en tenant dans son poing fermé cinq ballons correspondant aux cinq aires de la vie adulte.

Exercice — **Les cinq aires de ma vie**

- Prenez une feuille blanche.
- Dessinez cinq ballons correspondant aux cinq aires de votre vie telles que vous les percevez actuellement. Représentez-vous portant ces ballons.
- Arrêtez-vous ici et faites votre dessin.

Quelques consignes pour analyser votre dessin
- Quelle est la place de chaque ballon sur votre feuille?
- Y a-t-il des ballons qui se touchent? Lesquels?
- Y a-t-il des ballons qui ne se touchent pas? Lesquels?
- Cela fait-il sens?
- Quelle est la grosseur de chaque ballon? La grosseur de vos ballons peut indiquer l'importance que vous attribuez à telle ou telle aire de vie dans votre structure de vie.
- Mettez des pointillés autour des ballons que vous aimeriez voir soit plus gros, soit plus petits.
- De quelle manière tenez-vous vos ballons?

Ainsi distinguons-nous cinq aires de vie. À l'égard de chacune de ces aires, l'adulte peut se trouver au commencement, en plein développement ou encore à la fin. Cela nous autorise à donner une application plus large au concept de mentorat. En effet, le mentorat peut être plus ou moins étendu selon qu'il est rattaché à une seule ou à plusieurs de ces aires. Certaines personnes recherchent un mentor en vue d'un apprentissage portant sur plusieurs aires de vie (multiplexité); d'autres, en vue d'un apprentissage portant sur une seule aire de vie. Certaines personnes font appel à un mentor en vue d'un changement de carrière, d'autres en vue de changements plus intérieurs, plus personnels, plus existentiels, les fonctions du mentorat pouvant avoir une visée tantôt plus professionnelle, tantôt plus existentielle. On dira que le lien mentor-mentoré est multiplexe lorsque le mentorat porte sur plusieurs aires de la vie plutôt que sur une seule. En ce sens, on pourra parler d'un mentorat plus ou moins holistique.

Une expérience possible sur toute la durée de la vie adulte

D'une part, il n'est pas facile de déterminer à quel moment une personne éprouvera le besoin d'avoir un mentor, même si la théorie suggère que ce besoin apparaît surtout au cours de la jeunesse. L'âge chronologique n'est pas un critère absolu, et le mentorat peut exister à différents moments de la séquence de la vie adulte. Par conséquent une même personne peut avoir plus d'un mentor au cours de sa vie.

En effet, on peut avoir besoin d'un mentor à différents moments de la vie, et plus particulièrement dans des périodes de transition. Le besoin d'un mentor peut naître chez un adulte qui commence à travailler, à jouer un nouveau rôle (directrice d'entreprise, père, mère, etc.), qui change de carrière, et ce quasi indépendamment de l'âge, d'autant plus que la société devient plus souple par rapport aux normes de comportements liés à l'âge. Par exemple, on peut imaginer qu'une personne de 42 ans décide de faire un doctorat et qu'elle rencontre, en cours de formation, un mentor.

Il est donc possible que quelqu'un qui expérimente tardivement une entrée à l'université ou sur le marché du travail ou qui fait face à une nouvelle tâche développementale ait besoin d'un mentor. Imaginons un psychologue qui quitte sa profession, ouvre un commerce à 40 ans et se lance en affaires. Imaginons encore un mécanicien qui laisse la mécanique pour se consacrer à l'ébénisterie, laquelle, jusqu'à ce jour, avait été pour lui un passe-temps. Imaginons une secrétaire qui entreprend des études de droit. Imaginons un ingénieur promu cadre au service des ressources humaines de son entreprise. Chacun pourra ressentir le besoin d'avoir un mentor.

À la limite, on pourrait même imaginer que Simon, 40 ans, serve, à titre de cadre de l'entreprise où il travaille, de mentor à Fernande qui vient d'être promue, à 32 ans, à un poste de cadre dans la même entreprise, et qu'il éprouve le besoin d'un modèle pour construire et consolider son identité de père puisqu'il vient d'être père pour la première fois. Souvent la réalité, qui a plus d'imagination que nos modèles théoriques, met à l'épreuve nos théories!

Peut-être avons-nous encore besoin de modèles lorsque le temps de la retraite se profile... En ce qui me concerne, j'imagine que, lorsque le temps sera venu pour moi de devenir une vieille femme, je chercherai, dans mon entourage, dans mes lectures et dans mes souvenirs, des modèles de belles vieilles alertes, douces, vivantes, généreuses, fantaisistes et lucides comme j'aimerais l'être. Il doit certes s'en passer des choses dans la psyché avant qu'on en vienne à avoir une identité de personne âgée!

Ainsi donc, il est possible qu'un individu recoure à un mentor non seulement durant la phase de son entrée dans le monde adulte, comme le suggère une compréhension restrictive de la théorie du développement adulte, mais à différents moments[6]. *La relation mentorale surgit lors des grandes transitions de la vie adulte.* C'est lors de l'une ou l'autre des périodes de transition qui scandent une vie que se fait sentir – plus ou moins consciemment – le besoin d'avoir un mentor (Levinson, 1978; Gould, 1978). En effet, à l'intérieur du cycle d'une vie, le besoin de mentor apparaît lors de périodes de changements, par exemple une entrée au travail, un changement de travail (mutation, promotion, nouvelle orientation), une formation professionnelle de base ou d'appoint, ou encore un changement de vie majeur (la perte d'un être cher, une séparation, un changement de pays). Dans ces périodes de transition, non seulement la structure de vie se transforme, mais il s'opère un travail important de construction identitaire, et la personne éprouve le besoin d'être confirmée dans ce qu'elle devient. C'est Erik H. Erikson qui, le premier, a insisté sur le besoin de confirmation

---

6. En suggérant que le partenaire transitionnel peut être présent tout au cours de la vie adulte, Wadner (1981, p. 541 et suiv.) lui-même confirme mon intuition et ouvre la porte à mon interprétation: «Il est possible de recourir au partenaire transitionnel de manière séquentielle tout au cours de la vie. Toutefois, il est possible de recourir à lui d'une façon ponctuelle, par exemple pour un travail développemental limité, pour une ou deux tâches développementales ou pour relever superficiellement un défi.»

de la personne humaine au cours de son développement, dans son livre *Luther avant Luther* (1968/1958 original anglais) : Erikson réfléchit sur la formation de l'identité du jeune Luther faisant en quelque sorte un récit de ses années de formation comme on en faisait dans la tradition allemande – les romans de la Bildung, par exemple celui de Goethe (1796) : *Les années d'apprentissage de Wilhelm Meister*. Le mentor reconnaît les possibilités du mentoré, il est concerné par le développement de l'autre et il confirme l'autre dans ce qu'il devient. Bref le mentorat est lié aux naissances de la vie adulte.

D'autre part, il n'est pas plus aisé de restreindre la possibilité de devenir mentor aux personnes du mitan. En effet il y a des mentors qui ont moins de 40 ans et d'autres qui ont plus de 65 ans. C'est dans la mesure où une personne utilise son expertise, ses connaissances et ses compétences de façon créatrice et productive en vue d'en aider d'autres à se réaliser qu'elle peut devenir un mentor. Et cela peut arriver même pendant la vieillesse.

Parmi les aînés, plusieurs personnes susceptibles de devenir mentors sur le plan professionnel ne le deviendront jamais ! C'est une perte pour la société. Nos sociétés où les personnes sont considérées comme des mouchoirs de papier jetables après usage se privent de bien des ressources en ne faisant pas appel à l'expérience de leurs membres, quel que soit leur âge.

Autrement dit, il faut garder en mémoire que le mentorat peut surgir à différents moments de la vie, sur toute la séquence développementale et qu'un individu peut avoir plusieurs mentors au cours de sa vie.

Le mentor, une personne nourrissante

Le regard humain peut être tantôt nourrissant, tantôt toxique. Le regard qui a le pouvoir de reconnaître l'autre et de le confirmer préside à la véritable expérience de la rencontre. Tel est le regard nourrissant, validant. Tandis que le regard qui a le pouvoir d'aliéner l'autre plutôt que de le reconnaître, ce regard qui « me vole mon être » et qui est décrit par « L'enfer, c'est les autres », comme l'a si bien dit Sartre, ce regard-là peut être toxique, écrasant, inhibiteur. On sait que, avec les meilleures intentions du monde, il nous arrive d'aliéner ceux que nous prétendons aimer : il suffit parfois de les envelopper et de les cadenasser avec nos aspirations recyclées. Tous nos « C'est pour ton bien… » et nos « C'est parce que je t'aime » ne sont-ils pas un peu, beaucoup empoisonnés ?

Le mentor est aux antipodes de la personne toxique qui :
- emprisonne l'autre dans ses jugements, ses exigences, ses besoins, ses aspirations, ses désirs à elle ;
- infantilise l'autre ;
- blâme constamment le comportement de l'autre ;
- fait à l'autre des demandes excessives et contradictoires ;
- exerce sur l'autre des pressions continuelles.

Par ailleurs, la personne nourrissante
- valorise les efforts de l'autre ;
- le valide lorsqu'il parle et agit ;
- confirme l'autre dans ce qu'il est et ce qu'il devient ;
- valorise l'autonomie de l'autre : elle reconnaît que l'autre a sa vision des choses, ses valeurs et son propre centre de décision qui sont différents des siens ;
- se préoccupe activement de préserver l'intégrité et l'autonomie de l'autre et se soucie de sa croissance personnelle ;
- valorise l'individualité de l'autre : ses qualités uniques et irremplaçables ;
- se soucie du bien-être et du bonheur de l'autre.

Comme on le voit, ces caractéristiques conviennent bien au mentor. Évidemment, la personne nourrissante possède et cultive ces attitudes face à elle-même. En outre, une personne nourrissante est nourrissante pour quelqu'un, dans un temps donné. De même qu'une personne toxique est toxique pour quelqu'un, dans un temps donné. Une personne nourrissante ne l'est pas en soi et pour toujours. Une personne toxique ne l'est pas en soi et pour toujours. Ces réalités sont interactives, relationnelles et mouvantes. Mais il y a des êtres qui, dans l'ensemble, possèdent plus que d'autres les caractéristiques d'une personne nourrissante.

Plus récemment on (surtout Cherniss, 2007) a insisté sur l'intelligence émotionnelle comme compétence *sine qua non* pour être un mentor efficace. L'intelligence émotionnelle «[…] réside dans la façon dont les gens perçoivent, expriment, comprennent et gèrent l'émotion chez eux-mêmes et chez les autres» (Cherniss, 2004 ; Mayer et Salovey, 1997). Cette définition est dans le prolongement des quatre dimensions de l'intelligence émotionnelle nommées par Golemean et Boyatzis, c'est-à-dire la saisie, la perception, bref la conscience de Soi (*self-awareness*), la gestion de soi-même (*self-management* qui comprend le contrôle de ses émotions et la capacité de s'adapter), la saisie, la perception et la conscience de ce que ressent l'autre (*social-awareness*) et la gestion de la relation (*relationship management*). L'habileté à reconnaître et à gérer ses propres émotions rend possibles l'intégrité et l'honnêteté tandis que l'habileté à percevoir et à comprendre les émotions des autres rend possibles l'empathie et la compassion (Goleman, 1998). L'intelligence émotionnelle permet de discerner les phases et les multiples aspects de la relation, et ce qui se passe pour le mentor et pour le mentoré. Il semble qu'elle ne soit pas reliée à la maturité mais que les habiletés à percevoir, comprendre, exprimer et gérer les émotions s'acquièrent tôt dans la vie (Cherniss, 2007). L'intelligence émotionnelle est en quelque sorte le ciment de l'alliance mentorale et affecte la qualité de la relation mentorale qui à son tour, dans les meilleurs cas, conduit le mentoré à devenir plus compétent et socialement et émotionnellement (*ibidem*). On sait maintenant que l'intelligence cognitive est importante mais que pour devenir une personne nourrissante il faut être capable d'intelligence émotionnelle.

Le mentor, une figure significative à l'échelle d'une vie

Nous naissons dans la mutualité et nous grandissons dans la mutualité (Gould, 1978). Nous construisons notre être de l'intérieur des relations significatives qui traversent nos vies. Lorsque nous sommes enfants, nos parents sont nos premières figures significatives. En grandissant, d'autres personnes nous aident à consolider notre identité d'adulte. La formation et le développement des personnes sont des phénomènes intrinsèquement relationnels à l'œuvre non seulement pendant l'enfance et l'adolescence mais aussi pendant toute la vie adulte, pendant tout le cycle de la vie humaine. Des identifications ultérieures aux identifications parentales se produisent au cours des autres saisons de la vie; elles favorisent les nouvelles naissances de la vie adulte. Le mentorat est l'une de ces relations qui favorisent les naissances de la vie adulte et, comme on l'a déjà dit, on peut voir le mentor comme un accoucheur des esprits, pour reprendre l'expression attribuée à Socrate. Ainsi le mentor fait partie des figures significatives d'une vie. À l'échelle de la personne, quand celle-ci jette un regard sur sa vie, il lui est facilement aisée de repérer une telle figure significative qui pourra prendre plus d'un visage.

Le récit d'Annette vous donnera une idée plus concrète du mentor.

Récit
Annette

Annette, étudiante en psychosociologie de la communication, a plus de 45 ans au moment où elle fait ce récit, et celui qui lui a servi de mentor est aujourd'hui décédé.

Alors que mes 20 ans venaient de sonner, j'étais aux prises avec un grave dilemme : commencer à travailler ou poursuivre mes études. Je savais que mes parents, mon père, devrais-je préciser, n'étaient pas en faveur de cette dernière solution. J'étais la dernière de six enfants et aucun avant moi n'avait exprimé le désir de suivre cette voie bien que mes parents les y aient incités (surtout mes trois frères). Les garçons voulaient faire comme leur père. Quant à mes deux sœurs, eh bien, à l'époque... Alors que je cherchais un travail durant l'été, je parlai ouvertement de la situation à mon frère de 11 ans mon aîné. Celui-ci me comprit à demi-mot et m'encouragea à poursuivre mes études pendant une autre année.

« Dans un an, on verra, me dit-il. Je vais en parler à papa. Je m'occupe de tout. »

Je me suis sentie soulagée et, en même temps, divisée. Qu'est-ce que je faisais là ? Mon père me comprendrait-il ? N'était-ce pas égoïste de ma part ? J'admirais beaucoup Marcel, mon frère, et j'avais en lui une confiance aveugle. Cependant, je ne crois pas l'avoir jamais mis sur un piédestal ou avoir cherché à l'imiter. Je lui enviais seulement son calme et son assurance. Oui, on peut dire que, dans ce sens-là, je cherchais à l'imiter, à être comme lui ; mais confusément je ne voulais pas que ce soit tout de suite. Je crois bien qu'alors j'avais une peur bleue d'entrer dans le monde adulte, et c'était pour moi une façon de retarder quelque peu l'échéance que de ne pas vouloir imiter Marcel trop vite, ni entrer dans le monde du travail trop tôt. Malgré tout, ou à cause de cela, j'ai éprouvé toutes sortes de sentiments.

J'ai toujours eu très peur d'être rejetée et lorsque Marcel m'a dit : « Vas-y et inscris-toi », en finissant de remplir le formulaire, j'ai pensé : Et si je ne réussis pas cette année ? Allais-je perdre du même coup sa confiance ? Allais-je pouvoir répondre de façon satisfaisante à ses attentes ? Après tout, il prenait sur lui de convaincre mon père et de payer mes cours... J'étais enthousiaste et excitée devant le fait d'être reconnue et valorisée (il était tellement sûr que je réussirais : « Mais tu dois travailler », avait-il ajouté). J'étais aussi ambivalente, car si je voulais poursuivre mes études, en même temps, certaines de mes camarades de classe envisageaient de passer allègrement cette dernière année scolaire ; quant à étudier... Allais-je, malgré moi, me laisser entraîner ? C'est alors que le doute s'est installé en moi. Allais-je chercher à imiter celui que je ne nommais pas encore mon mentor ? Serais-je forte comme lui ? Aurais-je confiance dans la vie comme lui ? Aurais-je du respect envers moi-même comme lui ? Bref est-ce que je chercherais à l'imiter, à acquérir ses qualités ? Le voulais-je vraiment ? À cette période de ma vie, je crois que c'était : « Oui, mais... peut-être... non. » Je voulais alors plus, je crois, imiter mes pairs, c'est-à-dire mes amies de classe. Et toutes n'étaient pas à imiter, peu s'en faut. Pour nous, il s'agissait d'une relation d'amour fraternel, bien sûr. Et cependant, c'était aussi plus que cela. Cette relation n'investissait vraiment que nous deux au cœur de la famille. J'étais devenue sa mentorée. C'était une relation particulière toute de douceur. Et je crois bien que c'est lui qui m'aimait le plus. Je le sentais prêt à me prendre par la main. Pas à prendre ma place ni, surtout, à faire les choses pour moi. Bien au contraire! Je devais apprendre par moi-même. Il y tenait beaucoup. Pour moi, je voulais seulement lui faire plaisir et, en même temps, j'avais si peur de n'être pas à la hauteur. Mon affection pour lui s'en ressentait. Trop de craintes se mêlaient à cette affection, y compris celle qu'il en prenne conscience. Je m'efforçais tant de le lui cacher. Mais il avait tellement à me donner (avec discernement parce qu'il me connaissait bien) et moi, j'en demandais tellement. Je me sentais comme un puits sans fond. (S'en doutait-il?) C'est ainsi que nous cheminions, lui donnant beaucoup, moi demandant beaucoup.

Comme l'approbation de mon mentor était nécessaire à mon sentiment de bien-être et afin que je puisse continuer à me respecter, j'ai décidé de travailler très fort durant cette année scolaire. Ce n'était pas évident du tout pour moi lorsque l'année scolaire a débuté car, en cours de route, l'année précédente, j'avais de temps en temps négligé mes études pour suivre des amies peu intéressées par les matières qui nous étaient enseignées. Or, cette année-là, j'allais retrouver la plupart d'entre elles. Comment pourrais-je m'en sortir? Je me souviens qu'alors, dans les moments de doute ou lorsque j'avais envie de tout lâcher, je me rappelais volontairement ceci: 1) Mon frère me fait confiance. Je ne peux ni ne veux trahir sa confiance; 2) C'est lui qui paie mes études. Comment pourrais-je perdre mon temps?

En même temps, je ressentais un besoin de plus en plus fort de lui ressembler par ses qualités (intégrité, honnêteté, fierté).

J'ai découvert que j'étais capable de me ressaisir et que ma volonté et mon goût d'apprendre étaient toujours aussi présents. J'acquérais donc un peu plus de confiance en moi. Petit à petit (cela prit malgré tout plusieurs années chez moi), j'intégrais dans mon image de moi les capacités tant enviées chez mon frère: sentiment d'indépendance (je le peux, c'est moi qui ai fait cela); de sécurité (plus personne ne pourra m'influencer de façon négative); de puissance (je reprenais les rênes de ma vie).

En même temps que je ressentais beaucoup de plaisir, je percevais la fragilité de ma position et je sentais que j'avais encore beaucoup de chemin à faire pour ressembler à mon frère. Et toujours cette crainte de tomber à tout moment, de le décevoir (il était tellement sûr de moi), de ne pas réussir comme je le voulais. Lui, de son côté, était fier de moi. Il m'encourageait, et je le sentais inébranlable dans sa foi. Cela m'a probablement beaucoup aidée (puisque je cherchais à me surpasser), et je crois pouvoir dire aujourd'hui, sans me tromper, qu'il actualisait sa générativité, ce qu'il n'a cessé de faire tout au long de sa vie. C'était un excellent pédagogue qui aimait beaucoup les jeunes et croyait en leurs potentialités. Il respectait la personnalité de chacun, sachant ce qui était important pour eux. Je crois que Marcel avait commencé à être ainsi dès son entrée dans la vie adulte et que cela s'était toujours amplifié à mesure que les années s'écoulaient. Il a été utile à beaucoup de monde. Beaucoup de personnes lui doivent d'avoir grandi dans le respect d'elles-mêmes (je veux dire selon leur propre personnalité, leur propre identité).

Le degré de maturité personnelle dont Marcel faisait preuve est ce qui a permis que je ne connaisse pas de désillusion destructrice. Je crois que, au fur et à mesure que je prenais de l'assurance à travers mes études, je me sentais capable de me détacher, de prendre ma propre mesure de façon relativement juste. Je sentais que la seule chose qui importait à Marcel était que je découvre ma voie (et je l'ai en partie réalisé à cette période-là de ma vie). Je dis en partie car, après cette année réussie, j'ai tout de même voulu travailler malgré un certain désir de continuer mes études (on verra plus tard, me suis-je dit). Je mettais ainsi délibérément de côté, momentanément, mon Rêve de vie. Ce fut malgré tout déchirant. C'est aussi cette année-là que mon amour pour mon frère a grandi puisqu'il n'était plus (ou beaucoup moins) entaché de craintes. Je devenais un être autonome, capable d'assumer ses choix, même si cela faisait mal. Je me sentais forte et donc en mesure de rendre à Marcel tout son amour pour moi, comme il le méritait.

Lorsque j'ai découvert mes compétences et mes capacités, je me suis sentie relativement triste: je n'aurais plus besoin de mon mentor. C'est comme si je lui avais volé quelque chose: il n'aurait plus à s'investir en moi! Malgré tout, je continuais à faire miennes toutes mes nouvelles découvertes sur moi-même de manière à m'éloigner de mon frère tout en m'en rapprochant et pour correspondre ainsi à l'image de moi que je voulais qu'il ait (une image authentique). Je n'avais plus peur (ou presque) de le décevoir et je crois bien que c'est ainsi que notre union est devenue plus forte. Il avait réussi dans son investissement (m'aider à devenir moi-même, à voir plus clair en moi, à prendre les bonnes décisions) et moi, j'étais fière de me découvrir tout en étant si différente de lui. Chaque jour qui passait me permettait de raffermir mon image et ainsi de grandir «sainement».

Je n'ai pas eu besoin de m'émanciper de mon mentor. Cela s'est fait tout naturellement. En réalité, nous poursuivions le même but (nous étions parfois comme deux complices). Mais, il ne fait aucun doute pour moi que son degré de maturité (exceptionnel?) y était pour beaucoup. De plus, nous ne nous sommes jamais retrouvés en compétition. Pouvons-nous parler de relation d'aide? Bien sûr, il m'apportait beaucoup. J'avais (et j'ai toujours) un caractère indépendant, et, malgré une très grande vulnérabilité, cette aide m'a permis de m'affranchir de l'autorité paternelle.

Cette aide a été également bénéfique à Marcel. Il en est ressorti grandi. Aujourd'hui seulement, alors que je porte un regard nouveau sur cette période de ma vie, je réalise que j'ai vécu une relation sans doute rare. Ce ne peut être seulement du fait que nous étions frère et sœur. Je l'ai vu être un modèle pour d'autres personnes et, à ma connaissance, le dénouement a été satisfaisant.

Avant d'avoir une connaissance plus approfondie du concept de mentor, je croyais naïvement qu'une relation avec un mentor ne pouvait être qu'aidante et qu'aucune frustration (je parle de frustration durable où l'un des deux n'évolue pas de façon satisfaisante) ne pouvait naître de ce type de relation. Cela me permet de mesurer à sa juste valeur la qualité de la relation que j'ai eu la chance de vivre et de ne l'apprécier que davantage.

> La graine qui a été semée en moi alors que j'entrais dans la vingtaine continue encore aujourd'hui (miraculeusement?) à porter ses fruits. C'est un des plus beaux cadeaux de ma vie, car je me suis sentie accueillie et guidée, choyée et aimée. Cette confiance qui m'a alors été accordée, alors que moi-même je manquais totalement de confiance en moi, que j'étais en pleine recherche d'identité, m'a permis de faire mon entrée dans la vie adulte sans trop de dégâts.

> Je vivais alors la phase du jeune adulte et je connaissais la tension intimité *versus* isolement dont parle Erikson, et la balance penchait du côté « isolement » puisque je fuyais l'intimité qui m'effrayait. Grâce à une relation de mentorat réussie, j'ai renversé la vapeur et j'ai été capable de plus d'intimité aussi bien avec les autres qu'avec moi-même.

En exergue à ce chapitre, je citais un commentaire d'un participant de la Suisse lors d'un atelier de formation au mentorat : « *Mais, s'exclama-t-il, le mentor, c'est le nounours de la vie adulte !* » Un ourson est une figure de transition à laquelle on accorde une valeur affective. L'image qui fait du mentor un nounours de la vie adulte n'a pas seulement du charme, elle fait sens ! N'est-ce pas là une manière savoureuse de réintégrer des pans de l'enfance dans la grande fresque de la vie adulte ? N'est-il pas plausible que, chez l'adulte, le travail prolonge, dans une forme altérée, le jeu ? N'est-il pas vrai que, chez l'adulte, des personnes autres que les parents (le père et la mère) tiennent des rôles hautement significatifs dans le développement de son identité ? Alors, comme l'ourson, le mentor est une figure transitionnelle.

CHAPITRE 2

Avoir un mentor, une tâche de jeunesse

> *Fais attention à tes rêves car si tu veux vraiment quelque chose,*
> *il se pourrait bien que cela arrive.*
> ANONYME

> *Il appartient à un jeune homme de respecter ses aînés et de choisir*
> *parmi eux les meilleurs et les plus honnêtes pour s'appuyer*
> *sur leurs conseils et leur autorité; l'ignorance d'une vie*
> *qui commence doit se régler sur la sagesse des gens âgés.*
> CICÉRON

Est-il vraiment plus facile d'être jeune que de vieillir ? Quand on est jeune, nos rêves ont la peau lisse, et toute la vie est devant nous. Au mitan, notre peau lisse est déjà un rêve, et quelques-uns de nos rêves ont mué comme le homard tandis que certains ont pris chair et que d'autres se sont évaporés. Et puis notre vie se partage en deux : en amont, notre jeunesse, en aval, notre vieillesse. Plusieurs années plus tard, rêves et peau se burinent, tantôt pleins et ronds de la vie vécue lorsque l'âme a bien pétri le corps et le cœur, tantôt effilochés et ratatinés, lorsqu'on a évolué à l'insu ou à l'écart de son être.

Beaucoup de gens croient spontanément qu'il est plus facile d'être jeune que de vieillir ! Pourtant, il est tout aussi difficile d'être jeune que de vieillir. Chaque temps de la vie possède ses lois et comporte ses défis nous obligeant à faire face à des tâches de développement. Chaque âge de la vie amène en prime ses plaisirs et ses difficultés. En s'inspirant de la nature, il est possible de diviser la totalité du cycle de la vie humaine en quatre saisons : l'enfance et l'adolescence (le printemps), la saison du jeune adulte (l'été), qui correspond à la jeunesse, le mitan (l'automne) et la vieillesse (l'hiver). Chaque saison se distingue des autres, avec ses périodes de stabilité et ses périodes de transition et comporte des tâches de croissance qui lui sont propres. Ainsi, il y a une qualité d'énergie propre à la jeunesse, cette saison qui recouvre un laps de temps situé approximativement entre 18 ans et 40 ans.

Peut-être y a-t-il eu des époques où il était plus facile d'être jeune. Toutefois, il faut se méfier de notre capacité d'imaginer qu'autrefois, ou ailleurs, c'était plus facile. Était-ce plus facile d'avoir 20 ans en

1914, et d'être appelé au front ? Était-ce plus facile d'avoir 20 ans au temps de saint Augustin ? Est-ce plus facile d'avoir 20 ans en Belgique ou en France dans les années 2000 ? Est-ce plus facile d'avoir 20 ans en Argentine, aujourd'hui ? Et même en admettant que c'était plus facile ailleurs, à d'autres époques, autant mordre dans le seul temps qui nous est donné, celui où nous existons, sachant qu'il y a une qualité d'énergie propre à la jeunesse, quel que soit le pays d'où l'on vient, quel que soit le moment de l'histoire où l'on vit.

Pour entrer dans le monde adulte

Sophie disait à quel point elle aspirait à s'en aller vivre en appartement. En même temps, elle se faisait du souci à l'idée de quitter sa mère, qui était divorcée. Elle avait l'impression d'amplifier le fardeau de la solitude maternelle, déjà suffisamment pesant. De savoir qu'elle n'avait pas de prise sur la manière dont sa mère composait avec le fait d'être seule n'empêchait pas Sophie de vivre des sentiments de responsabilité, de culpabilité même. Cela se compliquait d'autant plus que sa situation financière était plus prometteuse que celle de sa mère.

Jean-Sébastien n'aimait pas l'école ; il ne voulait même pas passer son baccalauréat. Il s'était inscrit en design où il avait vécu une période de tâtonnements avant de s'apercevoir que cela ne lui convenait pas. Cette période avait été difficile pour lui. Puis il avait fini par s'inscrire en mécanique automobile : « J'ai toujours aimé les automobiles, et on aura encore besoin de bons mécaniciens, même si le moteur électrique supplante un jour le moteur à essence ! »

Louise aimait très fort son Jean-Pierre, mais elle se trouvait trop jeune à 19 ans pour s'engager dans un projet de vie à deux !

Il n'est pas facile d'être jeune. Le jeune adulte doit agir sur plusieurs fronts à la fois en ayant une mince expérience de l'être qu'il est, comme le chef d'orchestre qui doit diriger cordes et cuivres, bois et percussions, sans oublier les voix. Sauf que, à la différence du chef d'orchestre, il écrit sa partition au fur et à mesure qu'il l'exécute.

Ainsi, le jeune adulte doit décider de son orientation en n'ayant fait l'inventaire ni de ses intérêts ni de ses capacités, il doit choisir un travail en ayant une expérience rudimentaire de l'être qu'il est. Il lui faut prendre des décisions sans avoir une idée juste de ce que signifie vraiment, par exemple, être informaticien, ingénieur, coiffeur, cordonnier, réceptionniste, médecin ou poète, et sans bien connaître le monde dans lequel il se trouve. La plupart du temps, devant la nécessité de se tailler une place au soleil dans une société dont il ne saisit ni les rouages ni la complexité, le jeune adulte se sent inquiet, parfois anxieux. Et cela est bien légitime. Dans des sociétés en mutation comme les nôtres, ce travail d'orientation professionnelle s'avère d'autant plus ardu : plusieurs emplois autrefois bien définis disparaissent tandis que de nouvelles professions font leur apparition : informaticien, psychosociologue des communications, gérontologue, bioéthicien, par exemple. Mais nous aurons toujours besoin de personnes compétentes et il faut se réjouir de ce que les routes de la formation ne soient plus aussi linéaires et rigides qu'autrefois !

En même temps, il faut que le jeune adulte quitte l'univers parental ou familial (qui s'étend à la famille d'accueil, aux divers milieux dans lesquels il a grandi comme enfant et comme adolescent). Il doit se situer comme personne à part entière devant des adultes parfois immatures qui ont bien souvent de la peine à ne plus le voir comme leur « petite fille » ou leur « petit garçon » et qui, la plupart du temps, ont du mal à lui permettre de les quitter.

Autrement dit, se détacher matériellement et psychologiquement de l'univers « parental » dans lequel il a grandi pendant son enfance et son adolescence exige du jeune adulte qu'il se frotte à d'autres univers : celui des premiers emplois, celui de l'université, celui du travail d'été, celui des amis et amies et celui des voyages, afin d'accéder à son propre monde.

C'est le temps de l'apprentissage des relations affectives entre égaux, alors que jusqu'ici les rapports intimes vécus par le jeune ont été sur le mode de l'amour entre inégaux correspondant aux relations parents-enfants, comme Roger Gould l'a fait remarquer si finement. Chaque personne apprend cela par la force des choses, par exemple, le jour où elle est malade en appartement et que personne n'est là pour lui préparer son lait au miel ou pour la couvrir de sa « doudou » (couverture de laine) préférée. L'interdépendance adulte possède d'autres règles relationnelles que celles de la dépendance infantile. Croissance oblige !

Devenir responsable de soi, matériellement, psychologiquement aussi, devenir une personne autonome, une « centrale décisionnelle », comme j'aime à le dire, est un processus extrêmement dynamique, qui ne se fait pas sans heurts et sans souffrance, et qui requiert de longues années.

En fait, si le plus gros de cette tâche de croissance est bel et bien entamé avant vingt ans et tout au cours de la vingtaine, certaines parties de cette tâche peuvent être réactivées plus tard dans la vie adulte.

Pour l'un, il s'agira d'acquérir l'autonomie financière, pour l'autre, d'apprendre à se faire vraiment confiance, pour un troisième, de se séparer du père ou de la mère qu'il a intériorisé et qui continue d'agir à l'intérieur de lui, même si le parent est bel et bien mort et enterré.

Enfin, le jeune adulte doit se découvrir comme homme ou comme femme et faire l'expérience de soi et des autres. Cette tâche d'intimité fait appel à des modes relationnels, à des compétences dans les relations interpersonnelles, à des attitudes de fond et à des manières personnelles de communiquer auxquels la jeune personne n'a pas encore tellement réfléchi, qui font partie d'elle-même sans qu'elle en soit nécessairement consciente. Il lui faut apprendre à devenir un homme ou une femme, se découvrir tout en découvrant des partenaires, privilégier un ou une partenaire et choisir un style de vie. On sait que, dans la société actuelle, l'exploration sexuelle et l'expérimentation d'un style de vie recouvrent une période plus longue et plus ouverte qu'il y a 20 ans : cela ne les rend pas plus aisées.

Autant de tâches qui attendent la jeune personne adulte! Alors qu'elle possède une intimité restreinte avec elle-même et une connaissance de soi limitée, elle doit, comme on vient de le voir, faire des choix concernant son orientation professionnelle, ses partenaires de vie, elle doit quitter sa famille d'origine, essayer différentes formules de vie tout en exerçant son autonomie naissante. Rien de moins!

Cela présuppose que la jeune personne adulte doit, d'une part, comprendre le monde dans lequel elle évolue : en général et en particulier. Le monde à l'échelle planétaire avec son histoire séculaire et sa nouvelle dimension de village global. Le monde de sa société à elle avec ses codes, ses normes, ses valeurs, ses contradictions, ses impasses, ses défis. Elle doit le comprendre, ce monde, de façon à s'y retrouver, surtout de façon à s'y intégrer et à s'y situer car, en tant que jeune adulte, elle n'a pas pour seule tâche de penser et de comprendre, mais aussi d'agir et de faire des gestes.

Cela implique en outre que la jeune personne adulte arrive à se comprendre elle-même, qu'elle puisse répondre à des questions telles que les suivantes : Qui suis-je? Quels sont mes intérêts, mes compétences, en quoi suis-je habile? Où vont mes préférences, quelles sont mes orientations sexuelles? Quelles valeurs sont les miennes? Bref, tout en ayant une connaissance relative et parfois balbutiante d'elle-même, elle se trouve dans la nécessité d'orchestrer plusieurs facettes de sa structure de vie.

Comme on peut le voir, en dépit de la qualité d'énergie propre à la jeunesse, cette saison de la vie n'est pas un temps de tout repos.

Se relier à soi-même, aux autres, au monde

Erikson décrit le défi de l'entrée dans le monde adulte comme une tension entre deux pôles opposés : l'intimité et l'isolement. Par intimité, il faut comprendre le fait, pour le jeune adulte, de s'apprivoiser, d'apprivoiser les autres ainsi que le monde dans lequel il évolue. L'intimité permet la reliance. Par isolement, il faut entendre une forme de mise à distance de soi et des autres qui consiste à choisir de ne pas se re-lier à soi-même, à autrui, à l'univers qui lui est proposé. Dans ce cas, la personne choisit la distanciation.

À travers la tension intimité *versus* isolement, le jeune adulte doit apprendre à devenir intime avec lui-même tout en devenant intime avec les autres. En évoluant à l'intérieur d'une ou plusieurs relations d'amour et d'amitié, il a l'occasion d'apprendre à se soucier d'une autre personne comme de lui-même ; il apprend l'intimité sexuelle qui est relation et non promiscuité. Une telle intimité lui est nécessaire pour s'insérer dans le monde adulte et faire sa place au soleil.

On peut faire l'hypothèse que le suicide d'un jeune pourrait être interprété comme un parti pris d'isolement et de distanciation au sens eriksonien, comme un refus global plutôt qu'un choix de reliance à l'égard de soi, des autres, du projet de civilisation (tel qu'il est perçu et compris par le jeune adulte), comme si le sens de sa vie et de la vie en général – sur le plan intellectuel mais aussi sur le plan affectif – lui faisait défaut.

Tout au cours de sa vie, l'adulte connaît différents conflits psychosociaux. Il élabore une stratégie personnelle et invente une solution unique pour résoudre chacun de ces conflits. Erik H. Erikson a décrit les différents défis de la croissance psychosociale en distinguant trois formes de tension qui prédominent à une époque spécifique de la vie adulte : la tension entre une force d'intimité et une force d'isolement chez l'apprenti adulte, la tension entre une force de générativité et une force de stagnation chez l'adulte mature, et la tension entre une force d'intégrité et une force de désespoir chez la personne âgée. À ces trois formes de tension correspondent les trois stades de la vie adulte d'Erikson qu'il ne faut pas comprendre d'un point de vue étroitement séquentiel, mais d'un point de vue dynamique et dialectique en même temps que séquentiel. Dans cette perspective, la façon unique dont une personne donnée résout la polarité intimité / isolement influe sur la façon dont elle résout les autres polarités, et réciproquement.

Accéder à son Rêve de vie et lui faire de la place

À travers divers choix (de logement, de style de vie, de partenaire, de travail, d'orientations diverses), à travers des essais qui prennent tantôt l'allure de tâtonnements, tantôt l'allure d'engagements, toute jeune personne avance dans la vie, guidée, pour ainsi dire, par une sorte de radar qui n'est pas toujours transparent, ni conscient, mais qui n'en est pas moins actif: son Rêve de vie.

Voyons maintenant de plus près ce que recouvre cette expression. Le Rêve de vie fait penser à une force motrice qui n'est pas sans analogie avec l'élan vital dont parle le philosophe Henri Bergson. Il aide la personne à discriminer ce qu'elle ne veut pas ou ce qu'elle veut moins de ce qu'elle veut et privilégie, et à faire des pas dans la direction de ce qu'elle veut, le mot «veut» cachant ici des réalités complexes et amalgamées: ce que le «je» désire, ce que le «je» peut, ce que le «je» aime.

Dans sa forme primordiale, le Rêve de vie d'un individu (Levinson, 1978) n'est rien d'autre qu'un sentiment vague de son être dans le monde. C'est le mythe personnel qui anime l'individu, parfois à son insu. Relié à l'image de soi, profondément intuitif, le Rêve de vie est à mi-chemin entre le conscient et l'inconscient, entre l'illusion et la réalité, entre le moi et le non-moi, et il joue, dans l'existence de chacun, le rôle d'une force motrice, d'un guide, d'un radar qui l'aide à structurer sa vie. Le Rêve de vie n'est donc pas à confondre avec un objectif de vie (plus précis), avec un but (plus immédiat), avec un projet de vie (plus défini) ou avec un idéal de vie (plus vaste), lesquels, toutefois, fournissent autant d'occasions d'accéder au Rêve de vie.

Le sentiment d'identité construit à travers l'enfance et l'adolescence a pris forme à même le non-moi et le moi, en sculptant les énergies vitales de manière telle que chacun éprouve – plus ou moins confusément – le sens de qui il est. Ce sentiment d'identité servira d'assise à la personne pour faire plusieurs choix.

Pour le jeune adulte, il est capital de faire place à son Rêve de vie en l'intégrant à sa structure de vie (qu'on pourrait appeler en langage courant son «organisation de vie»), la structure de vie étant, selon Levinson, le schéma de la vie (*pattern*) d'une personne donnée à un temps donné.

Rappelons que, selon cet auteur, on peut considérer la structure de vie sous trois angles :

- par le biais de l'univers socioculturel de l'individu, soit la classe sociale, la religion, l'ethnie, la race, la famille (d'origine et actuelle), le système politique, la structure de travail, les conditions ou événements particuliers tels la crise économique de 1929, la guerre, les mouvements de libération ;
- par le biais des dimensions du soi qui s'expriment dans les transactions avec l'environnement (désirs, conflits, anxiétés, etc.) ou qui sont mises de côté ;
- par le biais de la participation dans le monde à travers les divers rôles joués (citoyen, travailleur, patron, amant, mari, ami, père, membre de telle association, etc.). (Houde, 1999, p. 124)

Dans la mesure où la personne réussit à intégrer son Rêve de vie dans sa structure de vie, elle éprouve un sentiment de satisfaction à vivre.

En effet, toutes les structures de vie ne sont pas aussi bien ajustées les unes que les autres au Rêve de vie de l'individu. Et, selon la qualité de l'ajustement réalisé, la personne éprouve un sentiment de vitalité qui varie en intensité. Qui d'entre nous ne connaît pas quelqu'un qui déambule à l'intérieur de sa propre vie aussi pantois et dérouté qu'un wagon hors de ses rails ? Un mécanicien qui rêve d'être sculpteur, une assistante dentaire qui rêve d'être dessinatrice de mode, un col blanc qui rêve d'être journaliste sont autant d'exemples de structures de vie qui ne font pas écho au Rêve de vie individuel. Le sentiment d'être en vie, le sentiment d'avoir une vie qui a du sens peuvent osciller selon la place faite au Rêve de vie dans la structure de vie.

Je crois personnellement que toutes les personnes ont un Rêve de vie, même celles qui abandonnent leurs études : leur Rêve de vie n'a peut-être pas beaucoup d'affinité avec ce que leur propose l'école. Il est toutefois possible que l'individu n'ait pas accès à son Rêve de vie, qu'il se boycotte lui-même, qu'il se sente écrasé par les exigences de son Rêve de vie, qu'il abdique. J'ai constaté que, lorsqu'une personne entre en contact avec son Rêve de vie, un courant énergétique se rétablit et que la personne éprouve plus de vitalité. En effet, il en émerge souvent une énergie bénéfique même si la personne en cause peut se sentir momentanément triste parce que son Rêve de vie lui semble engourdi. Le Rêve de vie peut être une force motrice et littéralement apporter de l'énergie à la personne. Il peut toutefois également devenir tyrannique, au point d'étouffer celui ou celle qui le porte et de radicalement l'empêcher de respirer.

Par exemple Louise, 38 ans, a aidé son deuxième et dernier enfant à entrer en maternelle au début de septembre. La semaine suivante, c'est elle qui entrait à l'université pour poursuivre les études dont elle rêvait depuis l'adolescence et qu'elle n'avait pas entreprises à l'époque. Elle en a parlé avec son conjoint. Ils ont préparé le tout. Le Rêve de vie de Louise lui insuffle vitalité, enthousiasme et énergie. Sa famille s'en ressent. Hier, la fille de Louise, qui a six ans, lui a demandé si sa maîtresse donnait beaucoup de devoirs aux élèves. Cela a bien fait rire les parents! Voilà un exemple où le Rêve de vie joue un rôle de force motrice.

De son côté, Édouard, 38 ans, ne croit plus qu'il pourra jamais devenir un dessinateur (en design). Non seulement il n'a pas fait les études nécessaires, mais il n'a pas entretenu son Rêve de vie qui est devenu pâle et anémique. Édouard lui-même n'y croit plus. Il se dit que le marché est saturé, qu'il n'a pas tant de talent que cela, qu'il est trop âgé, que cela ne vaut pas la peine de faire toutes ces démarches. Bref, c'est lui, le premier, qui jette de l'eau sur son feu intérieur et par ricochet sur son ardeur à vivre, resserrant le nœud et s'empêchant d'agir. Le fait de renoncer à cette dimension de son Rêve de vie semble le couper de parties centrales et vitales de son être: sa créativité, le sens de son action à ses propres yeux, sa contribution personnelle à sa société à lui. Ce n'est aucunement un deuil nécessaire que de renoncer à ce projet-là. La preuve? Édouard en ressort plein d'amertume, de regrets, de dépit, avec quelques sentiments dépressifs en prime. Il aurait pu faire quelque chose d'autre que d'anesthésier son Rêve de vie personnel en affadissant sa vie. Son Rêve de vie ne le nourrit plus.

Quant à Jean-Luc qui a toujours cru qu'il écrirait nouvelles et romans la nuit et les fins de semaine, après son neuf à cinq de fonctionnaire, force lui est de reconnaître que, à 45 ans, toujours célibataire et sans enfants, il a eu jusqu'ici une carrière de griffonneur dilettante et qu'il n'a jamais réellement pris son Rêve de vie au sérieux. Il constate que ce dernier l'écrase plus qu'il ne l'alimente.

Comme on le voit:

> Cela fait une grande différence dans la croissance de l'individu selon que sa structure de vie est en consonance et en résonance avec son Rêve de vie ou si elle est opposée à lui. Si le Rêve de vie demeure sans connexion avec la vie de l'individu, il se peut qu'il meure tout simplement et que disparaissent avec lui le sentiment d'être en vie et le but poursuivi. (Levinson, 1978, p. 92)

Nous méconnaissons, comme société, comme éducateurs et comme gestionnaires, le pouvoir du Rêve de vie dans l'économie de la psyché individuelle (pour ne pas parler de la psyché collective), et

Exercice   Le Rêve de vie

- Prenez une feuille blanche.
- La plupart des personnes ont une vision – plus ou moins claire, plus ou moins consciente – du rôle qu'elles veulent jouer dans la vie, de ce qu'elles veulent retirer de la vie et de la trace qu'elles veulent laisser. Ces rêves animent leur vie et, comme des radars, guident leur trajectoire ; s'y cachent leurs buts, leurs espoirs, leurs intérêts, leurs aspirations, leurs désirs.
- Reportez-vous à l'époque où vous aviez 20 ans.
- Essayez de retrouver votre Rêve de vie...
- Ce que vous vouliez être... Quel genre de personne ? Comme professionnel... comme parent... comme homme ou comme femme... comme père ou comme mère de famille... comme citoyen ? Vous souvenez-vous d'avoir voulu être... Thérèse d'Avila ? Florence Nightingale ? Marie Curie ? Lindberg ? Maurice Richard ?
- Qu'est-ce que cela vous dit sur vous ?
- Pour vous aider, imaginez que vous êtes le personnage principal d'un film. Qui êtes-vous ? Que se passe-t-il ?
- Maintenant, imaginez – comme vous le faisiez à 20 ans – la vie dont vous êtes le héros...
- Pause : prenez le temps d'écrire le Rêve de vie de vos 20 ans sur votre feuille blanche. S'il est plus facile pour vous de dessiner, alors dessinez le Rêve de vie de vos 20 ans sur votre feuille.
- Revenez à aujourd'hui.
- Maintenant, faites apparaître sur votre écran intérieur votre Rêve de vie actuel.
- Prenez le temps de le regarder bien en face.
- Écrivez-le ou dessinez-le sur cette page.

Analyse de votre Rêve de vie
- Répondez sur une feuille blanche.
- Quelle place occupe votre Rêve de vie dans votre structure de vie actuelle ?
- En quoi ce Rêve de vie suscite-t-il votre créativité ?
- En quoi ce Rêve de vie vous donne-t-il de l'énergie ?
- Y a-t-il des dimensions de ce Rêve de vie qui vous tyrannisent et vous accablent plutôt que de vous animer ? Lesquelles ?
- Quels aspects de votre Rêve de vie vous donnent de l'énergie ?
- Quelles sont les limites (les vôtres et celles de votre contexte) qui vous ont amené et qui vous amènent encore à réajuster votre Rêve de vie ?

nous sous-utilisons ses applications. Quels sont les orienteurs professionnels qui consacrent du temps à l'exploration du Rêve de vie de leurs clients ? Cela, en vue de leur permettre de sonder la viabilité ou la faisabilité de leur Rêve, c'est-à-dire de considérer dans quelle mesure ce Rêve de vie peut avoir droit de cité dans le contexte et dans la société où ces personnes évoluent. Cela, également, en vue de soupeser la convenance de ce Rêve, en examinant avec les personnes leurs intérêts, leurs habiletés, leurs passions bien réelles, dans le but de déterminer s'ils constituent des atouts pour concrétiser le Rêve de vie. Cela, enfin, en vue d'un choix de travail plus judicieux. Quels sont, par ailleurs, les intervenants, spécialistes du développement organisationnel, qui proposent aux travailleurs démotivés dans leur travail de confronter leur structure de vie présente avec leur Rêve de vie actuel, de mesurer le hiatus qui les sépare et d'évaluer les actions à entreprendre pour réduire le fossé, à défaut de l'abolir ?

Le Rêve de vie est de l'ordre de l'aérien, de l'ordre de l'âme, mot provenant du latin *anima,* qui signifie « souffle de vie ». On me demande souvent comment on peut en arriver à connaître son Rêve de vie, car ce n'est pas quelque chose que l'on circonscrit facilement. Voici donc un exercice visant à découvrir son Rêve de vie. J'aime bien penser que le Rêve de vie de chacun anime sa vie et je crois que le fait de prendre conscience de son Rêve de vie peut être une façon de se ressourcer et de se ré-énergiser.

Dans la poursuite de son développement psychosocial, le jeune adulte doit faire face à différentes tâches de croissance, la première étant de sculpter son Rêve de vie et de lui faire de la place dans une structure de vie donnée. Par rapport au Rêve de vie, deux relations sont centrales, selon Levinson : la relation amoureuse et la relation au mentor.

Établir une relation amoureuse et choisir un style de vie

Dans la recherche effectuée par Levinson, la plupart des hommes font mention d'une « femme spéciale » avec laquelle ils sont entrés en relation au début de leur vie d'adulte, d'une femme qui a été significative pour eux. En quoi était-elle spéciale ? En quoi est-elle spéciale ? En ceci qu'elle est directement branchée sur le Rêve de vie du jeune homme et qu'elle anime chez celui-ci la part du soi où loge son Rêve de vie. Autrement dit, elle fait écho au Rêve de vie du jeune homme tout en l'aidant à implanter son Rêve de vie ; c'est en cela qu'elle est spéciale.

Non seulement il est possible, mais il convient d'inverser les rôles et de parler de «l'homme spécial» pour la femme, cet homme étant celui qui anime chez celle-ci la partie de son être qui contient son Rêve de vie à elle.

Sans doute vous êtes-vous déjà demandé: «Qu'est-ce qui fait qu'une personne, disons Jacques, devient amoureux d'une autre personne, disons Francine?» Qu'est-ce qui fait que Francine, que tout le monde continue de considérer comme une femme ordinaire possédant telles et telles caractéristiques, devient soudainement – ou presque –, aux yeux de Jacques, une femme *extraordinaire*? Quel est ce pouvoir du regard amoureux?

La bien-aimée (ou le bien-aimé) telle qu'elle est vue par l'amoureux (ou l'amoureuse) n'est pas identique à la personne que voient et perçoivent les autres. Il y a une idéalisation de la personne aimée qui en crée une image magnifiée. Cette idéalisation prend racine dans les besoins subjectifs de l'amoureux.

C'est ce qu'explique Anthony Storr (1970, p. 113) lorsqu'il avance qu'il y a surestimation de l'aimé et création d'une image déformatrice de l'aimé. Cette image est davantage l'expression d'un besoin subjectif de la personne amoureuse plutôt que la représentation de la personne réelle. Par conséquent, la qualité magique de l'image est due à la projection sur la personne aimée d'un élément subjectif qui appartient à celui ou celle qui aime. On sait qu'après le coup de foudre s'ensuit nécessairement le bain de réalité, le grand test où, dans les meilleurs cas, la personne réelle supplantera la personne idéalisée. Comme l'a si bellement écrit Marguerite Yourcenar (1974, p. 21): «Ce jeu mystérieux qui va de l'amour d'un corps à l'amour d'une personne m'a semblé assez beau pour lui consacrer une part de ma vie.» La projection disparaissant, l'état magique d'être enamouré cède la place à l'expérience d'aimer.

Dans *Le choc amoureux*, Alberoni (1981) décrit la rupture que le choc amoureux instaure dans le cours ordinaire des choses, transportant les amoureux, les amenant à vivre à un autre niveau de conscience et d'expérience, bref à transcender le mode d'être-au-monde qu'est celui de la quotidienneté.

Alberoni explique le choc amoureux en le définissant comme un acte révolutionnaire. Mais il ne dit pas comment s'opèrent les amalgames, les liens amoureux! Quelle belle intuition que celle qui, dans la lignée de l'idée de la rencontre des âmes sœurs, situe l'une des forces d'attraction entre les êtres au niveau des masses informes et cosmogoniques des Rêves de vie individuels, si modestes soient-ils!

> ### Exercice La «femme spéciale» ou l'«homme spécial»
>
> - Prenez une feuille blanche.
> - Nommez cinq caractéristiques qui vous ont d'abord attiré chez votre partenaire de vie.
>   1. _____
>   2. _____
>   3. _____
>   4. _____
>   5. _____
> - Nommez cinq caractéristiques que vous appréciez maintenant (aujourd'hui) chez votre partenaire de vie.
>   1. _____
>   2. _____
>   3. _____
>   4. _____
>   5. _____
> - Faites-vous des liens entre ces caractéristiques et votre Rêve de vie? Lesquels? Écrivez-les sur votre feuille.

S'orienter professionnellement et décider d'un travail

La tâche de croissance constituée par le choix d'un travail amène le jeune adulte à transformer ses intérêts en une occupation; ce processus complexe est rarement direct, simple. Il faut noter que le mot «décider» ne rend pas bien compte du processus psychosocial complexe en cause, qui s'étend au-delà de la vingtaine. Il n'y a qu'à observer comment les jeunes adultes font leur choix de carrière et de métier!

Heureusement, nous évoluons dans une société plus flexible et plus souple que celle qu'ont connue nos parents (ils choisissaient un travail pour la vie, ce qui est moins le cas maintenant), ce qui permet des réajustements ultérieurs. Les choix, parce qu'ils sont moins définitifs bien qu'importants, perdent leur dimension dramatique, et cela est pour le mieux. Il n'y a pas qu'un seul chemin qui mène à Rome. À ce chapitre, le rôle d'un mentor peut être extrêmement important, comme nous le verrons plus loin.

> **Exercice** — **Le choix d'un métier ou d'une carrière**
>
> - Prenez une feuille blanche et écrivez vos réponses aux questions suivantes.
> - Qu'est-ce qui vous attirait dans ce genre de travail?
>
> _____
> _____
> _____
>
> - Qui vous a encouragé à faire ce travail?
>
> _____
> _____
> _____
>
> - Lesquels de vos talents y sont mis à contribution?
>
> _____
> _____
> _____
>
> - Dans l'ensemble, imaginez que quelqu'un vous demande de lui raconter comment vous avez fait pour vous rendre là. Que lui diriez-vous?
>
> _____
> _____
> _____

Établir une relation avec un mentor

Établir une relation avec un mentor est, selon Levinson, une tâche développementale qui appartient à la saison du jeune adulte. Le mentor est une personne spéciale dans l'environnement du jeune adulte; il est présent au Rêve de vie de ce dernier et l'aide à consolider son identité. Plusieurs jeunes adultes ressentent le besoin de rencontrer quelqu'un qui croit en eux, qui les guide, les soutient, les valorise, les stimule et leur propose des défis.

Mais écoutons plutôt Charles.

Récit Charles

J'ai connu mon mentor il y a environ deux ans. J'ai vécu cette rencontre au moment où je quittais ma région natale et le monde de mes parents pour aller à l'université. Jusqu'à cette époque de ma vie, je n'avais connu personne qui avait contribué, d'une façon ou d'une autre, à mon développement et à mon avancement dans le monde et dans la vie d'adulte. Je sentais un manque, un vide dans mon entourage, cherchant soit un bon ami, soit quelqu'un qui m'encouragerait à atteindre mes buts.

Vers la fin du mois de janvier…
C'est dans le cadre d'un cours que j'ai connu Alain qui m'a invité après un cours à aller prendre un café dans un resto, histoire de jaser. Tout au cours de la soirée, nous avons parlé de nous. Alain m'a raconté qu'il était originaire de…, qu'il avait 32 ans, qu'il était divorcé, qu'il travaillait dans le domaine de la publicité tout en suivant des cours. De mon côté, je lui ai dit d'où je venais, que j'habitais en banlieue depuis trois semaines, que j'étudiais en géographie.

Six mois plus tard (à l'été)…
J'habite près de l'université avec un cousin. Alain et moi sommes toujours en contact : on se voit deux à trois fois par semaine. Nous n'en sommes plus aux rapports superficiels, les barrières sont tombées. Nous avons les mêmes intérêts. Il aime l'informatique, les parcs, le vélo et, bien sûr, la publicité. À ce temps précis de l'année, je me questionne sérieusement sur mon orientation scolaire, à savoir si je vais passer ma vie en géographie. J'en ai discuté avec Alain. Je lui explique mes déceptions face au programme de géographie : ce n'est pas ce que j'attendais. Il m'a dit qu'il me voyait plutôt en sciences sociales. C'est à ce moment-là que j'ai pensé qu'Alain me connaissait plus que je ne le pensais, car mes matières préférées sont la sociologie et la psychologie. J'aime beaucoup étudier le monde, les pays, les villes, mais dans le bac en géographie, c'était tout à fait autre chose : on étudiait les roches, les sols, la faune et la flore, et cela ne me passionnait pas vraiment.

Alain me conseille dans tout. J'aime sa façon de voir la vie avec un réalisme incroyable. Il est fonceur et a beaucoup de caractère. C'est pourquoi je l'admire énormément, car moi, j'ai de la difficulté à être réaliste et je n'ai pas beaucoup de caractère. Il va m'aider à travailler ces éléments de ma personnalité qui dorment en moi. De plus, il a une façon de penser et d'analyser que j'ai adoptée.

Six mois plus tard (en janvier suivant)…
Je suis depuis septembre étudiant libre au bac en psychosociologie de la communication. Sans Alain, je ne serais probablement pas là, car c'est lui qui, l'été dernier, m'a donné des informations sur les démarches à suivre. Je suis passionné de tous mes cours. Alain avait vu juste. Je le vois régulièrement. Plus je le connais, plus je me vois à travers lui. Il pense d'une façon et j'approuve sa pensée. Alain m'initie à de nouvelles activités que je trouve très intéressantes.

Par exemple: le graphisme assisté par ordinateur, le dessin, l'architecture des monuments et des édifices, le cinéma d'art et d'essai et la lecture (la grande littérature et les bandes dessinées).

Alain est plein de connaissances et de richesses; tout ce qui sort de sa bouche est pesé et tous les sujets énumérés ci-dessus m'ont passionné et me passionnent encore. Moi, je lui fais part de mes connaissances acquises en psychosociologie de la communication, et il m'écoute et apporte son point de vue. Il n'est jamais négatif dans ses remarques. C'est comme un supplément d'information qu'il me donne ou plutôt une vision différente de la théorie que je lui expose. C'est lui qui m'a aidé à choisir la psychosociologie car il me voyait dans ce programme.

Un an plus tard (avril)...
Je connais maintenant Alain depuis plus de deux ans. Il m'a aidé à faire de nombreux choix dans la vie et il m'a ouvert des horizons sur la culture. Il m'a donné des bases en graphisme assisté par ordinateur et, depuis deux mois, j'ai obtenu un contrat de publicité pour un petit commerce. De plus, Alain a contribué à mon avancement, à ma découverte et à mon cheminement vers l'actualisation de ma personnalité. Il est allé chercher la personne qui dormait en moi, la personne et son potentiel. Alain est rempli d'énergie positive. Il est souriant, discipliné (au travail... finalement partout!). On s'entend à merveille, on rit, on parle de n'importe quel sujet. En fin de compte, Alain est une source de motivation pour moi et c'est ce dont j'avais besoin chez un ami. Car de toutes les personnes que j'ai connues, il est le seul qui me motive et qui m'incite à avancer dans la vie. Pour moi, Alain est une personne unique que j'admire. J'ai appris qu'il partait étudier dans une autre ville. Cette nouvelle m'a profondément bouleversé et m'affecte encore.

Pour moi, Alain a joué un vrai rôle de mentor, et ce, inconsciemment. Il m'a enseigné des choses, m'a aidé à acquérir des habiletés et à développer ma personnalité. Il m'a aidé à faire mon entrée dans le monde du graphisme par ordinateur et m'a appuyé dans mon avancement. Il m'a guidé et m'a servi de modèle de pensée et d'analyse. De plus, c'est une personne que j'admire et qui m'a stimulé pendant deux ans.

Charles éprouvait le besoin de rencontrer quelqu'un qui allait l'aider à accoucher de lui-même, quelqu'un qui allait le reconnaître, le guider. Alain apparaît comme une sorte de conseiller, comme un modèle, un guide qui inspire Charles, qui l'accompagne dans la transformation de son être.

Mais sans doute avez-vous déjà quelqu'un en tête... quelqu'un qui a joué un rôle semblable auprès de vous. Afin de vous aider à découvrir si une ou des personnes ont joué un rôle semblable dans votre existence, je vous propose l'exercice suivant.

Exercice   Avoir un mentor

- Au début de la vie adulte, une des tâches développementales importantes du jeune adulte passe par le processus complexe de formation de son identité via la relation avec un mentor.
- Reportez-vous au temps de votre vie qui coïncide avec la saison du jeune adulte (entre 18 et 40 ans) et tentez de vous rappeler s'il y a une ou des personnes, en dehors de votre père et de votre mère, et en dehors de votre conjoint, qui vous ont marqué de façon importante, qui ont influencé votre développement adulte.
- **A.** Choisissez une personne qui, selon votre intuition, a joué un rôle de mentor à votre égard.
  - Quel âge aviez-vous?
  - Quel âge avait votre mentor?
  - Était-ce une personne plus âgée que vous?
  - Était-ce une personne du même sexe que vous?
  - Décrivez brièvement le contexte de votre relation.
- Pause 1 : prenez le temps d'écrire sur une feuille ce que vous avez trouvé.
- **B.** Maintenant, retrouvez ce qui vous attirait chez votre mentor. Énumérez cinq comportements, attitudes ou qualités que vous admiriez chez cette personne.
  1. _____
  2. _____
  3. _____
  4. _____
  5. _____
- Pause 2 : écrivez-les sur votre feuille.
- **C.** Y a-t-il des choses que vous aimiez moins chez cette personne? Énumérez cinq comportements ou attitudes que vous n'aimiez pas chez cette personne.
  1. _____
  2. _____
  3. _____
  4. _____
  5. _____
- Pause 3 : écrivez-les sur votre feuille.
- **D.** Selon vous, votre mentor était-il présent à votre Rêve de vie?
  - Comment cette personne vous a-t-elle influencé?
  - En quoi vous a-t-elle marqué?
- Pause 4 : écrivez vos réflexions sur votre feuille.

En résumé, pour sortir de l'adolescence et entrer dans le monde adulte, il faut :
- se relier à soi-même, aux autres et au monde et choisir l'intimité plutôt que l'isolement, au sens où l'entend Erikson ;
- construire son Rêve de vie et l'implanter dans une structure de vie ;
- établir une relation amoureuse et choisir un style de vie ;
- s'orienter professionnellement et faire un choix de carrière ou de métier ;
- établir une relation avec un mentor.

Ce n'est pas si simple d'être jeune, et au cours de la jeunesse, qui dure plus de 20 ans, il existe des périodes de stabilité et des périodes de transition. Le plus souvent, le jeune adulte éprouve le besoin d'avoir un mentor alors qu'il est dans une période de transition. Ce besoin est étroitement relié à la nécessité pour le jeune adulte de trouver son identité, de découvrir son Rêve de vie, de faire des choix de carrière et des choix de vie. Ce besoin s'inscrit dans la longue chaîne de filiation qui parcourt la civilisation humaine si bien symbolisée par le passage du flambeau lors des olympiques. Les jeunes s'attendent à ce que leurs aînés leur passent le flambeau, à ce qu'ils leur fassent de la place dans le monde adulte. Les jeunes ont besoin de figures mentorales. Pour eux, recourir à des *pères*, et non seulement à des *pairs*, devient impérieux pour continuer d'avancer, de progresser.

Pour le jeune adulte, le mentor apparaît comme une figure de transition qui lui permet de quitter le monde dans lequel il a évolué jusqu'à ce moment et d'entrer dans un monde nouveau. Il lui facilite la tâche d'élaborer une nouvelle définition de lui-même et l'assiste dans ses efforts pour se faire une place au soleil. Soit dit en passant, ce travail de mentorat est sans doute plus exigeant lorsque le mentor a l'impression d'entrer lui-même dans un monde nouveau, ce qui semble le cas en cette fin de millénaire, en ce temps où la planète devient un seul grand pays, en ce temps où l'ordinateur nous oblige à devenir des mutants. Mais n'anticipons pas : nous y reviendrons plus loin.

Ainsi, pour le jeune adulte, avoir un *mentor apparaît comme une façon privilégiée d'entrer dans le monde adulte*. Pas étonnant que les jeunes se demandent où sont les mentors et comment les trouver !

CHAPITRE 3

Devenir mentor, une tâche du mitan

> *En devenant un « adulte sain »*
> *pénétré de sagesse, de force et de savoir-faire adultes,*
> *peu d'entre nous choisiraient de redevenir enfant.*
> Judith VIORST

> *Au beau mitan de ma vie,*
> *Au beau mitan de ma vie,*
> *La rivière est profonde,*
> *La rivière est profonde...*
> (variation sur un air connu...
> *Aux marches du palais*)

Tout le monde vieillit mais tout le monde ne devient pas adulte. La maturité n'intéresse pas également tous les êtres humains. Il semble que certains seulement en fassent leur projet de vie. Tout le monde vieillit et tout le monde ne devient pas mentor. Pourtant, le mentorat est une occasion unique, en particulier pour l'adulte d'âge mûr, de mettre à profit ses expertises et ses compétences pour sa satisfaction personnelle et pour le bénéfice des autres.

Si le jeune adulte regorge d'énergies, d'initiatives qui lui donnent l'envie non seulement de connaître le monde, mais aussi de le refaire, l'adulte mature, de son côté, fort de ses compétences et de ses expertises incluant les responsabilités qui s'ensuivent, et souvent aux prises avec l'intendance du monde, éprouve le besoin de laisser sa trace, de léguer aux générations qui suivent un monde meilleur.

Le mitan de la vie adulte, plus qu'un virage

Que se passe-t-il dans la période que l'on appelle le « mitan de la vie adulte », une saison de la vie humaine qui s'étend sur près de 25 ans, commençant avec la transition de la quarantaine pour se terminer avec la transition de vie vers la vieillesse, située autour de plus ou moins 65 ans ? C'est tout au cours de cette longue saison que l'adulte sera, le plus souvent, appelé à devenir mentor, exerçant par la même occasion sa générativité.

Il ne faut pas confondre la *saison* du mitan – une période de près d'un quart de siècle – avec la *crise* du mitan, qui se produit parfois à l'occasion du passage dans le milieu de la vie adulte, passage qui marque le fait que d'adulte apprenti qu'il était, il entre dans la catégorie des adultes matures.

Vingt-cinq ans, c'est tout un pan de vie, si l'on considère que la vie humaine ne s'étend qu'exceptionnellement au-delà de 100 ans. Et en 25 ans, il s'en passe des choses! Ce quart de siècle recouvre des périodes de stabilité *et* des périodes de transition.

La conception que je vous propose diffère de celle que véhicule la psychologie populaire, où «mitan» est, le plus souvent, synonyme de virage, de passage, de crise. Parler de cette saison de la vie en ne se référant qu'à la crise du mitan (au sens populaire de l'expression) serait analogue à parler des cathédrales en se contentant d'en décrire les portiques! La psychologie populaire a longuement décrit le point tournant du passage où les énergies de type «jeune adulte» se transforment. Elle a tellement insisté sur le virage qui s'y opère que l'expression «mitan de la vie adulte» est devenue, aux yeux de plusieurs, un synonyme de bouleversement et un symbole de remise en question.

Or le mitan est beaucoup plus qu'un virage! C'est une saison de la vie qui comporte des périodes d'harmonie, de satisfaction et d'accomplissement, et des périodes de bouleversement, d'insatisfaction et de remise en question. Le réaménagement des forces psychiques caractéristique du mitan présuppose une double expérience: celle de l'accomplissement et de la réalisation de son être, d'une part, celle du déclin et de la perte, d'autre part. Et les deux faces de cette expérience, tels le concave et le convexe, tels le recto et le verso, ne sont pas sans liens l'une avec l'autre, comme si le déclin rendait possible l'accomplissement et, réciproquement, comme si l'accomplissement entraînait la perte et le déclin.

La métaphore de Carl Jung (1933) décrit bien la complexité du milieu de la vie. Jung a comparé l'enfance au lever du soleil, la jeunesse à l'avant-midi, le zénith à la maturité et la fin de la journée à la vieillesse. En comparant ainsi le milieu de la vie humaine au zénith, Jung nous plonge dans une métaphore où le soleil est à son plus haut niveau (image de sommet, d'apogée) et dans toute sa splendeur (image de plénitude, de réalisation, de maturité). Le mitan de la vie adulte coïncide en son commencement avec le moment où le soleil est à son plus haut point dans la voûte céleste: au zénith. Jusqu'ici la courbe de la vie a été ascendante et elle atteint maintenant son apogée.

Toutefois, dorénavant, cette courbe épousera, de façon plus ou moins perceptible mais non moins réelle, une pente descendante. Ainsi le zénith marque le commencement du déclin : telle est la vision paradoxale du mitan qui traverse la société occidentale. Le spectre de la crise guette, tandis que l'idéal de la maturité continue d'exercer son ascendant.

L'image du mitan qui se dégage de cette métaphore est moins réductrice et moins simpliste que celle qui fait l'équation suivante : le mitan équivaut à un virage et est synonyme de crise. Elle est duelle, insistant à la fois sur ce qui se termine et sur ce qui commence. Cette métaphore évoque une ère de transformation avec ses grandeurs et ses misères, pour reprendre le mot de Pascal. Dès lors la maturité apparaît comme la résultante des différentes crises développementales qui sont pour l'adulte d'âge mûr, rappelons-le, autant d'occasions de croissance.

Ainsi plusieurs tâches développementales attendent l'adulte au cours de cette période. Par exemple, il doit réaménager son rapport à soi-même en adoptant une nouvelle image de soi : « Comment en suis-je venu à me percevoir comme un adulte du mitan ? », se demande-t-il. Il doit aussi réaménager son rapport aux autres, jeunes adultes, personnes âgées ou adultes du mitan ; enfin, il lui faut se resituer dans sa société avec les contraintes spécifiques de la cohorte à laquelle il appartient : par exemple, celle des *baby-boomers*. En faisant face à ces tâches, l'adulte peut rencontrer du plaisir comme de la souffrance.

Or les problèmes et la souffrance reliés au milieu de la vie adulte sont davantage exacerbés, ce qui laisse dans l'ombre les plaisirs et les satisfactions de la maturité. De fait, les inconforts du mitan semblent jouir d'une plus grande notoriété que les satisfactions du mitan. Et pourtant, cette saison de la vie adulte se présente aussi comme un temps de force, un lieu de maturité et une période de maîtrise. Il importe donc, pour faire le contrepoids, de souligner les gains qui peuvent sourdre d'une résolution heureuse des défis développementaux du mitan. Sentiment de compétence, expérience de maîtrise, acceptation de ses limites et de celles des autres, impression d'accomplir ce qui nous tient à cœur, état de satisfaction, acceptation de soi reliée à une plus grande intimité avec soi-même sont autant d'expériences qui appartiennent au mitan de la vie.

Comme on le voit, nous sommes loin de l'image d'un homme ou d'une femme qui découvre devant son miroir, un matin de préférence, ses premiers cheveux blancs en se disant : « C'est pour quand ma crise du mitan ? »

Les Grecs avaient un mot pour désigner la période d'une vie humaine correspondant à son apogée : l'ακμη (l'*acmè*). Au sens propre, ακμη désigne la partie aiguë d'un objet (par exemple, la lance du javelot). Au sens figuré, ce mot évoque tantôt le plus haut point de force, de puissance – on retrouve ainsi l'expression ακμη του βιου (*acmè tou biou*) chez Xénophon (expression traduite par « la force de l'âge »), tantôt le moment où une chose est à point, le moment opportun, bref le moment où une chose (ou une vie…) est dans sa maturité. On retrouve ici les notions de sommet et de maturité.

J'affiche immédiatement mes couleurs : comme les autres temps de la vie, le mitan comporte ses impératifs de croissance et ses défis de développement, impératifs et défis auxquels il faut faire face. Il m'apparaît essentiel de comprendre que les tâches développementales de chacun des temps de la vie font partie de l'ordre des choses et qu'il n'y a rien de plus humain et de plus « normal » que de faire face à ces défis de croissance et de les relever.

La manière d'y faire face appartient à chacun. Relever individuellement les défis du milieu de la vie adulte n'entraîne pas nécessairement une expérience subjective de grand déséquilibre, d'intense anxiété, de perturbation émotionnelle extrême. Chaque individu affronte d'une manière personnelle la difficulté de vivre. Cependant, chaque personne humaine doit composer avec le passage du temps.

Le sens du temps se modifie

Dans la mythologie romaine, il existe un dieu à deux faces qui regarde dans deux directions : en avant et en arrière, en amont et en aval, vers le passé et vers le futur. C'est le dieu des portes, figure par excellence des transitions. Il a nom Janus. Avec le temps, il semble qu'il soit devenu le dieu des commencements. Ainsi, le nom du premier mois de l'année, celui qui ouvre la nouvelle année dans notre calendrier, s'inspire de son nom, le mot « janvier » (du latin *januarius*) provenant de Janus. Ce dieu, parce qu'il regarde en arrière et en avant, peut nous permettre de comprendre le mitan.

Pour vous et moi, le quarantième anniversaire de naissance marque une étape. Attendus avec appréhension par la plupart, nos 40 ans apparaissent comme une balise. Balise qui rompt, telle une miche de pain qui ne serait plus quotidien, le temps de la vie en deux : celui vécu jusqu'à maintenant et celui qui reste à vivre. Balise qui donne à l'adulte de 40 ans l'impression d'être sur une drôle de passerelle. Comme le dit la chanson de Gilles Vigneault et Claude Léveillé :

> Il en est passé de l'eau sous les ponts, il en est passé des nuages...
> Il en passera de l'eau sous les ponts. Il en passera des nuages.

C'est une époque où chacun commence à mesurer son temps de vie à l'aide d'un autre critère : celui du temps qu'il lui reste à vivre plutôt que celui du temps qui s'est écoulé depuis sa naissance. Un sentiment d'urgence temporelle s'installe, un peu comme si le temps qui reste à vivre devenait une denrée précieuse, rationnée.

Cette balise oblige au bilan. L'adulte jauge ce qu'il a fait jusqu'alors en mesurant ses réalisations à l'aide du critère de ses rêves. À partir de là, il lui devient possible d'opérer un virage quant à ce qu'il fait et fera désormais. Le vieux dicton anglais *Today is the fisrt day of the rest of my life* («Aujourd'hui est le premier jour du restant de ma vie») a une saveur de mitan. En effet, au cours du mitan, l'éclairage sur le sens des choses et sur le sens de la vie se modifie au point où *ce qui était vérité au matin de la vie apparaît alors comme mensonge*. Il devient moins important de réussir dans la vie, et plus important de réussir sa vie, ce que les spécialistes ont décrit comme un mouvement vers une intériorité croissante. Comme si une révolution intérieure conviait la personne à être fidèle... à soi-même (un partenaire souvent négligé de l'existence quotidienne), entraînant une nouvelle naissance, ou plutôt, une renaissance à une plus grande totalité de son être. (On a d'ailleurs parlé du mitan de la vie comme d'une troisième naissance, la première étant la naissance biologique, la seconde, l'adolescence.)

Tamisée par cette nouvelle façon de ressentir le passage du temps, l'idée de mourir prend une nouvelle dimension pour la personne. Bien sûr, l'adulte a toujours su qu'il allait mourir un jour. Sauf que... l'idée de mourir cesse d'être une idée pour devenir, si je puis dire, un destin. Comme si la personne ne décodait plus les changements corporels, la maladie, la perte de personnes chères ou connues naguère comme un rappel ou un signal universel, mais les accueillait comme une révélation personnelle. Elle apprend autrement ce qu'elle savait déjà : «Un jour, ce sera mon tour.»

En revanche, cette même personne caresse des rêves et des ambitions qui n'ont jamais été aussi guillerets. Et elle peut avoir l'impression que ses aspirations et ses ambitions ont pris une expansion telle qu'elles sont à l'étroit dans les limites du temps qui reste. Mais certaines désillusions la ramènent sur terre. Et elle a le choix entre cultiver sa déception (un peu comme on ronge son frein) et faire quelque chose à partir de cette déception. C'est ce que j'appelle la désillusion créatrice.

Par exemple, Geneviève, 39 ans, rêvait encore d'avoir un enfant. Elle désirait faire l'expérience de la maternité qu'elle n'avait pas connue à ce jour. L'illusion de la maternité flottait dans son cœur, entremêlée à d'autres aspirations. Pourtant, elle ne prenait pas la forme d'un but. Cette illusion entraînait ainsi une dépense d'énergie dans son système psychique, dépense qui coûtait cher et rapportait peu.

Que s'est-il passé pour que…?

Geneviève traversa d'abord une période d'inconfort où elle se disait: «Je n'aurai pas d'enfant, je ne serai jamais une mère.» Par la suite, elle a entrevu qu'elle était bel et bien une femme à part entière, même sans l'expérience de la maternité proprement dite: «Je peux me réaliser même si je n'ai pas d'enfants à moi. D'autres sentiers de vie s'offrent à moi.» Elle venait d'atteindre l'autre côté de la rive. Elle abordait de la sorte une nouvelle terre d'expérience, celle où elle prendrait soin, bénévolement (même si elle travaillait déjà à plein temps et obtenait beaucoup de gratifications de son travail), des enfants de la voisine de palier, de sa sœur ou de l'hôpital Sainte-Justine, ce qui serait une façon d'être une mère de remplacement, quelques heures par semaine. Elle en éprouva un regain d'énergie et de vitalité. Elle avait fait le deuil de la maternité physique et psychologique d'enfants bien à elle pour exercer autrement sa générativité.

Que s'est-il passé pour que Geneviève refasse la carte de son monde (et on sait que la carte, ce n'est pas le territoire!)? Une désillusion créatrice au terme de laquelle il s'est opéré une transformation de son être. Geneviève a troqué la nostalgie de la maternité contre le contact réel avec des tout-petits. C'est cela, la conversion des énergies psychiques!

Le stress du mitan

Il y a un stress spécifique à ce temps de la vie. Cette période est un temps de pouvoir: la plupart de nos dirigeants n'appartiennent-ils pas à la catégorie d'âge s'étendant de 40 à 65 ans? S'exercer à devenir un adulte senior sur le plan professionnel et à se faire une place dans la génération du mitan, telle est la troisième grande tâche du mitan définie par Levinson. Il s'agit d'un temps de la vie où chacun se rend compte de ses forces et de ses limites. Comme me le disait l'un de mes amis à l'approche de la cinquantaine: «Finalement, je me suis rendu compte qu'il y a une ou deux choses que je sais très bien faire dans la vie, et je m'y consacre.»

Dès lors, les risques d'être sollicité sont plus grands. Les demandes et les pressions peuvent se faire oppressantes. Il faut vite apprendre à dire non pour dire oui à ce qui nous importe vraiment. Souvent plusieurs questionnements, qui prennent parfois la forme de conflits, habitent la personne du mitan : « Est-ce que je travaille trop ? » « Mon travail prend-il la place d'autres composantes de ma vie ? » « Mon travail me convient-il ? »

Qui n'a pas rencontré une personne tenant des propos tels que les suivants : « Je n'ai pas le choix, mon milieu de travail est pourri, il n'y a rien d'autre à faire que d'attendre et d'endurer... jusqu'à la retraite » ? En tenant de tels propos, l'adulte ne choisit-il pas de se mettre dans une situation d'impuissance ? Car il pourrait se demander, par exemple : « Ai-je besoin d'autant d'argent ? Est-il exact que je doive être le seul pourvoyeur ? Qu'est-ce que je fais avec mon argent ? Quelles seraient les répercussions si je changeais d'emploi ? » Les insatisfactions au travail sont autant de clignotants qui nous avertissent que quelque chose va moins bien et qu'il y a un changement à apporter. On peut choisir de continuer de se plaindre. C'est un choix. Non un destin.

Toutefois, le stress relié à ce temps de la vie ne provient pas seulement des exigences du travail. Il provient aussi des relations interpersonnelles, et particulièrement de celles reliées à la génération sandwich, d'une part, et aux connexions imparfaites, d'autre part.

Souvent les hommes et les femmes se retrouvent coincés entre deux générations, celle de leurs parents vieillissants et celle de leurs enfants grandissants. C'est ce qu'on a appelé la « génération sandwich ». Non seulement ils ont à se soucier des adolescents et des jeunes adultes, mais encore leur faut-il en plus répondre aux demandes des parents qui entrent dans un autre âge de la vie. (C'est souvent aux femmes qu'incombent toutes les tâches consistant à prendre soin des personnes âgées, comme le démontrent plusieurs recherches.) Comme il paraît loin le temps où ils se sentaient les enfants de leurs parents et les parents de leurs enfants ! Le renversement est tel qu'il est à peine exagéré d'affirmer que, au mitan de la vie, nos enfants ne sont plus nos enfants et nos parents ne sont plus nos parents.

Pour ce qui est de nos enfants grandissants, il semble qu'il faille une bonne dose de maturité pour ne pas les étouffer en les emprisonnant dans nos propres rêves sur eux, fussent-ils les plus nobles ! À titre d'exemple, pensons, dans le film *La cercle des poètes disparus*, au père qui emprisonne son fils dans son Rêve de vie à lui, ce qui l'empêche de reconnaître le Rêve de vie de son enfant.

Quant aux parents vieillissants, là non plus la tâche n'est pas facile. Être présents à l'expérience de détresse, de souffrance, de dépendance que vivent leurs parents âgés peut remuer beaucoup de sentiments chez les hommes et les femmes du mitan. Et faire face à la mort de ses parents constitue une expérience centrale dans la vie de chacun.

Le stress interpersonnel peut aussi être engendré par la découverte de la nécessité d'accepter des connexions imparfaites, si un tel processus n'a pas déjà été amorcé antérieurement.

Ayant rencontré joies et déceptions dans sa ou ses relations amoureuses, l'adulte évalue son expérience dans ce domaine à travers les pertes et les gains qu'occasionne la crise de la maturité : non seulement il remet en cause ses besoins et ses aspirations, mais encore il touche autrement ses limites. Il se demandera, par exemple, non seulement ce qu'il cherche dans une relation amoureuse, mais aussi ce dont il est capable :

> Mon mariage a-t-il un sens ? [...] Ai-je mûri – ou simplement cédé ? Mes relations avec ma famille et mes amis reposent-elles sur un échange fait d'affection ou de dépendances désespérées ? (Viorst, 1988, p. 285)

Vis-à-vis du conjoint, vis-à-vis des enfants, vis-à-vis des parents d'origine, vis-à-vis des amis, la relation réelle n'est jamais satisfaisante à tous points de vue. Il faut soit s'en accommoder, soit opter pour des changements ou intérieurs ou extérieurs. Par exemple, il semble que c'est plutôt après l'âge de 35 ans que la personne commence à se soucier vraiment de comprendre qui était son père, qui était sa mère, et à les voir non plus seulement avec ses yeux insatiables de fils ou de fille, mais d'un œil complice, selon un rapport de personne à personne.

Comme parents, nous faisons tous un peu la même expérience. Au moment où les sports, les amis, le collège appelaient mes enfants et les accaparaient tout entiers – ce qui est dans l'ordre des choses – et où ces derniers entraient à la maison pour manger, étudier et dormir, et demander un peu d'argent de poche, je me souviens d'avoir eu la vive impression que la personne que j'étais n'avait pas d'importance pour mes fils – ce qui bien sûr n'était pas tout à fait juste. Et je m'entends encore leur dire : « J'ai le sentiment d'être un réfrigérateur, une auberge de jeunesse et une banque nationale. Mais il y a quelqu'un derrière tout cela, l'avez-vous oublié ? » J'ai dû alors me rappeler mon temps de collège et combien la maison paternelle, que j'aimais pourtant, était devenue secondaire par rapport à ma vie avec mes pairs qui était alors au centre de mon existence... Et j'ai compris qu'à un certain moment de l'adolescence, oui, il importe d'oublier qu'il y a quelqu'un derrière les rôles parentaux. J'en avais fait autant.

Outre qu'il est soumis à des pressions d'origine relationnelle, l'adulte du mitan fait face à ses exigences intérieures: «Qu'as-tu fait de tes rêves?», «Qu'as-tu fait de ta vie?», exigences qui ne créent pas moins de stress que les autres, comme on le verra ci-dessous.

Le Rêve de vie est évalué, modifié ou abandonné

Au cours de la vingtaine et de la trentaine, les tentatives pour faire une place à son Rêve de vie dans une structure de vie ont donné lieu à diverses expérimentations professionnelles et amoureuses ainsi qu'à des tentatives pour vivre hors de la maison paternelle en essayant divers styles de vie.

Bilans provisoires, ajustements successifs ont permis à l'apprenti adulte de prendre en compte ses diverses expériences en vue d'améliorer sa structure de vie. Toutefois, certaines parties de son Rêve de vie ont pu être négligées, au profit d'autres éléments. Au début du mitan, à la lumière du sentiment d'urgence qu'il éprouve en prenant conscience de la finitude de sa vie, l'adulte pourra abandonner les parties tyranniques de son Rêve de vie et choisir de délaisser pour de bon ou de reprendre celles qu'il avait temporairement mises de côté.

C'est un peu comme si l'individu déposait son sac à dos sur le sol pour en retirer des objets trop pesants qui l'accablent indûment, pour redécouvrir certains objets qu'il a transportés tout ce temps sans trop leur porter attention (vous connaissez ce genre de désirs qu'on laisse flotter en soi et qui, telles les brumes de l'aube sur un lac du Nord, s'effilochent, s'étirent, se défont et prennent de nouvelles formes juste avant de s'évaporer complètement dans l'atmosphère), ou encore, pour mettre dans son sac à dos des éléments de son Rêve de vie qu'il avait, par mégarde, mis dans le sac à dos de son conjoint, ou encore de son enfant... Comme cette femme de 40 ans qui prenait conscience du fait que, concernant la réalisation de soi, elle avait consacré la plus grande partie de ses énergies à l'épanouissement de son conjoint, devenu entre-temps un professeur d'université reconnu mondialement; tandis qu'elle rêvait d'avoir sa propre vie professionnelle, elle supervisait la production de son conjoint, se retrouvant, à ses propres yeux, et selon ses propres paroles, «devant rien». Le réaménagement de son Rêve de vie déclencha chez elle une profonde, difficile et salutaire remise en question.

Dans cette veine, voici un texte que j'ai écrit un jour de ménage... de rêves.

Rêves à vendre

Quelque chose m'embarrasse lorsque je songe aux possibilités réelles que j'ai de me développer comme adulte. Je parle de possibilités réelles par opposition à mes rêves de développement qui pourraient bien être tout aussi effervescents sur mon lit de mort qu'ils ne l'étaient à l'adolescence et qu'ils ne le sont encore aujourd'hui au beau mitan de ma vie adulte. Tout aussi actifs. Tout aussi grandioses. Tout aussi émouvants. Tout aussi fous. Ces rêves me gonflent l'âme et le cœur et me font sentir le corps trop étroit, la vie trop petite, pour capter et ressasser l'intensité et la beauté de la vie, ses failles et sa souffrance aussi. Comme si la vie en général aspirait à être tamisée par ma vie en particulier. Et comme saint Augustin, jour après jour, je creuse de mes dix doigts le sable de la plage, en vue d'y enfermer la mer. Et mes rêves s'y engloutissent tout comme l'eau. Pourtant l'océan de rêve ne s'estompe pas plus que la mer d'Augustin. Jour après jour, tel Sisyphe, j'escalade la montagne de rêves. Avec l'espoir et la désespérance de Sisyphe. Le mystère m'échappe. Pourquoi avons-nous (ai-je) tant de rêves?

Il n'y a pas d'issue à la condition humaine. Et je ne sais pas bien encore ce que peut être, dans ces conditions – je parle toujours des conditions de la condition humaine – la sagesse.

Ce qui fait qu'une vie est réussie, ce n'est pas l'ensemble des nuages blancs et roses qui ont plané au-dessus de celle-ci. Ce ne sont pas les rêves qu'une personne a eus et a sur elle-même et sur sa propre existence qui font d'une vie une grande vie, mais bien ce qu'elle a fait de ses rêves et de sa vie. Dans sa recherche sur l'adaptation à la vie, Vaillant n'a pas répertorié les hommes qui avaient eu de grands rêves, mais ceux dont la vie dans l'ensemble paraissait un succès (une vie réussie) par rapport à un ensemble de paramètres de bonheur tels que stipulés par la société américaine des années 1965-1970. Ces paramètres sont, j'en conviens, plus que discutables.

La société contemporaine suggère un modèle de vie réussie qui a peu à voir avec la sagesse. Je soupçonne que si l'on regardait bien en face le modèle de vie réussie qu'on nous propose, on se consolerait facilement de ne pas avoir une vie réussie.

Or j'ai bien peur d'être une personne à grands rêves comme on parle d'un film à grands déploiements. Car des rêves, j'en ai une armoire toute pleine. Une armoire, que dis-je…, une chambre, une maison, un village de rêves, un pays de rêves (vous aussi peut-être), un continent de rêves, une planète de rêves, une galaxie de rêves. Et c'est beaucoup plus sérieux que vous ne le croyez. Parfois je m'imagine tenir un magasin général de rêves… mais personne ne veut en acheter, tout le monde en a à vendre. Peut-être que si on faisait du troc avec nos rêves… Échanger un rêve de famille contre un rêve de divorce… Échanger un rêve de jeunesse contre un rêve de maturité. Échanger un rêve de sexe contre un rêve d'amour. Échanger un rêve de guerre contre un rêve de paix. Échanger un Rêve de vie contre une vie tout court. Et toute pleine.

Thoreau disait qu'il faut mettre en déroute ce qui, à l'intérieur de soi, n'est pas la vie.

Les rêves ont des liens avec la sagesse, lesquels?

Devenir mentor, une tâche du mitan

Devenir mentor, voilà un autre élément essentiel pour décrire le paysage psychosocial du mitan. La maturité offre à l'adulte une occasion unique de se préoccuper de la génération montante, d'exprimer le trop-plein des plaisirs et des satisfactions qu'apporte le sentiment de compétence, de laisser sa trace sans faire des duplicata ou des copies conformes de ce qu'il est, et cela en permettant à des plus jeunes de *devenir eux-mêmes*. Si, dans un premier temps, on peut définir le mentorat comme une relation permettant à l'adulte du mitan qui se sent à la fois vieux et jeune, jeune et vieux (polarité longuement décrite par Jung et reprise par Levinson) de garder le contact avec les «forces de l'énergie de jeunesse» dans le monde et à l'intérieur de lui-même, dans un deuxième temps il faut aller plus loin et définir cette réalité comme une relation qui permet à l'adulte mature d'apprendre par une voie unique.

En effet, le mentorat permet à l'adulte, alors qu'il possède une expertise et éprouve un sentiment de compétence, de se mettre au service des plus jeunes, en assurant la transmission des pouvoirs et de certains savoirs. Il s'agit d'une relation de réciprocité, même si ce n'est pas la loi du donnant-donnant qui régit la relation entre le mentor et le mentoré. L'altruisme, c'est-à-dire la disposition à se dévouer à autrui, est une motivation-clé chez les mentors. Au début de la relation, il est possible que le mentoré ne soit pas conscient des bénéfices que le mentor retire de cette relation, qu'il ne perçoive pas très bien en quoi le mentor y trouve son compte. Il a souvent l'impression que le mentor donne et que lui reçoit. Pourtant, le mentor bénéficie de la relation à travers les échanges qui existent entre lui et son mentoré, ce que le mentoré sera en mesure de comprendre, avec le temps. Effectivement, que le mentor soit conscient ou non du rôle qu'il joue dans la vie du mentoré et inversement, il peut apprendre de son mentoré de façon directe ou indirecte. En outre, le fait d'assister un individu dans sa croissance lui procure une gratification indéniable.

Pour jouer un rôle fécond, le mentor doit acquérir et développer les attitudes suivantes. D'une part, il lui faut accepter le fait que la jeunesse évolue dans une culture différente de la sienne, culture qui a ses forces et ses faiblesses. D'autre part, le mentor doit connaître et reconnaître les enjeux propres à l'entrée dans le monde adulte: enthousiasme, insouciance, inquiétude, sentiment que tout est possible, sentiment subjectif d'avoir un temps indéfini devant soi. Enfin, il doit être convaincu que la «centrale d'autonomie» du jeune adulte (comme de toute personne d'ailleurs) se situe à l'intérieur de lui-même et est distincte de la sienne, et ce malgré toute son expérience et tout son ascendant. Cela implique un travail de deuil et de décentration de soi. Devenir mentor est une tâche centrale du mitan qui, tout en demandant de la maturité, permet à l'adulte d'exercer sa générativité.

Exercice — Être mentor

- But de l'exercice : approfondir l'évolution d'une relation dans laquelle vous jouez le rôle de mentor. Au milieu de la vie adulte, il arrive que vous soyez appelé à jouer un rôle de mentor. Cet exercice va vous donner l'occasion d'explorer votre manière d'être à l'intérieur de l'une de ces relations.
- Pensez à une situation dans laquelle, selon vous, vous avez été mentor.
  - Quel âge aviez-vous ? Quel âge avait votre mentoré ?
  - Était-ce une personne du même sexe que vous ?
  - Décrivez brièvement le contexte de votre relation.
  - Quelles satisfactions avez-vous éprouvées ?
  - Quelles difficultés avez-vous rencontrées ?
- Vous pouvez partager vos réflexions avec quelqu'un ou encore les écrire sur une feuille.

Le mentorat et la générativité

Le mentorat est une manière importante d'exercer sa maturité, et cela d'autant plus que la générativité est un défi central du mitan de la vie. Afin de mieux cerner comment le mentorat est lié au mitan et à la générativité, revoyons la description qu'en donne Erik H. Erikson à travers la tension entre la générativité et la stagnation. Nous pourrons ensuite considérer les affinités existant entre les mentors et les personnes qui exercent leur générativité.

Le grand défi psychosocial du mitan de la vie, selon Erikson, consiste à résoudre la tension entre les deux pôles constitués par la générativité et la stagnation. La générativité consiste pour l'adulte à s'intéresser à la génération montante, elle se définit essentiellement par l'intérêt que l'on a pour les générations suivantes et leur éducation. Un tel souci, ou plutôt une telle préoccupation, s'exprime de diverses manières. En effet, la générativité suppose non seulement la capacité de faire des enfants et de les éduquer, mais aussi la capacité de produire des choses et de créer des idées. Autrement dit, la procréation, la productivité et la création sont l'expression de la générativité. Cette dernière permet de canaliser à la fois la préoccupation des générations futures et le besoin de faire sa marque, comme si chacun voulait laisser sa trace dans la longue histoire de l'humanité. Ainsi, la générativité entraîne un élargissement des intérêts du moi, le sentiment de contribuer à la construction de l'avenir, de participer à la réalisation d'un monde meilleur, de faire sa part pour la suite du monde. Évidemment, ces aspirations sont ressenties et actualisées à des degrés divers selon les personnes.

Trop souvent on associe la générativité à des fonctions éducatives (s'occuper des enfants, des jeunes, de la génération montante) au détriment des dimensions de productivité et de créativité, non moins essentielles à la générativité. Inventer une nouvelle technologie pour faciliter les appels téléphoniques interurbains, écrire une nouvelle, jardiner peuvent être des actes de générativité tout autant que l'action d'enseigner.

La stagnation, on s'en souviendra, consiste en un repliement sur soi-même et en une absorption en soi-même où l'adulte est avant tout préoccupé par sa propre personne, par exemple par son confort, ce qui laisse un sentiment de vide, de non-plénitude.

L'idée d'Erikson est claire : résoudre le dilemme entre mettre sa vie au service du mieux-être de la planète (ce qui inclut le sien) et mettre sa vie au seul service de son bien-être (au détriment de celui des autres et de la planète) correspond à une problématique psychosociale qui surgit avec plus de vigueur et de prégnance au mitan de la vie. Toutefois, la valeur de cette idée a été discutée par plusieurs.

Première mise en doute : la tension entre la générativité et la stagnation est-elle un défi développemental spécifique du mitan à l'exclusion des autres enjeux et des autres temps de la vie ? Je l'ai déjà dit[1] : je ne le pense pas. Dans les faits, l'expérience du mitan est souvent vécue par les protagonistes comme une expérience exigeant une réorganisation du soi (un autre descripteur du mitan), ce qui déclenche un profond questionnement sur son identité. À ce propos, Sherman (1987, p. 102) écrit : « La recherche en gérontologie a trouvé qu'un sens accru de son "soi" et une "intériorité de la personnalité" semblent faire partie du développement au mitan d'une façon générale ou quasi universelle. » Comme le suggère cet auteur, on ne peut en conclure que toutes ces personnes aux prises avec elles-mêmes sont en pleine stagnation. Au mitan, la quête d'identité semble en effet se doubler d'une recherche de générativité, comme si la question « Qui suis-je ? »

---

1. Voir dans *Les temps de la vie* la discussion sur la générativité dans le chapitre sur Erikson.

se colorait des questions «Qu'est-ce que j'ai fait jusqu'ici de ma vie?», «Que restera-t-il de moi après ma mort?». Cette tension entre la générativité et la stagnation, si elle est à l'avant-scène du théâtre développemental au milieu de la vie adulte, ne l'est pas au détriment des autres enjeux qui peuvent être réactivés en fonction de l'expérience de chaque personne.

Par ailleurs, les expériences de générativité ne se confinent pas au mitan de la vie adulte, ce que nous révèle une simple observation de la vie des gens. Le souci de la génération suivante peut apparaître chez certains avant le milieu de la vie adulte et se prolonger bien au delà. Ce souci de la génération suivante n'est donc pas à confondre avec l'enjeu de développement qu'est la crise développementale alimentée par la tension entre la générativité et la stagnation.

Deuxième mise en doute: la séquence identité → intimité → générativité suggérée par Erikson vaut-elle également pour les hommes et pour les femmes? Erikson croit que la problématique intimité/isolement n'est pas la même pour les femmes et pour les hommes, compte tenu que, pour la femme, la définition de son identité passe par la problématique de l'intimité, mais il ne change pas l'ordre de ses stades pour autant. Gilligan (1986) est formelle sur ce point:

> Alors que chez les hommes l'identité précède l'intimité et la procréativité dans le cycle optimal de séparation et d'attachement, ces processus semblent liés chez les femmes où l'intimité va de pair avec l'identité, puisque la femme se perçoit et se connaît comme les autres la perçoivent, à travers ses rapports avec autrui. (p. 28)

Une interprétation à la lettre de l'ordre de la séquence de développement telle qu'elle est proposée par Erikson ne permet pas de rendre compte de ce qui se passe. À mon avis, les modèles théoriques existent pour nous permettre de nous comprendre et non l'inverse. Cela nous oblige donc à relativiser le modèle théorique d'Erikson et à remettre en cause son caractère universel. En effet, il arrive souvent que les femmes (et de plus en plus les hommes), entre 20 et 35 ans, consacrent une grande part de leur énergie à élever leurs enfants; faut-il en conclure pour autant que la générativité est plus précoce chez les femmes que chez les hommes? Ici il me semble qu'on réduit la générativité à la composante de la procréation, maintenant dans l'ombre les composantes production et création, qui sont aussi l'apanage des femmes. Est-il nécessaire de dire que les trois composantes de la générativité, procréation, création et production, sont également l'apanage des hommes? Il y aurait lieu d'approfondir les différences liées au sexe dans la manière d'exercer sa générativité, plutôt que d'assigner des territoires plus ou moins factices aux hommes et aux femmes.

Ces bémols à la théorie permettent de mieux saisir à quel point la générativité est un processus à long terme et non un point d'arrivée, ou une fin. La générativité étant un impératif de croissance, tout adulte doit y faire face. S'y soustraire est encore une manière d'y faire face, comme le démontrent les propos de cette femme aux abords de la cinquantaine qui affirmait, désabusée et cynique: «Moi, ça ne me dit rien toutes ces affaires de générativité!»

Il est intéressant de savoir que des recherches visant à décrire les adultes accomplis ont retenu la générativité comme un bon descripteur de la maturité. Ainsi, Gail Sheehy (1976) relie la satisfaction de vivre optimale et la générativité: «Les gens les plus satisfaits se dédient à une cause ou à un but en dehors d'eux-mêmes.» Par ailleurs, Maslow pense que l'actualisation de soi présuppose le fait d'être engagé dans quelque chose d'extérieur à soi-même. Enfin, Vaillant (1977), dans sa recherche intitulée *Grant Study of Adult Life*, considère, dans une argumentation *a contrario*, que les personnes les moins accomplies sont celles qui n'atteignent pas le point où elles se soucient moins d'elles-mêmes et davantage des enfants, risquant la stagnation.

Les composantes de la générativité

Pour comprendre comment devenir mentor est une expérience de générativité, il est utile de connaître les composantes de cette dernière, telles que les a énoncées Paula Harding (1985, p. 106-121) dans une recherche de type phénoménologique où elle interviewe en profondeur 13 sujets. Cette auteure discerne quatre composantes d'une générativité effective:

- La première composante concerne *la vision du monde qui sous-tend les expériences de vie de l'adulte*, c'est-à-dire le système de croyances dans lequel l'adulte encode son expérience. Dans cette vision du monde, il y a place pour une adhésion profonde aux aspects spirituels de la vie et pour une foi et une confiance dans l'espèce humaine;
- La deuxième composante concerne *les récompenses qui découlent des comportements de générativité*. La générativité implique joie et souffrance; la joie peut donner le sentiment de sa valeur

personnelle, la souffrance peut entraîner une recherche de sens. Les personnes qui réalisent leur générativité prennent plaisir à relever les défis qu'elles choisissent; elles prennent également plaisir à se reconnaître entre elles et à faire partie d'un même réseau où elles s'apportent un soutien mutuel;

- La troisième composante porte sur *la connaissance de soi* des adultes, [...] une connaissance de soi qui intègre contradictions et limites. Au fur et à mesure qu'ils progressent dans l'exercice de leur générativité, ces adultes intègrent les contradictions et les polarités de leur enfance et de leur vie d'adulte. Le fait de mieux se comprendre et de mieux s'accepter leur permet de mieux comprendre et de mieux accepter les autres. Au fur et à mesure qu'ils deviennent conscients de leurs limites personnelles, ces adultes apprennent à se valoriser et à se respecter de l'intérieur de ces limites: cela est vital pour la générativité;

> De fait les personnes qui actualisent de plus en plus leur générativité comprennent qu'elles ne peuvent aimer sainement une autre personne que si elles se respectent et s'aiment de façon saine. Ce ne sont jamais des martyrs ou des zélés du bien. Dans la connaissance de soi, il y a un processus incessant de changement de valeurs. Cela peut vouloir dire simplifier le côté matériel de la vie, respecter la nature et s'y plaire de plus en plus, désirer avoir du temps de solitude pour penser, être tranquille et méditer. (Harding, 1985, p. 132)

- Enfin, la quatrième composante touche *les espoirs et les rêves*. Les personnes qui ont de la générativité ont beaucoup de rêves: des rêves amusants, des rêves sérieux, des rêves pour elles-mêmes, pour leurs enfants, pour les êtres aimés et pour la planète.

Les composantes de la générativité

1. La première composante concerne *la vision du monde qui sous-tend les expériences de vie de l'adulte*.
2. La deuxième composante concerne *les récompenses qui découlent des comportements de générativité*.
3. La troisième composante porte sur *la connaissance de soi* des adultes.
4. Enfin, la quatrième composante touche *les espoirs et les rêves*.

N.B.: Tableau élaboré par Renée Houde à partir de Harding (1985).

Le profil des personnes qui exercent leur générativité et les caractéristiques du mentor

Ailleurs dans cette même recherche, Harding (1985, p. 128) esquisse comme suit le profil des personnes qui réalisent leur générativité :

- elles ont tendance à tirer un parti positif des événements qui surviennent dans leur vie (l'expérience, comme le disait Huxley, ce n'est pas ce qui arrive à une personne mais ce qu'une personne fait avec ce qui lui arrive);
- elles font confiance aux processus de la vie;
- elles apprennent à composer avec les forces variées qui coexistent à l'intérieur d'elles-mêmes;
- elles ont faim d'apprendre sans cesse en se situant dans un processus d'éducation continue. (Comment ne pas penser ici aux adultes-exceptions qui se retrouvent dans les différentes tranches de vie découpées par Riverin-Simard (1984) dans sa recherche sur les *Étapes de vie au travail*?)

Toutes les personnes ne possèdent pas également cette aptitude à intégrer positivement ce qui leur arrive. Les manières personnelles de composer avec les événements, les autres et soi-même – bref les stratégies d'adaptation et les mécanismes d'adaptation individuels – jouent un rôle essentiel à ce chapitre. Il y a des manières de composer, de s'adapter, qui sont plus fonctionnelles que d'autres. Ainsi, Vaillant distingue certains mécanismes d'adaptation matures: l'humour, l'altruisme, l'anticipation, la suppression et la sublimation (voir Houde, 1999, p. 222). Que toutes les personnes ne possèdent pas cette aptitude au même degré semble également confirmé par les résultats de la recherche de Riverin-Simard, qui font ressortir que, parmi la population adulte étudiée, les adultes-exceptions ne constituent que 10% de l'échantillonnage. Les adultes-exceptions (outre qu'ils se retrouvent dans des processus d'éducation continue, ce qui constitue la quatrième caractéristique distinguée par Harding) sont les personnes qui savent donner à un événement défavorable, difficile, voire très pénible, une dimension positive: par exemple, la mort d'un enfant, la perte d'un emploi, la disparition du conjoint à la suite d'un décès ou d'un divorce, la maladie d'une personne chère. Pour les adultes-exceptions, de tels événements deviennent des occasions de changer. Mais attention, il ne s'agit pas de n'importe quel changement. Il est hors de question de devenir aigri, amer, de se refermer sur soi-même ou de tout foutre en l'air. Changer, dans ce sens très précis, veut dire, ni plus ni moins, devenir plus sage, acquérir de la maturité. Le changement valorisé ici est celui qui conduit à une plus grande autonomie, à une plus grande maturité, bref à plus de sagesse. Autrement dit, il s'agit simplement d'un changement qui est synonyme de ce que l'école de psychologie humaniste appelle la croissance personnelle (*personal growth*).

Le profil des personnes qui exercent leur générativité

1. Elles ont tendance à donner une dimension positive aux événements qui surviennent dans leur vie.
2. Elles font confiance aux processus de la vie.
3. Elles apprennent à composer avec les forces variées qui existent en elles et dans le monde.
4. Elles ont faim d'apprendre sans cesse.

N.B. : Tableau élaboré par Renée Houde à partir de Harding (1985).

Or, ce profil n'est pas sans parenté avec les caractéristiques les plus importantes du mentor.

Partager le Rêve de vie du mentoré, croire en lui, favoriser l'émergence du nouveau soi chez le mentoré, créer un espace où le jeune adulte pourra élaborer une structure de vie faisant place à son Rêve de vie et des projets en concordance avec celui-ci, autrement dit confirmer le mentoré, voilà autant de comportements caractéristiques d'un bon mentor.

Quelles sont les principales qualités du mentor? Deux études retiennent des caractéristiques fort semblables. Pour sa part, Wadner (1981), s'attachant à discerner les caractéristiques de personnalité les plus importantes du partenaire transitionnel, mentionne :

- un degré élevé de confiance ;
- l'habileté à écouter et à donner du feedback ;
- une attitude qui ne juge pas l'autre ;
- de la chaleur et de la compassion ;
- de l'empathie ;
- de la compréhension ;
- le désir de partager intimement avec l'autre.

Il faut souligner à quel point ces caractéristiques sont semblables à celles mises au jour dans l'étude de Knox et McGovern (1988), recherche menée auprès de 48 étudiantes qui avaient à décrire 50 caractéristiques des mentors, en l'occurrence 23 professeurs féminins ; voici les six caractéristiques les plus importantes attribuées aux mentors dans ce contexte : la volonté de partager son savoir, l'honnêteté, la compétence, la volonté de permettre la croissance ou le développement du mentoré, la volonté de donner du feedback positif et critique et le fait d'être direct dans ses transactions.

Les caractéristiques d'un mentor *efficace* selon 27 mentors d'expérience interviewés par Allen et Poteet (1999) sont:
- l'écoute,
- les habiletés de communications,
- la patience,
- la connaissance de l'organisation et du travail,
- la capacité à percevoir et à comprendre autrui.

Comme on le voit, une comparaison rapide entre les caractéristiques du mentor et le profil des personnes qui réalisent leur générativité montre des points de convergence: volonté d'apprentissage continu et capacité de partager son savoir; confiance dans la vie et capacité de reconnaître les processus de la vie en soi et chez les autres et d'aller dans le sens des forces vitales. On n'en attend pas moins d'un mentor digne de ce nom!

Un participant à une conférence sur la carrière au mitan de la vie faisait remarquer que ce sont là également les caractéristiques d'un bon gestionnaire. Possiblement. Mais un bon gestionnaire n'est pas automatiquement un bon mentor, puisque, comme on le sait, le mentorat ne réside pas dans les attributs d'une personne mais est un phénomène d'ordre relationnel qui présuppose un investissement affectif entre deux personnes.

En résumé, pour sortir de la jeunesse et entrer dans le mitan de la vie adulte, il faut:
- modifier son Rêve de vie, l'abandonner ou le réajuster;
- évaluer sa relation amoureuse en se demandant non seulement ce qu'on cherche dans une relation amoureuse, mais ce dont on est capable;
- travailler à devenir un adulte senior sur le plan professionnel en se taillant une place dans la génération du mitan;
- devenir mentor;
- se soucier de la génération suivante et choisir d'exercer sa générativité par opposition à la stagnation.

Voyons de plus près comment la maturité a des liens avec le mentorat.

La maturité et le mentorat

La maturité apparaît comme une caractéristique essentielle pour être mentor au plein sens du terme. Qu'est-ce que le mot «maturité» évoque pour vous? Prenez le temps d'y penser, puis écrivez sur une feuille ce que représente la maturité pour vous.

«Être responsable», «Être autonome», «Être capable de composer avec ses propres limites et celles des autres», «Se connaître», «Savoir qui l'on est», «Distinguer ses rêves de la réalité», «Savoir communiquer», voilà des réponses que les gens donnent spontanément. Il est plus rare d'entendre: «Être capable d'être seul». Ou encore, «Avoir des relations interpersonnelles matures». C'est pourtant au moyen de ces deux critères, qui sont comme le recto et le verso d'une même feuille, que je veux décrire la maturité. Car pour être mentor, il faut une certaine maturité personnelle et aussi une maturité interpersonnelle.

La maturité personnelle

Selon Saint-Arnaud (1982, p. 232), l'individu adulte est celui qui «a développé une estime de soi qui lui permet d'être sa propre personne-critère. Il se considère comme un juge autorisé de ce qui est bon pour lui.» C'est une personne qui a accès à son expérience personnelle et la valorise. C'est une personne qui assume ce qu'elle fait et qui agit sur son environnement en vue d'actualiser son être.

La personne mature apprécie sa solitude et elle accepte la solitude existentielle. La maturité implique la capacité d'être seul, et l'expérience de la solitude féconde. Storr (1991) a magnifiquement présenté la problématique:

> Les psychothérapeutes modernes, moi compris, ont choisi comme critère de maturité émotionnelle la capacité de l'individu à former des relations matures d'égal à égal. À quelques exceptions près, nous avons omis de considérer que la faculté de rester seul est aussi un aspect de la maturité émotionnelle. (p. 41)

La capacité d'avoir des relations d'égal à égal n'est pas innée, mais apprise. Dans l'enfance, nous sommes dans une grande situation de dépendance. À l'âge adulte, le défi est de devenir autonome (Εαυτοσ [eautos] signifie «soi-même», νομοσ [nomos], «loi»), ce qui revient à dire que chaque personne est une centrale décisionnelle, que non seulement elle se réfère à des normes et à des lois qu'elle partage avec d'autres, mais qu'elle détermine aussi ses lois, à l'occasion. Si, pour *devenir* autonome, il faut acquérir une sorte d'indépendance, pour *être* autonome, il faut toutefois savoir être interdépendant.

L'expression «maturité de l'être humain» comprend non seulement une croissance personnelle, mais aussi une socialisation. Disons que dans la santé, qui est presque synonyme de maturité, l'adulte est capable de s'identifier à la société sans trop sacrifier de sa spontanéité personnelle [...]. L'indépendance n'est jamais absolue. L'individu bien portant ne s'isole pas, mais établit des rapports avec son environnement, de telle sorte qu'on peut dire qu'individu et environnement sont interdépendants. (Winnicott, 1980, p. 44)

Cela revient peut-être à dire que la liberté que nous avons comme adulte est de choisir nos dépendances, de les loger à telle enseigne ou à telle autre, les enseignes étant parfois des personnes. Ainsi, lorsqu'on choisit un mentor, on se place dans une situation de dépendance. À chacun de vérifier s'il s'agit, selon l'expression de Fairbairn (1952), d'une «dépendance mature». Par cette expression, Fairbairn entend un type de relation caractérisé par l'émergence, à partir des formes antérieures de dépendance infantile et d'identification primaire, d'une pleine différenciation de l'*ego* et du soi par rapport au monde objectal, spécialement par rapport aux objets aimés et valorisés.

La maturité relationnelle

Être et permettre à l'autre d'être. Sans se sentir étouffé. Sans subjuguer l'autre par son contrôle. Sans se perdre de vue au profit de l'autre. Sans écraser l'autre de son pouvoir. C'est sans doute ce que veulent dire les gens quand ils définissent la maturité relationnelle en ces termes: «C'est se respecter et respecter l'autre», «C'est se permettre d'être libre tout en le permettant à l'autre», «C'est reconnaître nos différences». Selon Lerner (1989), la maturité dans les relations interpersonnelles consiste à:

> avoir des relations – à la fois avec des hommes et des femmes – qui ne fonctionnent pas au détriment (*at the expense of*) du soi et d'avoir un soi qui ne fonctionne pas au détriment de l'autre. (p. 4)

Ce n'est pas là une tâche facile, parfois c'est le travail de toute une vie. Karpel (1976) définit, quant à lui, l'individuation comme suit:

> Le processus par lequel une personne devient de plus en plus différenciée d'un contexte relationnel passé ou présent (p. 66).

> L'individuation, ajoute-t-il, implique des virages phénoménologiques subtils et cruciaux via lesquels une personne en vient à se voir elle-même comme séparée et distincte du contexte relationnel dans lequel elle est imbriquée. C'est la définition croissante d'un «je» à l'intérieur d'un «nous». (p. 67)

Ces considérations sur le degré d'intégration du « je » et du « nous » amènent Karpel à distinguer les relations interpersonnelles adultes à l'aide de quatre modes relationnels en se basant sur le degré de constance d'objet et de séparation-individuation atteints par l'adulte.

1. Le premier mode relationnel consiste à ne pas se relier à autrui et correspond à la position schizoïde ; il « est relationnel seulement en ceci que la position prise vis-à-vis de la relation est une position de rejet (*rejection*) et de déni (*denial*) » (p. 70). Ici les relations intimes sont largement évitées. Je fais l'hypothèse que les personnes dont c'est le mode relationnel privilégié et dominant ne se retrouvent jamais parmi les mentors et rarement parmi les mentorés ;

2. Le niveau le plus immature : la relation fusionnelle. Le terme « fusion » réfère à la non-différenciation d'une personne dans un contexte relationnel. Ici chacun s'identifie hautement à l'autre et chacun se sent hautement responsable du bonheur et de la sécurité de l'autre. Par conséquent, le type de dépendance qui s'installe est caractéristique de la dépendance infantile (dépendance absolue et état de besoin entier) et de l'identification primaire, et il y a peu de différence entre les deux partenaires. « Leur dépendance non ordinaire l'un à l'égard de l'autre les conduit à être quasi exclusivement orientés vers la relation. L'énergie de chacun est utilisée pour chercher l'amour et l'approbation de l'autre ou bien pour attaquer l'autre parce qu'il ne donne pas cet amour et cette approbation. Il y a peu d'énergie qui est utilisée pour développer l'autoapprobation. » (Karpel, 1976, p. 71) « Le seul mode relationnel à ce niveau est l'identification ; la sécurité est vue comme reposant sur la fusion des identités. Tout indice de différence, de croissance, de changement est perçu comme menaçant non seulement pour la relation, mais aussi pour la survie de la personne. Les partenaires ont une sainte horreur de la différenciation et de la séparation et ils cherchent à créer une structure transactionnelle stable pour éliminer les intrusions qui sont vues comme des sources de détresse concernant leur état d'unité. La croissance, le changement, le développement d'autres relations, tout indice de séparation sont perçus, chez l'autre et chez soi, comme un manque de loyauté, comme une trahison et entraînent de la culpabilité et de l'anxiété. » (*Ibid.*, p. 72) Ce mode relationnel conduit les partenaires à interagir entre eux selon des *patterns* rigides et prévisibles, nécessaires à la sécurité des protagonistes. Il y a, de la part de l'individu, une bonne volonté pour abandonner sa responsabilité personnelle vis-à-vis de son soi au profit d'une dépendance infantile à l'égard de l'autre.

(« Elle sait mieux que moi ce qui est bon pour moi », « Je m'attends à ce qu'il décide pour moi », « L'autre peut m'aimer là où je ne le peux pas », etc.);

3. La fusion ambivalente est sans doute le mode relationnel le plus répandu. Il y a une lutte incessante entre la différenciation et l'identification chez les deux protagonistes. D'une part, ils se sentent poussés vers la fusion et la dépendance infantile avec la perte du soi qui s'ensuit. (« Je vais me conformer à tout ce que mon mentor me demande et m'acquitter docilement de toutes mes tâches avec, en corollaire, les reflets de miroir et les gratifications narcissiques vicariantes. ») D'autre part, ils se sentent attirés par une plus grande différenciation et par une posture de personne séparée, mais en ayant peur de connaître non la solitude féconde (*aloneness*), mais la solitude négative (*loneliness*) et l'isolement. Alors ils essaient maladroitement des comportements pour se démarquer, pour s'affirmer, pour se différencier, comportements qui peuvent menacer ou insécuriser l'autre. (Cela pourra donner lieu à des remarques comme celle-ci de la part du mentoré : « Tant pis, s'il n'est pas d'accord avec ce que je fais ! ») C'est, poursuit Karpel, la relation interpersonnelle entre adultes la plus instable psychologiquement, car elle ne peut se résoudre ni dans une forme régressive et infantile ni dans une forme plus mature et plus dialogique, mais c'est aussi la plus commune ! Bref la plus répandue. À l'intérieur des couples mentor-mentoré, ce mode relationnel entraîne beaucoup de problèmes. L'essence de la période transitionnelle est le conflit entre les tentatives pour progresser vers la différenciation et les tentatives pour régresser vers l'identification, entre la responsabilité et le soutien personnel (*self-support*) qui caractérisent l'individuation et le blâme, la culpabilité et la manipulation pour obtenir le soutien de l'environnement (*environmental support*) qui caractérisent la fusion. Cela est souvent vécu comme l'expérience d'être pris entre la peur d'être avalé dans une fusion qui menace la perte de l'ego et la peur d'être totalement seul, non relié à autrui, avec le sentiment que la responsabilité de sa propre existence est trop lourde à porter. Selon les mots de Fairbairn (1952) : « Le comportement de l'individu est caractérisé par des tentatives désespérées [...] pour se séparer de l'objet et par des tentatives désespérées pour accomplir la ré-union avec l'objet – tentatives désespérées pour échapper à la prison et tentatives désespérées pour revenir à la maison [...] » (p. 43);

4. Le quatrième mode relationnel est celui de la relation mature décrit plus bas.

Partant de là, Karpel avance que le processus de la maturation se présente en trois stades : 1) le stade immature ; 2) le stade de transition ; 3) le stade mature. Le stade immature du développement humain est caractérisé par une individuation minimale et par l'incapacité d'établir des relations interpersonnelles basées sur la différenciation ; ici, il y a une tendance à éliminer soit le « je », soit le « nous ». Le deuxième stade du développement humain, le stade de transition, est celui qui est le plus instable. La personne qui est à ce stade a accès au « je » et au « nous », mais ces deux pôles représentent une alternative conflictuelle. Enfin, le stade mature du développement humain est caractérisé par la bonne volonté et la capacité d'accepter la responsabilité de soi-même et par des relations interpersonnelles basées sur la différenciation et non sur l'identification. Ici, individuation et dialogue coexistent. Les pôles matures du « je » et du « nous » sont intégrés.

Le mode relationnel mature ou la relation mature

La relation mature se caractérise par un haut degré de différenciation et par une définition nette des frontières personnelles chez chacun des partenaires. La dyade forme une paire intégrée dont chaque membre est bien différencié. Les partenaires dialoguent l'un avec l'autre ; de plus, ils acceptent la responsabilité de leur propre comportement et de leur propre bonheur. Surtout, ils encouragent l'individuation de l'autre et s'en réjouissent – une attitude essentielle pour un mentor, comme pour le parent d'ailleurs. Ainsi, chaque individu est capable de se relier à l'autre comme un individu totalement et vraiment séparé qui se lie à un autre individu totalement et vraiment séparé, d'abord défini par lui-même plutôt que par les autres. S'inspirant de Martin Buber, Karpel nomme ce mode relationnel le dialogue. Chaque individu alimente la dyade et la dyade alimente la relation :

> Ici les deux pôles, à savoir celui des « je » et celui du « nous », sont intégrés de telle manière qu'ils se nourrissent et s'encouragent l'un l'autre. L'individuation (les « je » différents) et le dialogue (le « nous ») sont des parties complémentaires d'un processus total qui est la délimitation simultanée de deux soi en relation. Plus les partenaires sont individués, mieux ils sont préparés pour une relation dialogique. (Karpel, 1976, p. 78)

Parallèlement, le mode relationnel qu'est le dialogue, s'il permet la rencontre interpersonnelle la plus mature, favorise la maturation des individus qui en sont les protagonistes... comme si la maturité appelait la maturité : « Le dialogue représente le mode relationnel qui permet une individuation continuelle des partenaires. » (*Ibid.*)

Une personne qui se relie à autrui sous le mode relationnel de la fusion (mode relationnel immature) évite la différence, fuit la différenciation. Comment ne pas penser à ces mentors qui obligent leurs mentorés à se conformer à leurs valeurs, à copier leurs attitudes, à adopter leur comportement et pour qui toute initiative de la part du mentoré en vue de se démarquer est découragée sinon tuée dans l'œuf ? À l'intérieur d'un mode relationnel mature, la spécification de l'être est bien vue, elle est encouragée par chacun des partenaires à l'égard de soi-même et aussi à l'égard de l'autre. Autrement dit, le *cloning* est évité. Le mentor ne demande pas au mentoré de devenir son double ou son ombre, ou encore un prolongement de sa volonté puisqu'il valorise et favorise sa propre individuation tout comme celle du mentoré :

> Les partenaires tendent vers l'idéal qui consiste à répondre à l'autre comme à une personne à part entière et qui est réellement autre et non comme à une extension de leur propre être. Leur habileté et leur décision de répondre à l'autre de cette façon fournit un contexte optimal pour augmenter l'individuation de chacun. Là où la différence et le changement sont ressentis comme menaçants et sont considérés comme une trahison, l'individuation est boiteuse. Là où ils sont acceptés et valorisés, l'individuation est au mieux. Le cycle est complété : l'individuation croissante de chaque partenaire le rend plus capable d'accepter l'altérité de l'autre en même temps que chacun entérine de plus en plus la responsabilité de sa propre vie. (*Ibid.*)

Telle est la maturité relationnelle que l'on attend d'un bon mentor. Que le lecteur ne perde pas courage. La maturité se développe. C'est un projet de vie. Elle n'est pas là à 20 ans, comme le mentionne Kennedy :

> La maturité commence vers l'âge de 50 ans et se poursuit jusqu'à l'âge de la retraite ou vers 65 ans. Au cours de cette période plus qu'à toute autre période de leur vie, les adultes expérimentent une plus grande liberté et un plus grand degré de pouvoir. La recherche de l'âme pendant le mitan de la vie (*middlescence*) débouche sur une clarification nouvelle de l'identité et sur de nouvelles façons d'envisager la carrière et le style de vie. (1990, p. 195)

Le mitan, une nouvelle donnée

Ma grand-mère, qui est morte à 84 ans (en 1972), a-t-elle fait l'expérience du mitan ? Je suis portée à penser que oui. Sauf qu'elle ne baignait pas dans l'univers socioculturel où vous et moi nous nageons. Le fait de concevoir la quarantaine comme un tournant majeur n'est pas nouveau. C'est le sens attribué à ce tournant qui l'est.

En effet, on aime à croire que dans l'Antiquité, au Moyen Âge, à la Renaissance et encore hier, le fait d'avoir 40 ans amenait la personne à entrer dans un nouveau groupe d'appartenance, ce qui entraînait nécessairement une modification et une reconstruction de l'image de soi. Jusqu'ici, atteindre ses 40 ans c'était, dans plusieurs cultures, atteindre une frontière qui débouchait sur le pays de la vieillesse avec ses avantages sociaux de sagesse, d'expertise, d'augmentation de statut et de pouvoir. Avoir 40 ans signifiait à la fois gagner en maturité et en vieillesse. Les prescriptions sociales et culturelles étaient telles que le début de la quarantaine déclenchait chez les personnes de nouveaux processus d'intégration sociale et d'identification personnelle. Les gens de 40 ans avaient le droit de faire partie de certains conseils. Les gens de 40 ans devenaient vieux et respectés. Les gens de 40 ans étaient perçus comme des sages... potentiels.

Aujourd'hui, les attentes sociales populaires veulent que les gens de 40 ans se débattent avec le démon du midi, qu'ils sombrent dans la crise du mitan, sorte de crise d'adolescence à retardement, qu'ils connaissent une période de remue-ménage intense. On est même allé jusqu'à parler d'une deuxième adolescence! Les textes scientifiques sont plus nuancés et plus réservés sur la question. Ils parlent de passage, de transition, de crise de croissance ou de crise développementale.

Imaginez deux secondes que mon propos soit: 1) de vous faire comprendre que, parce que vous avez 40 ans, vous entrez dans un nouveau groupe social, celui de la vieillesse; 2) qu'une des tâches qui vous revient est de commencer à penser à vous-même comme à une personne âgée. Cela vous fait sourire! Et pour cause, nous nageons dans un autre paradigme: la vie commence à 40 ans... ce qui permet à Philomène et à Mafalda de se demander pourquoi, si la vie commence à 40 ans, on nous fait venir si longtemps d'avance. La vie commence à 40 ans. Nous le savons tous.

Le mitan, une construction culturelle

Nous *savons* – et ceci est un nouveau savoir – que la quarantaine, loin d'être le début de la fin, est un second début, qu'elle annonce le début d'un temps nouveau: le mitan de la vie adulte. Nos représentations intègrent tellement les nouvelles significations rattachées au fait d'entrer dans la quarantaine qu'une simple tentative pour penser autrement rend évident à quel point le mitan (ce que les Américains nomment *middle age* ou *mid-life*) de la vie adulte est pour ainsi dire une nouvelle donnée, pas seulement démographique, mais psychosociale, culturelle et psychologique. Cette nouvelle donnée est un acquis individuel et collectif. Non seulement l'individu se voit attribuer une nouvelle tranche de vie, mais les institutions et les organisations sont aux prises avec les problèmes concomitants de cette période de la vie. C'est un peu comme si nous avions de nouvelles cartes dans notre jeu, des cartes qui nous permettent de refaire notre main. Non seulement la publicité table sur le mitan, mais la science s'y intéresse, à preuve les nombreuses recherches émanant de plusieurs disciplines; l'éducation se préoccupe de préparer les personnes à vivre cette période, les institutions veulent comprendre la mi-carrière, maximiser les ressources, offrir le soutien nécessaire pour traverser ce nouveau pays du mitan.

Ce changement de mentalité témoigne d'une réelle révolution dans la façon dont chacun interprète et ressent sa propre vie. Nous sommes les premières générations à être élevées dans la perspective d'atteindre au cours de la vieillesse un âge chronologique beaucoup plus avancé. Je ne vous apprends rien en vous disant qu'autrefois on était vieux beaucoup plus jeune. Aujourd'hui on est jeune beaucoup plus vieux. Et, comme le disait un journaliste, les gens qui ont 50 ans de nos jours sont parmi ceux qui auront réussi, à travers les siècles, à avoir un air de jeunesse jamais atteint auparavant. Comme quoi une bonne alimentation et des activités sportives ne sont pas un pur déni du processus de vieillissement. Nous sommes, de fait, les premières générations à nous poser le problème de gérer une vie de plus en plus longue, dans un univers qui ne valorise nullement la vieillesse, mais en a peur et la méprise.

À ce propos, un revirement de mentalité s'effectue peut-être présentement, mais le virage n'est pas accompli. Une société qui parque ses vieux dans des maisons pensées et prévues pour eux n'est-elle pas une société qui encabane la vieillesse dans un ghetto? À trop circonscrire des clientèles cibles en fonction du commerce et de l'économie, des fossés se sont créés entre les différentes couches de population: les grands-pères jouent peut-être plus au golf qu'ils ne jouent avec leurs petits-enfants. Les grands-mères ont peu de temps pour être grands-mères, sollicitées comme elles le sont par leurs autres rôles. Les ponts entre les générations sont bien différents de ce qu'ils étaient dans la famille élargie. La pyramide démographique est inversée: autrefois les parents avaient beaucoup d'enfants, aujourd'hui les enfants ont beaucoup de parents et de grands-parents. Une société qui valorise le corps lisse et parfaitement moulé perd de vue le fait que les plissements de peaux recèlent des glissements de terrains expérientiels et sémantiques souvent précieux. Parfois anodins, il ne faut pas le nier: toutes les vies ne sont pas aussi riches les unes que les autres! Une société qui idolâtre la jeunesse ne peut que sous-estimer la vieillesse, maltraitant ainsi ces deux groupes d'âge. Une société pour qui vieillir se définit d'abord et avant tout par le fait de ne plus être jeune oblitère la vieillesse qui rime avec sagesse. Il nous faut repenser la vieillesse comme temps de la vie et réintégrer nos vieux comme personnes à part entière.

Bien sûr, le mitan de la vie tel que nous le connaissons est un construit culturel. À un extrême, dire cela ne signifie pas que cette invention nord-américaine de la société postindustrielle fait office de nouvelles tables de la loi. À l'autre extrême, dire cela n'atténue en rien la portée et l'influence de ce construit et ne l'invalide pas davantage. Ainsi considéré par le biais d'une sociologie de la connaissance, le mitan de la vie adulte appartient autant au temps sociohistorique qu'à l'expérience subjective et personnelle reliée au fait de vieillir.

Un détour historique

Et autrefois, que signifiait avoir 40 ans? À la Renaissance, avoir 40 ans était une frontière importante : la personne entrait dans une nouvelle ère, elle était au commencement du vieil âge. Érasme aurait composé vers l'âge de 40 ans, au cours d'un voyage en Italie en 1506, un texte décrivant les inconforts de ce «vieil âge».

Selon Brandes (1985), avant les années 1960, avoir 40 ans signifiait entrer dans la vieillesse, tandis que depuis les années 1960, avoir 40 ans signifie entrer dans le mitan de la vie adulte. Il attribue ce changement à un ensemble de circonstances. D'une part, l'espérance de vie individuelle est plus grande qu'elle ne l'était. D'autre part, les modèles de travail ont changé: le temps de préparation est plus long, la standardisation de la retraite est de plus en plus répandue et systématisée, une nouvelle sous-culture est apparue, formée des gens de «l'âge d'or», des *senior citizens*, ou personnes du troisième âge (ou plutôt du quatrième âge, le troisième appartenant désormais aux gens du mitan).

Nos classifications des gens en fonction de l'âge se sont ramifiées. Notre société se préoccupe beaucoup de l'âge. L'échelle des âges s'est complexifiée, subdivisée. L'enfance, la jeunesse, le mitan et la vieillesse sont encore les quatre saisons de la vie humaine. Elles se sont étirées toutefois. Les frontières se sont déplacées. L'échelle s'est divisée et redivisée. L'établissement du mitan a relayé les gérontologues dans le territoire de la vieillesse, en repoussant toujours les frontières : les gens de 65 ans ne sont pas des vieux, ils font dorénavant partie du troisième âge. Le quatrième âge commence vers 75 ans. On distingue les jeunes vieux des moyens vieux et des vieux-vieux. Comme si le nouveau savoir voulait donner raison à cette expérience millénaire : une personne de 60, 70, 80 ans perçoit que les autres sont vieux, pas elle. Les vieux, c'est toujours les autres. Le mitan est désormais un temps de la vie spécifique s'échelonnant sur plus ou moins 25 ans (pour plusieurs, c'est le chiffre 40 qui en est l'indice du début) et allant jusqu'à plus ou moins 65 ans.

Nous n'avons pas toujours eu la conception du mitan que nous avons aujourd'hui : le mitan tel que nous le connaissons est une construction culturelle relativement récente : le bilan, la prise de conscience de la finitude de son cycle de vie personnel, la maîtrise de sa vie et l'accomplissement de soi prennent une autre saveur avec la longévité démographique.

Cela étant dit, le besoin d'être mentor ne date pas du XXe siècle ! C'est de l'intérieur de ce paysage contemporain et de l'intérieur de notre compréhension récente des crises de croissance de la vie adulte que nous faisons une lecture du mentorat. C'est ainsi que devenir mentor a pour nous quelque chose à voir avec l'exercice de la générativité, avec l'acquisition de la maturité.

Plusieurs hommes et plusieurs femmes de 40 ou 50 ans m'ont dit qu'ils ne voudraient pas avoir 20 ans maintenant, qu'ils se sentaient mieux au beau mitan de leur vie. La maturité, c'est une façon particulière de rester en vie et de se maintenir dans le courant de la vie, de sa vie. Le sentiment de vitalité individuelle et la satisfaction de vivre passent par là !

Certains d'entre nous jouent le rôle de mentor « par oreille », sans trop être conscients de tout ce qui s'y passe. Certaines personnes, et elles sont nombreuses, souhaitent mieux jouer ce rôle. Enfin, d'autres personnes encore souhaitent simplement savoir de quoi il s'agit. C'est pourquoi, convaincue des effets bénéfiques du mentorat, non seulement pour les individus, mais pour la société dans son ensemble et comme rouage des liens entre les générations, je crois important de comprendre plus profondément cette relation complexe qu'est le mentorat. Si on regardait de plus près quels sont le but et les dimensions de cette relation et quelles sont les fonctions du mentor.

CHAPITRE 4

Le but du mentorat, ses trois dimensions (3-D) et les fonctions du mentor

> *We are such stuff*
> *As dreams are made on*[1].
> SHAKESPEARE, *La tempête*

> *Le conte nous dit que lorsque nous serons en présence*
> *soit d'un mentor, soit de l'« homme sauvage »,*
> *nous aurons la révélation de notre génie propre.*
> Robert BLY, *Iron John*

Entre le maître des peintres de la Renaissance, le directeur spirituel des collèges d'autrefois, le gourou, l'idole et le superviseur de stage, y a-t-il un commun dénominateur, ou à tout le moins des points communs? Si Charlotte admire Robertson Davies et qu'elle lui voue une estime sans borne, peut-on dire qu'il est son mentor? À quoi reconnaît-on la relation mentorale? Quel est le but de cette relation? Quelles sont les fonctions que peut exercer un mentor? Un parent, un thérapeute, un amoureux ou un conjoint peuvent-ils être un mentor? La question se pose pour plusieurs. Faut-il parler de mentorat de carrière et de mentorat de vie? Autant de questions importantes qui permettront de s'y retrouver plus facilement.

Le but du mentorat : révéler le mentoré à lui-même et l'aider à implanter son Rêve de vie

J'aime bien envisager le mentor comme un révélateur dans les deux sens du mot signalés dans *Le Petit Robert* : d'abord, dans le sens d'une personne qui révèle, par un moyen surnaturel, une vérité cachée ; dans le cas du mentor, bien évidemment, les moyens ne sont pas d'ordre surnaturel, mais d'ordre interpersonnel ; ensuite dans le sens de « ce qui révèle, fait connaître, dévoile quelque chose » à la manière de la « solution employée pour le développement photographique ». N'est-ce pas à cette fonction centrale que fait allusion Robert Bly (1993) lorsqu'il

---

1. Nous sommes faits de cette étoffe
   Dont les rêves sont faits.

écrit que, en présence du mentor, nous avons la révélation de notre génie propre ? N'est-ce pas également ce à quoi fait allusion Levinson lorsqu'il avance que la fonction essentielle du mentor consiste à soutenir et à favoriser la réalisation du Rêve de vie du mentoré ?

Comme l'amoureux est branché sur le Rêve de vie de l'amoureuse – et réciproquement –, de même le mentor est branché sur le Rêve de vie du mentoré, dont il favorise la réalisation. On se souvient que le Rêve de vie est le mythe personnel de chacun saisissable à travers un scénario imaginaire dont l'individu est le personnage central, le héros, pour ainsi dire. On se souvient encore que le Rêve de vie n'est pas nécessairement conscient et qu'il agit comme une force vitale motrice : c'est un sentiment vague de son être dans le monde. Ainsi, la fonction principale du mentor est de favoriser l'individuation du mentoré. Pour cela, il faut que le mentor *reconnaisse* le mentoré, qu'il *le* voie (virtuellement) à travers ce qu'il est présentement, qu'il ratifie, encourage et alimente le projet plus ou moins diffus que le mentoré entretient pour lui-même, bref qu'il réveille son Rêve de vie, l'anime et le nourrisse. Le mentor est donc une personne qui permet à une autre personne de découvrir où dort son génie ou son δαιμων (*daimôn*), comme le disaient les Grecs.

Il y a avantage à réserver le mot « mentor » à la seule personne qui est, avant tout, préoccupée par la perspective que son mentoré s'accomplisse et qu'il implante son Rêve de vie. (Je reconnais pourtant que ce terme est parfois appliqué à quelqu'un en l'absence de cette signification précise.)

Il s'ensuit que le mentor devra posséder suffisamment de maturité pour ne pas contraindre le mentoré à lui ressembler et à se conformer à ses propres normes, valeurs et aspirations, au point de devenir une copie conforme ou encore une pâle imitation de ce qu'il est lui-même. Le vieil adage selon lequel le disciple est appelé à dépasser le maître prend ici tout son sens. Non seulement le mentoré dépasse le maître en allant quelquefois plus loin que lui, mais il dépasse son mentor en ne se décalquant pas tout simplement sur lui. Ainsi le *cloning* (la reproduction d'une copie conforme) est évité. Malheureusement, certains professeurs, certains superviseurs, certains formateurs, certains patrons savent surtout faire du *cloning* ! Ce ne sont pas des mentors.

En ce sens, le mentor doit avoir un sentiment de sécurité personnelle suffisant pour pouvoir adhérer au projet du mentoré sans lui imposer les siens propres, en lui laissant la marge de manœuvre nécessaire pour prendre des risques et conquérir son autonomie ; cela implique qu'il connaisse suffisamment son Rêve de vie à lui de manière à ce qu'il ne déteigne pas sur celui du mentoré et qu'il ne le supplante pas.

Ce but du mentorat, révéler le mentoré à lui-même et l'aider à implanter son Rêve de vie, concerne tantôt le développement global de la personne, tantôt davantage son développement professionnel. Nous y reviendrons une fois connus les trois pôles de la relation mentorale et les douze fonctions du mentor.

Les trois dimensions (les 3-D) de la relation mentorale

Certains parmi nous avons eu la chance de rencontrer cette personne qui suscite enthousiasme et éveil, qui crée l'étonnement, ouvre des perspectives, nous touche en profondeur, qui encourage notre potentiel et qui, d'une certaine manière, nous perçoit et nous voit plus loin et par-delà ce que nous sommes. Tout cela sans nous dire quoi faire, ni comment penser. *Le mentorat implique un petit quelque chose en plus.* Qu'est-ce qui fait «lever» le mentorat? Autrement dit, qu'est-ce qu'il y a de spécifique à la relation mentor-mentoré?

La relation mentorale peut se comprendre comme une tension entre trois pôles primordiaux: le soutien, le défi et le projet.

1. Le soutien

À travers le pôle «soutien», le mentor donne au mentoré le sentiment d'être accueilli, d'être entendu; il lui procure le sentiment d'être compris en tant que personne unique. Bref c'est comme si la qualité de présence du mentor était telle que le mentoré pouvait se donner la permission d'être.

Reconnaître les besoins du mentoré qui s'adapte au changement et y répondre adéquatement, telle est ici la tâche du mentor. À cette fin, le bon mentor est une personne qui accepte et qui est capable de...

- prendre du temps pour écouter le mentoré, l'entendre, le recevoir (écouter n'est pas un processus passif; on parle à juste titre de faire de l'écoute active);
- se familiariser avec le langage intérieur du mentoré;
- comprendre la structure d'interprétation et la vision du monde du mentoré;
- accueillir l'expérience du mentoré (l'expérience n'est pas ce qui arrive à quelqu'un mais ce que quelqu'un fait avec ce qui lui arrive!) et la manière dont celui-ci encode son expérience (le

mentoré possède sa vision du monde, son système bien à lui d'interprétation, il s'est construit son propre récit sur son parcours de vie et il lit son expérience à travers les mythes personnels qu'il entretient sur lui-même). Il faut donc une bonne dose de compréhension empathique pour être un mentor efficace!;
- décoder les indices émis par le mentoré: ce qu'il dit, ce qu'il éprouve (le mentor peut faire de la reformulation et du reflet);
- éprouver de la sollicitude à l'égard du mentoré: il s'agit de prendre soin du mentoré (ce que Winnicott (1980) a appelé le *holding*);
- confirmer la valeur du mentoré: contribuer à développer son estime de soi;
- aider à construire la confiance en soi du mentoré;
- créer un lieu de confiance:
  «Ici il y a quelqu'un pour toi» (confiance de base);
  «Ce que tu dis ici ne sort pas d'ici» (confidentialité).
- écouter de manière non évaluative le découragement du mentoré;
- lui donner la possibilité de ventiler ses sentiments négatifs;
- aider à construire une image de soi positive;
- développer une confiance et un respect mutuel.

2. Le défi

En se souciant du pôle «défi», le mentor permet au mentoré d'expérimenter de nouveaux comportements, de tenter de nouvelles expériences dans de nouvelles situations, d'envisager autrement ou de voir autrement, bref de modifier son regard sur les choses et sur lui-même.

Comment le mentor se charge-t-il du pôle «défi»? De plusieurs manières. Un bon mentor est capable de...

- confronter de manière aidante (la confrontation n'est pas l'affrontement);
- recadrer ce qu'apporte le mentoré;
- offrir d'autres points de vue;
- amener de nouvelles informations pertinentes, à la demande du mentoré;
- fournir des idées;

- apporter des suggestions quand le mentoré le demande, de manière « neutre », c'est-à-dire en ne mettant pas de pression car le mentor travaille dans cet espace de liberté qui fait que l'autre sent bien qu'il est le centre de son agir.

À propos de cette deuxième dimension, il importe de souligner que s'il offre trop de défis et pas suffisamment de soutien, il risque de créer du stress, de l'anxiété et parfois même de l'angoisse peu utiles chez le mentoré, ce qui n'incite ni à la motivation, ni à la prise en charge, ni à l'initiative. Par contre, trop peu de défi accompagné de trop de soutien du mentor vis-à-vis du mentoré risque d'entraîner de la complaisance et de ne pas être davantage mobilisateur.

3. Le projet

Daniel J. Levinson (1978) a largement insisté sur la nécessité pour le mentor de se brancher sur le Rêve de vie du mentoré. C'est parce que le mentor anime cette part de rêve en jachère chez le mentoré, qu'il l'aide à faire de la place à son Rêve de vie (transformé en projet) à l'intérieur de sa structure de vie; ainsi le mentorat permet la consolidation de l'identité du jeune (ou moins jeune) adulte.

Une bonne partie des énergies déployées dans la relation de mentorat porte sur le projet. Si au début du mentorat, le mentor intervient délibérément dans le dessein d'amener le mentoré à s'approcher de son projet, à l'intuitionner, à prendre du temps pour le décrire et le préciser, à mesure que la relation mentorale avance dans le temps, le mentor fera des interventions en vue de permettre au mentoré de mettre à jour son projet, de l'affiner et l'ajuster en fonction de ce qu'il découvre (autorégulation). Cette troisième fonction conjuguée aux deux premières permet au mentoré de sentir, d'éprouver, d'identifier ce qui le motive, de prendre contact avec son énergie vitale et motrice, de poursuivre l'implantation de son projet.

Cette troisième dimension fait qu'un mentor est capable de...

- échanger sur les attentes et les objectifs du mentoré et aussi du mentor :
  - les nommer sans les rigidifier,
  - se rappeler qu'objectifs et attentes changent en cours de route ;
- inviter le mentoré à préciser ses buts et ses objectifs ;

- aider le mentoré à développer une vision, un projet :
  - lui donner le temps de s'approcher de sa vision, de son Rêve de vie,
  - prendre le temps pour préciser et décrire ce à quoi le mentoré aspire,
  - permettre au mentoré d'imaginer ce qu'il sera, ce que sera son monde dans le futur de manière suffisamment concrète pour lui,
  - visualiser ce que le mentoré souhaite pour lui-même dans le futur ;
- mettre des mots sur le projet, fournir un nouveau langage afin de mieux voir et décrire, en vue de s'approprier son projet ;
- ajuster les défis en fonction du projet : l'ajustement constant du trajet et du projet fait partie de l'évolution de la relation mentorale.

On peut distinguer quatre cas de figures de relations mentorales en considérant le dosage entre le soutien et le défi. Voici donc une description des relations mentorales :

a) une relation peu heureuse : le mentorat maladroit

Lorsque le mentor donne un soutien insuffisant et qu'il propose des défis trop élevés, ceci peut faire en sorte que le mentoré perde sa motivation et devienne anxieux devant les attentes irréalistes de son mentor. La relation de mentorat risque d'être peu féconde et peu heureuse. On peut se demander si le mentor a saisi le projet du mentoré, s'il est capable de l'accompagner, s'il comprend ce qu'est la relation mentor-mentoré, s'il a le sens du *timing*.

b) une relation qui n'est pas significative : le mentorat inexistant

Si le soutien du mentor est insuffisant et si les défis sont également insuffisants, la relation ne sera pas significative, et elle ne produira pas les changements escomptés. Le mentoré n'atteindra pas ses objectifs, son projet risque de ne pas avancer. Le jumelage a sans doute eu lieu, mais on ne peut parler de mentorat.

c) une relation complaisante : le mentorat complaisant

Le soutien du mentor est suffisant de sorte que le mentoré se sent accompagné, entendu. Toutefois, le défi du mentor est insuffisant de sorte que le mentoré n'est pas encouragé à se dépasser. Au total, il y a risque de complaisance.

N.B. Il faut savoir qu'il peut y avoir des moments où, parce que le mentor a du doigté et un sens du *timing*, il mettra davantage l'accent sur le soutien que sur le défi compte tenu de ce qui se passe pour le mentoré, et à ce moment-là on ne parle pas de complaisance, mais de véritable soutien.

d) une relation féconde et efficace: le mentorat efficace et fécond

Ici les attentes du mentor et du mentoré sont réalistes, elles sont nommées. Le mentoré est motivé par son projet et le mentor accompagne celui-ci de manière graduelle, dosant soutien adéquat et défis pertinents au bon moment. L'alliance mentorale est établie. La relation entre mentor et mentoré progresse, s'ajuste, atteint les objectifs établis d'entrée de jeu.

L'exercice du mentorat est un art, et le dosage de ces deux dimensions complémentaires que sont le soutien et le défi arrimées à la troisième, le projet, illustre bien à quel point c'est le cas.

Les douze fonctions du mentor

Quelles sont les différentes fonctions du mentor? On peut en distinguer douze.

Accueillir le mentoré dans le milieu, le présenter aux autres membres

Quasi spontanément, l'adulte plus âgé présente le nouveau venu aux autres membres de l'organisation, que ce soit un jeune collègue se joignant au corps professoral ou une stagiaire en formation.

Guider le mentoré dans le milieu en lui faisant part des normes, des valeurs et des tabous de la culture organisationnelle

L'adulte plus âgé expose les normes du groupe de travail (par exemple, il est ou n'est pas bien vu de faire des heures supplémentaires), les valeurs du groupe (prendre des initiatives, écouter les autres et les valoriser ou le contraire, etc.), et ses tabous (ici on ne fait jamais allusion à sa vie familiale, ou encore, on ne discute jamais de ses allégeances politiques). Bref il contribue à la socialisation organisationnelle du mentoré.

Enseigner au mentoré

L'adulte plus âgé enseigne au mentoré : il lui montre comment intervenir en réunion, comment présenter un dossier, comment faire valoir une stratégie, comment poser un diagnostic, comment bâtir un plan d'intervention, etc., en fonction des savoirs du métier.

Entraîner le mentoré à acquérir les habiletés précises et les attitudes pertinentes reliées à la pratique d'un travail

Par exemple, il peut s'agir de montrer, à un futur journaliste, comment rédiger un éditorial ; à un futur gynécologue, comment faire un accouchement ; et à un futur intervenant psychosocial, comment animer une réunion de consultation, bref d'acquérir les savoir-faire et les savoir-être du métier ou de la profession, ce qui demande de développer les attitudes pertinentes.

Répondre du mentoré auprès des autres membres du milieu : le mentor est pour ainsi dire le répondant du mentoré

Lorsque le mentoré agit dans l'organisation ou à l'extérieur, le mentor se porte garant de ce qu'il fait et répond de lui. Au besoin, il pourra le défendre.

Favoriser l'avancement du mentoré dans ce milieu

S'il y a des occasions de participer à des expériences innovatrices, de se rendre à des congrès ou à des colloques, de prendre part à des réunions spéciales, ou encore, si des ouvertures de postes se présentent, le mentor en parle au mentoré et l'incite à faire des démarches en ce sens. Ouvrir son réseau au mentoré est un autre moyen de favoriser l'avancement de ce dernier. Ici aussi le mentor contribue à la socialisation organisationnelle du mentoré.

Être le modèle du mentoré : le mentoré a besoin de s'identifier à son mentor (avant de s'en différencier)

Le mentor fait figure de modèle auprès du mentoré. Cette fonction de modelage est perçue comme tellement centrale qu'il devient nécessaire de souligner qu'elle n'est pas la seule importante. Les onze autres fonctions ont leur importance relative. En outre, le modelage peut se faire par imitation, mais également par contre-imitation, un aspect parfois négligé dans les analyses sur le mentorat : pourtant, le mentoré n'intériorise pas seulement les qualités positives qu'il perçoit chez son mentor, il peut également développer – par opposition – le contraire de ce qu'il perçoit chez le mentor. Par ailleurs, si, dans un premier temps, le mentoré s'identifie à son mentor, il a besoin, dans un deuxième temps, de s'en différencier. Au sujet du modelage, il est intéressant de rappeler l'une des conclusions de la recherche de Ragins et McFarlin (1990) : à l'intérieur d'une relation mentor-mentoré où les deux protagonistes sont de sexe féminin, la fonction de modelage favoriserait la résolution du conflit entre les exigences du travail et celles de la famille, d'une part, et aiderait à franchir les obstacles reliés à l'avancement de carrière des femmes, d'autre part.

Présenter des défis au mentoré et lui fournir l'occasion de faire ses preuves

Le mentor propose à l'adulte apprenti des activités où il a l'occasion de se mettre à l'épreuve et de faire ses preuves. Qu'il s'agisse, pour le mentoré, de donner son premier cours, sa première conférence, de rédiger une première publication, de faire sa première entrevue, etc., le mentor exerce auprès de lui une fonction constante de stimulation en lui proposant de faire des choses. Évidemment, il importe qu'il démontre un sens du dosage et du *timing* de façon que ses stimulations demeurent incitatives et ne deviennent pas écrasantes pour l'apprenti.

Conseiller le mentoré sur une question ou l'autre

Selon les questions et les problèmes amenés par le mentoré, le mentor se permettra de donner des conseils, de faire des suggestions, en laissant ce dernier libre de les suivre ou non, tel un « bon parent ». Il pourra partager sa propre expérience avec le mentoré en ne perdant pas de vue que ce partage a pour but d'aider le mentoré.

Donner du feedback direct, utile et constructif

Au fil des conversations, le mentor réagit à l'égard du mentoré par des commentaires directs : il choisit d'aborder avec lui les questions délicates et les points litigieux plutôt que de les laisser en suspens ou d'en traiter avec une tierce personne. Cela exige du mentor des habiletés de communication spécifiques, comme le sens du *timing*, et la confrontation aidante, pour en nommer quelques-unes. Le feedback direct du mentor est utile et constructif, dans la mesure où le mentor valide le mentoré dans sa démarche d'apprentissage et de transformation.

Soutenir moralement le mentoré, particulièrement en période de stress

Cette fonction de soutien est capitale en tout temps. Au début comme à la fin du mentorat, quoique d'une façon différente. Cela va du soutien incitatif au début (« Vas-y, tu es capable. ») au soutien plus discret à la fin (« Vas-y, tu n'as plus besoin de moi. »). Ici aussi il importe que le mentor adapte son soutien à mesure que le mentoré évolue.

Sécuriser et confirmer le mentoré

Rassurer le mentoré sur ses compétences, le valoriser dans ses apprentissages, le confirmer dans son évolution, faire en sorte qu'il développe sa confiance en soi, le rassurer au moment opportun sont autant de manières, pour le mentor, de sécuriser et de confirmer le mentoré tout au long de son cheminement.

Les différentes fonctions du mentor

1. Accueillir le mentoré dans le milieu, le présenter aux autres membres.
2. Guider le mentoré dans le milieu en lui faisant part des normes, des valeurs et des tabous de la culture organisationnelle.
3. Enseigner au mentoré.
4. Entraîner le mentoré à acquérir des habiletés précises et les attitudes pertinentes reliées à la pratique d'un travail.
5. Répondre du mentoré auprès des autres membres du milieu : le mentor est pour ainsi dire le répondant du mentoré.
6. Favoriser l'avancement du mentoré dans ce milieu.
7. Être le modèle du mentoré : le mentoré a besoin de s'identifier à son mentor (avant de s'en différencier).
8. Présenter des défis au mentoré et lui fournir l'occasion de faire ses preuves.
9. Conseiller le mentoré sur une question ou l'autre.
10. Donner du feedback direct, utile et constructif.
11. Soutenir moralement le mentoré, particulièrement en période de stress.
12. Sécuriser et confirmer le mentoré.

Mentorat de carrière, mentorat de vie

Les douze fonctions du mentor présentées ci-dessus peuvent s'exercer en visant principalement le développement professionnel de l'individu ou encore en ayant clairement pour objectif le développement intégral de la personne, parfois à travers son développement professionnel, parfois quasi indépendamment de celui-ci. Dans la pratique toutefois, la frontière entre le mentorat de carrière et le mentorat de vie n'est pas si définie.

Comme le disait une avocate qui est la mentor de trois jeunes femmes et d'un jeune homme:

> Je leur propose des pistes pour progresser dans leur carrière. Plusieurs jeunes professionnelles qui accomplissent un excellent travail restent cependant dans l'ombre et joueront toute leur vie les seconds rôles. J'encourage donc mes protégées à ne pas brider leurs potentialités et à foncer. Auprès de Julie et de ses consœurs, j'insiste sur l'importance d'aller chercher la reconnaissance, chose que les hommes se sentent beaucoup plus à l'aise de faire. Une promotion, une augmentation de salaire, ça ne tombe pas du ciel! Mais la carrière ce n'est pas tout! Mon protégé est plus réservé à ce sujet, mais avec les filles, par contre, je n'hésite pas à parler de ma vie personnelle. (Louis, 1994, p. 21)

Pour y voir plus clair, je propose d'analyser des situations concrètes à l'aide de ces douze fonctions et d'évaluer si la cible précise du mentorat est davantage la profession ou la vie personnelle, ou encore, si elle englobe les deux.

Partant de là, on peut comprendre qu'une femme choisisse un mentor en vue de poursuivre le développement de son identité de femme, et un autre mentor pour le développement de sa carrière. Il en va de même pour un homme: la personne qui lui servira de modèle pour apprendre à devenir père n'est pas nécessairement la même que celle qui lui servira de modèle pour devenir comptable ou enseignant. Les douze fonctions susmentionnées peuvent donc servir à l'une ou l'autre fin, ou encore, à une combinaison de ces deux fins. Bref, qu'il s'agisse du développement de l'identité professionnelle ou du développement de l'identité personnelle, ou d'un mélange des deux, les mêmes fonctions se retrouvent.

Cette position théorique diffère de celle de Kram (1985b), qui répartit les fonctions de mentor selon deux grandes classes recoupant d'un côté la perspective plus développementale (par exemple, celle de Levinson) et d'un autre côté, la perspective plus instrumentale, dérivée de la sociologie organisationnelle (par exemple, celle de Kanter [1977], qui insiste sur la nature instrumentale de cette alliance). Faisons un court détour du côté de ce modèle.

Le modèle de Kram[2]

Au dire de Kram (1985b), les fonctions de mentor peuvent se regrouper selon deux catégories, à savoir les fonctions psychosociales et les fonctions de carrière. Les fonctions psychosociales sont celles qui touchent le mentoré sur un plan personnel en lui permettant de construire le sentiment de sa propre valeur à la fois à l'intérieur et à l'extérieur de l'organisation, tandis que les fonctions de carrière sont celles qui aident le mentoré à avancer à l'intérieur de la hiérarchie d'une organisation.

Les fonctions psychosociales comprennent:

- le modelage (*role modeling*): le mentor sert de modèle d'identification au mentoré dans sa quête d'identité professionnelle et personnelle;
- l'acceptation et la confirmation: à travers les commentaires qu'il adresse au mentoré, le mentor le confirme dans ce qu'il fait et lui exprime qu'il l'accepte;
- le *counselling*: le mentor donne au mentoré l'occasion de discuter de ses préoccupations personnelles, de ses peurs et de ses anxiétés et facilite les échanges entre son expérience de travail et ses autres expériences;
- l'amitié: le mentor offre au mentoré une forme de soutien.

Les fonctions de carrière recouvrent les fonctions suivantes:

- être le répondant du mentoré (*sponsor*): par exemple, le mentor pourra suggérer le nom du mentoré à l'organisation, soit pour relever un défi, soit pour une promotion, en se portant garant de son travail et en le cautionnant;
- rendre le mentoré visible: le mentor offre au mentoré des occasions de démontrer ses compétences et ses talents spéciaux;
- servir d'entraîneur: le mentor suggère au mentoré des stratégies pour atteindre ses objectifs de travail;
- protéger le mentoré: le mentor réduit au minimum les possibilités que le mentoré soit impliqué dans des controverses;

---

2. Voir Kram (1985b), citée par Carden (1990, p. 280 et suiv.). Notez que, selon Carden, les fonctions psychosociales telles que définies par Kram se rapprochent des fonctions facilitatives de De Coster et Brown (1982) qui transcendent les variables éducatives pour considérer le mentoré dans toutes ses dimensions d'adulte, tandis que les fonctions de carrière de Kram recoupent les fonctions prescriptives de De Coster et Brown (1982), qui comprenaient toutes les fonctions instructives (*instructional functions*).

- proposer des défis et assigner des tâches : le mentor assigne au mentoré de nouvelles tâches qui représentent un défi pour ce dernier.

Comme on le voit, Kram distingue sur un continuum théorique les types de mentorat que l'on peut rencontrer dans la réalité : à une extrémité du continuum, elle met l'accent sur l'investissement affectif englobant de cette relation, tandis qu'à l'autre extrémité, elle met l'accent sur la nature instrumentale de cette alliance. Par ailleurs, elle rattache les fonctions psychosociales au mentorat de vie et les fonctions de carrière au mentorat de carrière.

À mon avis, c'est une erreur. En effet, le mentor pourra faire des interventions dans ces deux catégories, qu'il se soucie du développement intégral de la personne ou qu'il se préoccupe davantage de son développement professionnel ! Par exemple, une tante peut répondre de sa nièce en vue d'organiser la fête du village, lui assignant des tâches tout en lui servant de modèle, et ici, la relation relève plutôt du mentorat de vie. Et un mentor de carrière peut fort bien exercer des fonctions psychosociales, confirmant son mentoré, lui servant de modèle, lui offrant son soutien et son aide. La dichotomie de Kram, si alléchante soit-elle, ne tient pas. C'est une idée qui dégage plus de lumière que de chaleur.

Dans l'ouvrage sur le mentorat et la diversité (Clutterbuck et Ragins, *Mentoring and Diversity*, 2002, p. 61 et suiv.), Clutterbuck critique les onze fonctions de Kram réparties en fonctions de carrière et en fonctions pyschosociales, en disant qu'il se fonde sur un «[...] modèle de mentorat différent de celui qui prévaut dans les programmes en Europe et plus récemment dans certaines organisations aux U.S. » :

> *Pour nous, l'important est de parvenir à l'autonomie* [achieving a self-reliance] *et d'éviter la plupart des fonctions de carrière de Kram. Répondre de, protéger, augmenter la visibilité, sont des exercices de pouvoir vus comme inappropriés dans ce contexte. Le mentor n'est normalement pas davantage dans une position pour confier des tâches plus exigeantes : cela est la responsabilité du supérieur immédiat* [line manager]. (Clutterbuck, 2002, p. 61)

Clutterbuck, qui cherche à affiner les pratiques mentorales auprès de clientèles qu'il regroupe sous le mot «diversité», englobant des groupes fort variés, et les recherches qui portent sur ce sujet, poursuit :

> *Le fait de ne pas distinguer ces deux modèles de mentorat (et toute l'étendue des possibilités entre les deux) invalide la plupart des recherches qui se sont appuyées sur l'analyse de Kram. Kram elle-même, semble-t-il,*

> *n'a jamais prétendu que ses fonctions étaient valides pour toutes les formes de mentorat. De plus, Kram a travaillé à partir d'une littérature beaucoup plus restreinte. Nous avons maintenant l'avantage d'avoir accès à une littérature beaucoup plus vaste.* (Clutterbuck, 2002, p. 62)

Ce faisant, Clutterbuck insiste sur l'importance d'ajuster notre mentorat aux différentes sortes de groupes auxquels il s'adresse.

Le modèle que j'ai proposé plus haut permet cette souplesse et cette fluidité.

Le modèle de Cohen

Cohen (1995) nous propose six fonctions qu'il relie d'entrée de jeu aux effets recherchés. Ces six fonctions sont behaviorales, c'est dire qu'elles décrivent des comportements.

Les six fonctions de Cohen

1. l'établissement et le maintien de la relation en vue d'établir la confiance;
2. la recherche d'information pertinente en vue de donner des conseils appropriés;
3. la facilitation en vue de créer de l'ouverture chez le mentoré pour envisager d'autres points de vue et les analyser;
4. la confrontation constructive en vue d'amener et de proposer des défis au mentoré;
5. le partage de son expérience en tant que «modèle de rôle» afin de motiver le mentoré;
6. la poursuite du Rêve du mentoré et l'exploration de sa vision en vue d'encourager les initiatives du mentoré.

Adaptation et traduction par Renée Houde à partir de Cohen (1995).

Cohen relie les fonctions aux quatre phases de la relation mentorale qu'il appelle simplement le début, le milieu, la phase suivante et la dernière phase. En mettant en lien certaines fonctions avec certaines phases, il nous prévient de ne pas rigidifier le modèle; il insiste sur l'aspect dynamique de la relation mentor-mentoré, sur la synergie du mentorat. Par exemple, et je donne ma compréhension, la première fonction, l'établissement et le maintien de la relation en vue d'établir la confiance, est active depuis le début jusqu'à la fin. Etc.

L'ensemble du modèle fait écho au modèle de Carkuff, *The Art of Helping* qui insistait sur l'importance de créer la relation d'aide et de la maintenir tout au long du processus, d'agrandir la plate-forme d'information commune, de faciliter la démarche de la personne aidée en la soutenant, en la rassurant le cas échéant, en validant sa démarche, avant de la confronter de manière constructive. Toutefois, les fonctions 5, partager son expérience avec le mentoré et 6, poursuivre le Rêve de vie du mentoré et l'aider à préciser sa vision du monde, à prendre des initiatives sont des ajouts majeurs et essentiels : ils caractérisent le mentorat par rapport à la relation d'aide en général, lui donnant sa spécificité. C'est le grand mérite du modèle de Cohen.

Cohen a pensé son modèle dans le contexte des pratiques professionnelles en éducation des adultes et en développement des ressources humaines. Ce modèle peut s'appliquer au mentorat de carrière et au mentorat de vie.

Mais revenons au modèle que je vous propose. Les trois pôles ou dimensions et les douze fonctions que j'ai distingués plus haut se retrouvent tout aussi bien à l'intérieur du mentorat de carrière que dans le mentorat de vie. Plus concrètement, un mentor peut enseigner à un individu des habiletés reliées à un métier (*i.e.* des savoir-faire par exemple, comment rédiger un communiqué de presse, comment faire un rapport médical) ; il peut également lui enseigner des habiletés-attitudes reliées à la manière d'être journaliste ou médecin ; il peut enfin lui enseigner des habiletés reliées à son attitude face à la vie en lui disant, par exemple : « Tant mieux si tu as un problème, c'est signe que tu peux apprendre quelque chose ! » et, à travers cela, lui enseigner non seulement des savoirs et des savoir-faire, mais aussi des savoir-être. Le mentor se meut à l'intérieur des trois pôles de tension de la relation mentor-mentoré qu'il garde en tête : le soutien, le défi et le projet.

Un mentor peut exercer la fonction d'accueil du mentoré dans un milieu de travail ; il peut également l'accueillir dans un milieu de vie. Et ainsi de suite pour chacune des douze fonctions. C'est pourquoi je préfère, quant à moi, attribuer à chacune des douze fonctions la possibilité de se diriger tantôt vers le développement professionnel, tantôt vers le développement intégral de la personne, et tantôt vers un amalgame des deux. Ce n'est donc pas au moyen des fonctions que l'on doit distinguer le mentorat de carrière du mentorat de vie, mais en se référant à la portée globale de la relation et aux aires de vie concernées.

Dans le récit de Monique, présenté ci-dessous, il est clair qu'il s'agit plutôt de mentorat de carrière. Jusqu'ici, j'ai cité, à quelques reprises, les textes de jeunes adultes qui avaient eu le rôle du mentoré.

Cette fois, le récit est celui d'une femme mentor. Cette femme s'appelle Monique (prénom fictif), elle est assistante sociale en Suisse romande (là-bas, on ne dit pas « travailleur social » comme chez nous). S'inspirant de ma typologie, Monique fait l'analyse d'une histoire de cas où elle fut mentor.

Récit — Monique

Noémie, originaire du sud de l'Italie, est en Suisse depuis déjà 12 ans au moment où elle entreprend son stage avec moi. Ses parents et ses trois frères, plus âgés qu'elle, sont également installés en Suisse. Elle a un fiancé italien de 26 ans, instituteur dans une école privée.

Accueillir

J'ai rencontré Noémie dans mon bureau et elle a partagé mon travail durant trois journées avant que je la présente à mes collègues lors d'un colloque, puis à mon directeur qui était absent lors de son arrivée dans le service. Avec son accord et afin de réaliser son objectif principal de stage, rencontrer des immigrés, j'ai insisté, lors de la présentation de Noémie, sur sa disponibilité et ses aptitudes à servir d'interprète, voire à prendre en charge des situations où des problèmes de communication liés à la langue surgissaient. Noémie parlait, outre le français et l'italien, l'espagnol et l'anglais qu'elle avait appris lors de séjours d'études à l'étranger. À la fin de la première semaine de stage, elle m'a invitée chez ses parents, et son fiancé nous a rejoints au cours du repas. Après le dîner, elle m'a fait visiter la maison de ses parents, m'a montré sa chambre et divers albums de photographies prises durant ses années secondaires qu'elle avait faites dans des écoles internationales à l'étranger. À 20 ans, elle avait décidé de rester en Suisse et de participer à l'intégration des immigrés qui voulaient rester dans notre pays. C'est pourquoi elle était entrée à l'École de service social. Au cours de cette première phase d'accueil, j'ai ressenti une profonde sympathie pour Noémie. Sa confiance en moi, sa sincérité m'ont émue. Le fait qu'elle me présente ses proches m'a tout d'abord déconcertée, car mes collègues et mes stagiaires sont plus distants et séparent vie privée et vie professionnelle. J'ai attribué l'attitude de Noémie à des facteurs d'ordre culturel.

Guider

Pendant son stage de quatre mois, Noémie a fait preuve d'une grande vivacité d'esprit ; elle globalisait mes explications détaillées et accélérait ainsi les phases d'apprentissage tout en sachant analyser ses manques. Ses questions étaient très pertinentes. Elle faisait de mes réponses de nouvelles questions. À partir de ses interrogations, j'ai été amenée à chercher d'autres solutions, à découvrir de nouvelles structures que j'ignorais dans le monde de la prise en charge d'immigrés. Confrontée aux impératifs des situations de crise et d'un nombre important de dossiers, j'ai dû néanmoins guider Noémie dans l'apprentissage des pratiques de réseaux, à sa demande, tout en la limitant dans les responsabilités qu'elle voulait assumer. Dans l'enthousiasme de l'action, elle voulait m'entraîner à refaire le monde, à ouvrir de nouveaux centres de loisirs, des écoles pour immigrés, des lieux de prise en charge spécifiques pour combler toutes les lacunes qu'elle percevait. Je l'ai mise en relation avec des connaissances privées qui œuvraient dans des associations caritatives privées. En quatre mois, elle a pris conscience des différences de rôles que les employeurs potentiels attendaient de leur personnel.

Enseigner
En participant aux entretiens que j'avais avec mes clients, aux colloques du service, aux réunions de réseaux, et en me rapportant son vécu d'interprète auprès de mes collègues, Noémie a perçu ses points faibles. Deux fois par semaine, nous avons réservé une heure d'entretien. Parfois nous mangions ensemble à la pause de midi. Contrairement à d'autres stagiaires, elle formulait des projets pour les entretiens suivants et s'assurait de ma disponibilité et de mon intérêt à son égard. Elle aimait parcourir mes dossiers, connaître mon propre parcours de vie. Elle acceptait de lire quelques ouvrages mais préférait parcourir la presse et assister à des conférences.

Entraîner
Dans les entretiens individuels avec ses clients, auxquels elle désirait que j'assiste quelquefois, elle demandait si elle avait oublié quelque chose, me priant de compléter ou de confirmer ses propos. Dans les premiers entretiens, j'avais dû lui fixer des limites de temps (45 minutes), car elle serait restée près de deux heures avec certains clients. À la fin de son stage, elle est devenue une championne de la synthèse. Peu à l'aise avec les démarches administratives, elle a accepté de faire quelques exercices. Elle a appris aussi à distinguer la phase d'analyse d'une démarche ou d'une situation et la phase d'intervention-action.

Répondre du mentoré
Afin de résoudre un problème organisationnel lié aux locaux et à la répartition des heures de permanence dans l'équipe, j'ai dû « défendre » Noémie face à mes collègues qui souhaitaient utiliser le petit bureau qui lui était attribué pour en faire un parloir et la mobiliser pour recevoir systématiquement tous les nouveaux clients dont la langue maternelle était l'italien ou l'espagnol. J'ai rappelé que j'étais garante de sa formation, qu'elle-même était adulte et participait activement aux réflexions du groupe, qu'elle avait droit à l'estime et au respect de chacun, que les conditions de son stage ne pouvaient être modifiées sans son accord. Noémie était heureuse de mon intervention.

Une autre fois, après que le responsable d'une permanence psychiatrique eut appris qu'elle était stagiaire, je suis intervenue pour éviter qu'elle ne passe des heures à garder les enfants d'une patiente pendant la consultation chez le médecin. J'ai confirmé au médecin que Noémie n'était pas disponible pour ce type d'activité, qu'elle était prête comme toutes mes collègues à organiser au besoin le placement des enfants durant les heures de consultation de la mère chez le médecin.

Favoriser l'avancement
Six semaines avant la fin du stage, Noémie m'a demandé conseil au sujet de ses démarches de recherches d'emploi. Elle avait vu une annonce pour un poste dans une institution privée qui recevait des réfugiés. Elle connaissait un assistant

social qui avait travaillé dans la place. Je lui proposai de rédiger ensemble sa lettre de candidature. J'ai appuyé sa candidature auprès des personnes concernées. Elle fut convoquée et finalement engagée.

Être le modèle
C'était pour moi une fonction difficile à remplir. Je voulais que Noémie conserve sa personnalité, que je trouvais attachante. Je lui ai transmis ce que je savais, ce que je savais faire, mais je ne pouvais lui demander de se modeler sur moi. Je le lui ai dit après un mois de stage. J'avais neuf ans de plus qu'elle, je n'avais pas la même culture, les mêmes expériences de vie. J'ai beaucoup insisté sur l'être unique que chacun est, sur ce qu'elle pouvait «m'emprunter temporairement», sur ce qu'elle devait découvrir par elle-même, et surtout sur le fait qu'elle devait éviter de chercher à être quelqu'un d'autre. C'est à ce moment que nous avons envisagé de continuer de faire un bout de chemin après le stage, dans le cadre d'une supervision durant les premiers mois de sa future activité professionnelle de débutante.

Présenter des défis au mentoré et lui fournir l'occasion de faire ses preuves
Devant son enthousiasme, je lui ai proposé d'animer à ma place nos entretiens et parfois des réunions, ce qui ne m'était jamais arrivé avec d'autres stagiaires. À la fin de la prestation, elle recherchait mon évaluation, elle avait besoin de mes critiques.

Noémie n'a pas eu besoin que je la stimule durant les quatre mois de stage passés dans mon service. Mais après trois mois dans son nouveau travail professionnel, elle a eu l'impression d'avoir fait le tour des problèmes. Elle exprimait des certitudes, posait des diagnostics sur des gens qu'elle n'avait rencontrés qu'une seule fois, ne se remettait plus en question. Les éventuels échecs étaient la faute des autres. Nous avons beaucoup travaillé pendant les supervisions pour l'aider à retrouver son dynamisme d'antan et ses facultés créatrices. Les semaines se sont écoulées et son enthousiasme a repris le dessus.

Conseiller
Noémie m'a, à plusieurs reprises, demandé des conseils. Au début, elle commençait ainsi: «Est-ce que je peux te demander quelque chose?», puis comme suit: «Qu'est-ce que tu ferais à ma place?», et finalement de cette manière: «J'aimerais que tu m'aides à voir plus clair dans cette histoire...» Je me souviens aussi de l'avoir conseillée pour négocier son salaire.

Donner du feedback
Au cours du stage et au cours des séances de supervision en début d'emploi, j'ai à plusieurs reprises félicité Noémie de ses interventions et j'ai dissipé ses doutes d'efficacité. Elle était chaleureuse avec les clients, soucieuse de leur confort durant les entretiens, favorisant un climat de confiance et de détente. Je lui ai appris à obtenir la participation de collègues et de tiers en leur soumettant le problème et non en cherchant à imposer sa solution. Elle a fini par maîtriser cette façon de faire beaucoup mieux que moi à l'époque. Dans le groupe, Noémie était appréciée; j'ai demandé à mes collègues de le lui dire. Ils l'ont encouragée à donner son avis, à intervenir.

Soutenir moralement

À quelques reprises durant le stage et l'année suivante, Noémie est arrivée épuisée ou tendue à nos rencontres. Un ensemble de contrariétés et de problèmes à résoudre la rendaient peu disponible. J'ai travaillé les aspects organisationnels de son activité. Nous avons fait le tri entre ce qui pouvait attendre 24 heures, une semaine, un mois, nous avons fait le tri entre ce qui était de son ressort et ce qui ne l'était pas. Je lui ai appris à faire les choses les unes après les autres dans le temps et dans l'espace. Noémie a su peu à peu se défendre, choisir ce qu'elle allait faire et non ce que d'autres voulaient qu'elle fasse. Je l'ai soutenue. Elle a appris à mieux maîtriser ses émotions et à différer leur expression.

Sécuriser le mentoré

Noémie a déclaré qu'elle s'était toujours sentie sécurisée en ma présence et que le fait de savoir que j'allais lui consacrer du temps dissipait ses angoisses face à certaines situations (suicides, deuils, agressivité des clients, etc.) et face aux incertitudes (nouveaux clients), ou encore parfois face à ses sentiments de culpabilité (regret d'avoir pris une décision, d'être responsable des ruptures, etc.). Lorsque Noémie a décidé d'espacer nos rencontres dans le cadre de la supervision, j'ai réalisé que nos rencontres allaient prendre fin et qu'elle me manquerait. Elle n'aurait plus besoin de moi et volerait de ses propres ailes. Elle achevait sa première année d'activité professionnelle. Elle allait se marier, habiter l'appartement de son mari. Je lui ai proposé de mettre fin à nos entretiens, tout en lui disant que je restais disponible par la suite en cas de nécessité. Noémie a été soulagée. Elle m'a invitée dans son nouveau logement. Je l'ai revue deux fois par la suite.

Aspects relationnels

J'ai éprouvé de l'affection pour Noémie dès notre première rencontre. J'ai eu envie d'en savoir plus ; elle a occupé mon esprit les premiers jours où elle a partagé mon travail. J'ai aimé son accent, son allure ; je crois que j'aurais aimé l'avoir pour sœur. Ce n'était pas vraiment de l'amitié. J'avais conscience qu'elle attendait quelque chose de moi, et je ne pouvais pas la décevoir.

Grâce à elle, je me suis intéressée à des sujets qui dépassaient les limites du stage traditionnel. Elle m'a communiqué une partie de sa culture, elle m'a fait rencontrer ses proches. Ces jeux relationnels m'ont rapprochée d'elle. Son devenir ne m'était pas indifférent.

Durant son stage, je souhaitais répondre à toutes ses demandes, je m'organisais pour être disponible, pour la faire avancer au maximum. Lorsque j'ai réalisé que nous allions encore nous revoir après le stage, j'ai été soulagée. Je voulais dépasser ma fonction de chef de stage, partager ses questionnements et ses émotions. Je voulais m'assurer qu'elle trouverait des satisfactions dans son activité. Au cours des mois, notre relation s'est modifiée. Elle n'était plus la petite sœur que je voulais protéger, mais une jeune collègue, toujours sympathique, que j'avais chaque fois de la joie à retrouver. J'ai senti que je ne lui étais plus indispensable et que peu à peu notre relation s'estomperait. Je devais faire le deuil de notre dépendance. Chaque vie est unique, ainsi que je le lui expliquais. Notre histoire, à l'une et à l'autre, accélère pour se libérer d'une étape, qui peut être une étape relationnelle. Treize années après, je ne suis pas certaine que je reconnaîtrais Noémie si je la croisais dans la rue.

Le texte de Monique laisse entrevoir l'application que l'on peut faire du modèle que je propose pour analyser le travail que nous faisons comme mentors.

Des rôles connexes

Il ne suffit pas d'être patron, superviseur, professeur, administrateur, pour devenir mentor. Autrement dit, le rôle formel ne suffit pas pour que quelqu'un soit mentor, car on ne *décide* pas d'être mentor : on le *devient*. Alors, comment distinguer la relation mentorale ?

Manifestement, le rôle de mentor possède sa spécificité, à savoir aider à la consolidation de l'identité du mentoré dans les limites indiquées antérieurement. Il devient dès lors possible de reconnaître le rôle de mentor et de ne pas le confondre avec celui de l'ami (axé sur le partage et le soutien mutuel), celui du parent (axé sur le fait d'élever, d'éduquer son enfant), celui de l'amoureux (axé sur le désir mutuel, le plaisir du partage), celui du thérapeute (axé sur l'acquisition de comportements et de mécanismes d'adaptation plus fonctionnels). Aristote distinguait les relations entre égaux, et les relations entre inégaux. L'amitié est une relation entre égaux. La relation conjugale aussi. La relation parentale, la relation mentorale, la relation professeur-étudiant, la relation thérapeute-client sont des relations entre inégaux.

Les fonctions nous aident à distinguer les rôles les uns des autres. Prenons l'exemple d'un professeur : il est parfois un modèle pour ses étudiants, pas toujours cependant. Exerce-t-il le mentorat pour autant ? Non, car il ne se préoccupe pas nécessairement ou directement d'activer le Rêve de vie de l'étudiant. Il ne se préoccupe pas non plus de la socialisation organisationnelle (favoriser l'avancement, le guider dans l'organisation). Autre exemple : un psychothérapeute de type rogérien soutient moralement son client, il le sécurise ; il peut devenir son modèle, quoique cela n'arrive pas automatiquement. Est-il un mentor pour autant ? Non, car il ne répond pas de son client auprès des autres, il ne l'accueille pas dans un milieu de vie ou de travail, il ne favorise pas non plus l'avancement de son client dans un milieu de vie ou de travail. Un parent peut remplir plusieurs des fonctions propres au mentor, à la limite le bon parent pourrait se retrouver dans les douze fonctions énumérées plus haut. Toutefois, la relation parentale a sa nature propre, elle dure toute la vie et implique des responsabilités qui n'existent pas dans la relation mentorale. De plus, je crois que la relation parentale se transforme qualitativement de l'intérieur, mais qu'elle reste toujours une relation parentale : les enfants de 60 ans qui ont des parents de 80 ans en savent quelque chose !

Si, théoriquement, pour ne pas dire idéalement, toutes les fonctions décrites plus haut sont cumulées par le mentor, certaines d'entre elles se retrouvent, différemment combinées, dans d'autres rôles, tels celui de parrain ou de marraine, celui d'entraîneur, de professeur, etc. En nous appuyant sur les fonctions du mentor que nous avons répertoriées et que nous avons résumées dans le tableau de la page 101, il devient relativement facile de faire des distinctions entre différents rôles plus ou moins connexes à celui de mentor. Par exemple :

- Le *parrain* (ou la *marraine*) est une personne qui accueille et guide une autre personne à qui elle sert de répondant (fonctions 1, 2 et 5). Il ne joue pas le rôle de modèle (fonction 7) et ne présente pas de défis au mentoré (fonction 8) ;
- Le *guide* peut se limiter à diriger la personne (fonction 2) ;
- L'*instructeur* ou l'*entraîneur* (*coach*) est quelqu'un qui apprend à acquérir des habiletés précises, qui montre, par exemple, comment patiner ou jouer au hockey, comment faire une injection, comment rédiger un éditorial (fonction 5), qui stimule le mentoré (fonction 8) et qui le conseille et le soutient moralement (fonctions 9 et 11), tout en lui donnant du feedback direct, utile et constructif (fonction 10) ;
- Le *répondant* peut se contenter de remplir la fonction 5, soit répondre du mentoré ;
- Le *professeur* enseigne (fonction 3) ; il peut exercer plusieurs autres fonctions à l'occasion : entraîner, stimuler, conseiller, être le modèle ;
- L'*hôte* (ou l'*hôtesse*) accueille une personne et la présente aux autres (fonction 1) sans être mentor pour autant ;
- Le *modèle* est une personne que le mentoré admire et qui lui sert de pôle d'identification (fonction 7) et l'*idole*, une personne très admirée, sans qu'il y ait une relation réelle réciproque, comme on l'a vu plus haut.

À travers mes multiples lectures, j'ai constaté, dans plusieurs textes, que les chercheurs utilisent indifféremment les termes «parrain», «mentor» et «tuteur»[3]. Pour ma part, je donne un sens fort noble au mot «mentor» et le réserve aux personnes capables d'activer le Rêve

---

3. Par exemple, on lit dans Turkel et Abramson (1986, p. 68) : «Ils procurent des modèles de rôle entre pairs et, à travers le processus académique de tutorat / mentorat, aident les étudiants à traiter et à vaincre quelques-uns de leurs problèmes académiques, scolaires, sociaux ou personnels.»

de vie du mentoré en faisant montre d'expertise, de compétence et de doigté : manifestement, il s'agit de personnes qui possèdent une certaine maturité personnelle et qui sont capables de maturité relationnelle. Le mot « tuteur » est le plus souvent employé en contexte scolaire, aux niveaux collégial ou universitaire, pour désigner une personne (rarement choisie par l'intéressé) qui a pour tâche d'accompagner l'étudiant au cours de son cheminement et de sa formation ; généralement, le tuteur connaît bien le programme d'études dans lequel est inscrit l'étudiant, et il le conseille et le guide dans son cheminement ; il répond à ses besoins d'accueil personnalisé à la rentrée et à ses besoins d'information et d'adaptation en cours de route. On rencontre peu le mot « tuteur » dans le milieu des affaires et les milieux professionnels, où le terme « mentor » est plus fréquent et plus utilisé[4].

Le rôle de mentor et celui de *coach* : une comparaison

Comme la question de la différence entre le mentorat et le *coaching*[5] se pose régulièrement tant dans la littérature (Benabou, 1995 ; Flaherty, 1999 ; Houde, 2001 et Cuerrier, 2003) que parmi les praticiens, voici les paramètres qui permettent de distinguer le mentorat du *coaching*/entraînement. Je propose de traduire *coaching* par entraînement, et *coach* par entraîneur, comme le veut l'application première de ce mot qui vient du monde sportif. De manière plus lointaine, le mot *coach* serait relié à celui de cocher : ce vecteur de sens permet de saisir les nuances et différences entre le *coaching* et le mentorat. Je constate que les deux termes anglais sont entrés en usage dans les pays francophones.

Les zones du savoir couvertes sont plus étendues dans le mentorat et les changements entrevus, souhaités ou réalisés plus vastes. Dans le mentorat, les enjeux dépassent les seuls apprentissages théoriques et pratiques et s'étendent au savoir-être. Par rapport à la modélisation de rôle, cette fonction se retrouve presque toujours dans le mentorat, plus rarement dans le *coaching* ou l'entraînement. En outre, il est important que le mentor ne soit pas le supérieur hiérarchique du mentoré ; il arrive que le *coach* le soit. Enfin, le mentorat est axé sur l'actualisation

---

4. Je n'ai pas étudié l'évolution linguistique du mot « mentor ». Il semble que les premières traductions de l'anglais au français ont utilisé le mot « parrainage » pour rendre le terme anglais *mentoring*.
5. On pourra se référer à ma discussion de cette question (Houde, 2001).

Une comparaison entre le *coach* et le mentor

	Coaching/entraînement	Mentorat
Quant aux zones du savoir	L'accent est mis sur le savoir-faire, les deux autres zones sont présents de manière incidente.	Savoir; savoir-faire; savoir-être.
Quant à l'extension des changements	Champ plus restreint, plus précis.	Champ plus vaste, à la limite impliquant toute la personne et ses zones de vie (vision holistique).
Quant aux enjeux	Apprentissage *(learning)*.	Apprentissage et croissance *(learning and growing)*.
Quant à la modélisation	Le *coach* est parfois un modèle.	Le mentor est un modèle.
Quant au statut organisationnel (et à la ligne hiérarchique)	Le *coach* peut être le supérieur immédiat.	Le mentor ne doit pas être le supérieur immédiat du mentoré afin d'assurer la confidentialité, de favoriser la confiance réciproque, et d'éviter de se retrouver dans un rôle d'évaluation conflictuel.
Quant aux valeurs	Axé sur la performance.	Axé sur l'actualisation de soi de l'apprenti et sur le développement d'une plus grande compétence.

Tableau de Renée Houde, version 2010 (d'abord conçu en 2001).

de la personne totale (vision holistique du développement humain) pas seulement sur la performance tandis que le *coaching* est axé prioritairement et primordialement sur la performance.

Il existe un certain flou entre le rôle de mentor et celui de *coach*. Et il y a présentement une tendance à rapprocher les deux, comme l'illustre cet exemple : l'ancien EMC – European Mentoring Centre – est devenu le European Mentoring and Coaching Council (EMCC). Cette tendance ne peut que renforcer ma thèse comme quoi les relations mentorales au sens générique comprennent une typologie de relations : depuis le parrainage jusqu'au mentorat proprement dit, en passant par le *coaching* et le tutorat, etc.

Le passage d'un rôle à l'autre

Souvent le mentor est une personne qui fait partie de l'entourage du mentoré et qui exerce un rôle dans son environnement avant de devenir son mentor: ami, professeur, superviseur, tante ou oncle, grand-mère ou grand-père, etc. Toutefois, le mentorat entraîne une transformation de l'ancienne relation, car le travail d'identification puis de différenciation du mentoré vis-à-vis de son mentor est un processus éminemment affectif et émotionnel qui transforme la nature de la relation. Au commencement de la relation, il se peut qu'il y ait passage d'un rôle à un autre. En corollaire, il en est de même au moment où cette relation prend fin: lorsque l'ancien mentor devient collègue, ami ou mari, alors le mentorat fait place à la camaraderie, à l'amitié, à la relation amoureuse, car la relation entre les partenaires peut s'établir sur de nouvelles bases. Il arrive également que, dans les faits, pendant un laps de temps donné, une personne cumule deux rôles, celui de mentor et un autre. Ainsi certaines personnes ont-elles reconnu que, pendant une période de temps, leur conjoint avait été pour elles un mentor.

Quand la relation n'est plus utile, elle peut se terminer ou bien s'établir sur une nouvelle base

Il faut se rappeler, avec Wadner (1981), que la fonction de croissance psychologique ne fait pas partie intégrante de la définition formelle des rôles d'amant, de conjoint, de mentor ou d'ami, même s'il y a des cas où ces relations remplissent cette fonction. En effet, nous dit Wadner (1981), les hommes de l'échantillon rapportent des exemples de relation avec un mentor, un ami, une épouse, une amante où un travail de croissance psychologique ne se produit pas ; ces relations ont d'autres fonctions : soutien, compagnonnage, enseignement occupationnel, sexe ou distraction. D'ailleurs, c'est seulement depuis les dernières décennies que le développement personnel est considéré comme un objectif important à l'intérieur du couple et à l'intérieur de la famille. Toutefois, dans ma vision des choses, le vrai mentor est précisément celui qui se préoccupe d'aider le mentoré à devenir ce qu'il pourrait être, sur les plans professionnel et personnel.

Cela étant dit, il existe des relations de type mentoral qui ne sont pas expressément enracinées dans un processus de croissance personnelle, où le mentorat est plus instrumental que développemental. Dans ces cas – citons, par exemple, celui d'un mécanicien qui fait son premier stage et est jumelé à un contremaître qu'il appelle son superviseur – il y aurait lieu d'éviter l'emploi du mot « mentor », et de parler plutôt de superviseur ou de contremaître, une distinction que les gens sont portés à faire naturellement, comme si le mot « mentor » avait la connotation du mot « maître ».

Ainsi, toutes les relations de type mentoral ne correspondent pas nécessairement aux fonctions idéales du mentorat et aux caractéristiques de la relation transitionnelle axée sur le développement de la personne. Elles s'en approchent plus ou moins, selon les cas. Il arrive même que certaines fonctions s'exercent dans un sens négatif : on peut donc dire qu'il y a des relations mentorales moins heureuses et moins efficaces, comme c'est le cas pour les relations parentales, pour les relations conjugales, pour les relations d'amour et d'amitié. Dès lors, il importe de spécifier notre vocabulaire et d'affiner nos compréhensions.

Les fonctions et le mentorat réussi

Pour le mentoré, la façon dont s'exercent les fonctions du mentorat est-elle en relation directe avec l'actualisation de soi ? Autrement dit, le fait, pour le mentor, d'exercer ses fonctions de façon positive produit-il nécessairement des effets positifs chez le mentoré ? Et si le mentor exerce ses fonctions de façon négative (ne pas proposer suffisamment de défis, ne pas soutenir le mentoré au moment opportun, lui suggérer des stratégies d'action irréalistes ou peu opportunes, contrer son avancement), cela entraîne-t-il nécessairement des effets négatifs chez le mentoré ? Pour répondre à ces questions, il faut se référer à des situations concrètes. Par exemple, on peut imaginer que, dans un hôpital, un résident se dise en regardant son patron faire ses visites aux malades : « Moi, je ne voudrais pas avoir si peu de contact avec mes patients ! » et qu'il développe, par contre-modelage, ses habiletés de communication et de contact. Les rapports humains sont complexes et pas toujours prévisibles ! On connaît des cas de mentorat négatif : pensons, par exemple, à un mentor qui est dominateur, contrôlant, manipulateur et qui utilise les services du mentoré à ses seules fins personnelles. Dans un tel cas, je suggère que l'on parle d'« anti-mentor ». Comme chacun a pu l'observer à un moment ou l'autre, il arrive que l'anti-mentor influence le développement du mentoré, à l'occasion, de façon positive. Évidemment, je ne vous encourage pas à devenir des anti-mentors. En soulignant cet aspect, je veux simplement faire la part des choses.

L'analyse des fonctions du mentor, tout en nous permettant de nuancer les divers rapports humains, fait entrevoir que le rôle de mentor implique l'altruisme, le détachement, la gratuité, la générosité et conduit à se demander en quoi consiste un mentorat réussi. Je crois

Chapitre 4 – Le but du mentorat, ses trois dimensions (3-D) et les fonctions du mentor 117

Exercice **Moi et les fonctions de mentor**

But : réfléchir sur les fonctions que j'exerce comme mentor
- En se basant sur la grille d'analyse développée plus haut, il devient possible pour le mentor d'analyser l'ensemble de ses interventions.
- Prenez quelques feuilles blanches.
- Pensez à une situation dans laquelle vous êtes mentor.
- Pensez à la personne qui est le mentoré dans cette situation.
- Reprenez maintenant chacune des fonctions énumérées. Pour chacune de ces fonctions, par exemple la première en liste, soit la fonction d'accueil, retrouvez les interventions que vous faites. Considérez en quoi chaque intervention est efficace ou non, utile ou non, pertinente ou non.
- Puis, pour l'ensemble des fonctions, soulignez vos forces et vos faiblesses.

Exemple
- La première fonction : accueillir le mentoré dans le milieu, le présenter aux autres membres.
  - Est-ce que je fais ce genre d'intervention ?
  - Puis-je donner un exemple ?
  - Est-ce un point fort chez moi ?
- Et ainsi de suite… pour chacune des autres fonctions énumérées dans le tableau de la page 101.

---

qu'il faut concevoir le mentorat réussi comme une qualité du rapport établi entre un « je » et un « tu », qualité décrite par des philosophes personnalistes comme Emmanuel Mounier et Maurice Nédoncelle et mise en évidence par plusieurs psychologues humanistes comme Abraham Maslow et Carl Rogers. Autrement dit, le mentorat réussi est une qualité spécifique d'une relation interpersonnelle spécifique. Cette qualité du rapport je-tu repose ultimement – ce qui ne nous dispense pas de faire des interventions pertinentes, efficaces et bien synchronisées – sur la qualité du regard interpersonnel. L'exercice des fonctions, pour être fécond, s'enracine dans une telle attitude.

La constellation mentorale

Souvent, lorsque je travaille avec les adultes, il m'arrive de leur proposer l'exercice « Avoir un mentor », en vue de leur donner l'occasion de retrouver une figure importante dans leur histoire de vie. Au moment où les adultes commencent l'exercice, immanquablement surgit cette question : « Je n'arrive pas à trouver une seule personne, il y a plusieurs personnes qui me viennent à l'esprit. Est-ce possible ? »

Au cours d'une vie, plus d'une personne peut exercer auprès d'un individu (appelons-le l'« individu focal ») plusieurs des fonctions reliées au mentorat, ou encore des rôles connexes à celui du mentor proprement dit. Il est donc concevable qu'un individu focal ait eu plus d'un mentor, soit successivement, soit simultanément. Je propose d'appeler *constellation mentorale* l'ensemble des personnes qui ont joué, pour un individu donné, le rôle de mentor ou des rôles connexes en exerçant auprès de lui certaines des fonctions énumérées plus haut. Les connaissances que nous avons sur le réseau personnel de quelqu'un (*ego personal network*) auraient intérêt à être importées dans le vaste domaine des études mentorales.

Des pistes de recherche

La typologie des trois pôles du mentorat et des douze fonctions du mentor ouvre diverses pistes de recherche. Ainsi, on peut se demander si certaines de ces fonctions s'exercent davantage au début, au milieu ou en fin de relation et mettre en parallèle les fonctions du mentor et les phases de développement de la relation de mentorat.

De même, il devient également possible de mettre en parallèle les fonctions du mentor et le stade du développement de carrière du mentoré.

Enfin, cette typologie peut donner l'occasion d'établir des liens entre les fonctions exercées dans le mentorat et le sexe des mentors, et de vérifier s'il est exact que certaines fonctions sont davantage exercées par les hommes mentors que par les femmes mentors et inversement, comme l'affirment certaines études, telle celle de Reich. En effet, Reich (1986) décrit comme suit la nature spécifique du mentorat des femmes :

- la qualité affective ou émotionnelle était plus vitale pour les femmes mentors que pour les hommes mentors ;
- tous les mentors se préoccupaient de leur mentoré, mais ce sentiment était plus fort chez les femmes mentors que chez les hommes mentors ; en effet, les mentorés ont déclaré que leur mentor, qu'il soit homme ou femme, envisageait le développement de leur carrière comme étant important, mais toutes les femmes mentors ont affirmé qu'elles se souciaient de la promotion de leur mentoré ;

- les hommes et les femmes percevaient leur mentor comme un modèle qui les informait sur leurs forces et leurs faiblesses, cette fonction étant cependant considérée comme plus importante par les femmes;
- les hommes et les femmes mettaient l'accent sur la nature professionnelle du mentorat, mais les femmes tendaient à insister davantage sur la sollicitude (*caring*), sur l'apprentissage (*teaching*) et sur les aspects nourrissants (*nurturing*) de la relation.

Par ailleurs, l'étude de Ragins et McFarlin (1990), menée auprès de 181 personnes (115 hommes et 66 femmes; 29 mentorés ont eu un mentor de sexe féminin), apporte les conclusions suivantes: l'hypothèse voulant que les hommes mentors soutiennent, plus que les femmes mentors, le développement de carrière de leurs mentorés est infirmée, tandis que l'hypothèse voulant que les femmes mentors soutiennent – plus que ne font les hommes mentors – le développement psychosocial de leurs mentorés est confirmée. La question de savoir si les relations mentor-mentoré sont différentes selon que la dyade est de même sexe ou de sexes différents – ce que les Américains appellent *Cross-Gender Relationships* – commence de plus en plus à être étudiée. Tout comme celle du mentorat au féminin[6].

Les recherches sur le mentorat se sont multipliées de manière exponentielle au cours des quinze dernières années. Même s'il reste encore beaucoup de sujets de recherche sur le mentorat, ce que nous savons déjà constitue une base imposante qui permet d'affirmer que la relation mentor-mentoré gagnerait à être connue des personnes comme des institutions. Peu d'adultes du mitan connaissent les satisfactions et les exigences du mentorat. Peu de jeunes adultes bénéficient d'un mentorat adéquat. Il s'ensuit une perte de talents et un gaspillage de ressources qui, s'ils étaient recyclés, pourraient introduire dans le système social quantité d'énergies positives de transformation des adultes: adultes du mitan tout comme jeunes adultes. Comme l'écrivait Levinson (1978, p. 334):

> Plusieurs adultes donnent et reçoivent peu de mentorat. En dépit de l'accent que l'on met fréquemment sur le travail en équipe et sur la loyauté dans les organisations d'affaires, les relations de mentorat sont plutôt l'exception que la règle, à la fois pour le travailleur et pour l'administrateur. Notre système d'éducation supérieure, même s'il est officiellement engagé à encourager le développement intellectuel et personnel des étudiants, fournit un mentorat qui est généralement limité en quantité et pauvre en

---

6. Je renvoie le lecteur aux articles suivants: Noe (1988); Ragins (1989); Ragins et McFarlin (1990); Ragins et Cotton (1991); Ragina et Scandura (1994).

qualité. Les établissements d'enseignement et les organisations du travail peuvent faire beaucoup plus pour aider le développement des étudiants et des jeunes travailleurs. Pour ce faire, ils auront à soutenir le développement des enseignants, des administrateurs et des autres travailleurs appartenant à des générations de plus de 30 ans. Tant et aussi longtemps que le mitan de la vie ne sera pas un temps de la vie meilleur [j'entends par là mieux apprécié et mieux vécu], la plupart de ceux qui s'y trouvent seront incapables de contribuer au mentorat dont les jeunes générations éprouvent un besoin urgent. Plusieurs hommes du mitan [on se souvient que la recherche de Levinson concernait seulement des hommes] ne connaîtront jamais les satisfactions et les tribulations reliées au fait d'être mentor. Cela constitue une perte de talent, une perte pour les individus concernés et un obstacle au changement social constructif.

Ce constat de Levinson date de 1978. Vaut-il encore aujourd'hui? Vaut-il en Europe? au Japon? en Amérique du Sud? au Québec? Pour ma part, je crois que nous pouvons développer davantage notre générativité et apprendre à devenir des mentors efficaces. Je crois que nous pouvons apprendre à mieux maîtriser les fonctions du mentor en vue de mieux les exercer. Devenir mentor est l'une des relations les plus importantes que l'adulte mature puisse expérimenter; en tant que mentor, l'adulte d'âge mûr fait quelque chose pour quelqu'un, il transmet ses propres valeurs et influence un jeune adulte, il utilise ses connaissances et ses compétences de manière constructive, ce qui peut lui procurer le sentiment de sa continuité et de la continuité du monde; de plus, il garde ainsi le contact avec la jeunesse, ce qui est une source de renouvellement.

Il y a des gratifications spécifiques découlant de la maturité professionnelle. On ne devient pas un travailleur expérimenté en pure perte! Être mentor est l'une des contributions les plus gratifiantes qu'une personne du mitan puisse faire. Mais il semble que ces gratifications soient peu connues des praticiens ou qu'elles soient peu partagées. Une porte est maintenant ouverte: la typologie des fonctions du mentor et le cadre d'analyse suggérés ici peuvent devenir des outils de travail. Peut-être pourrions-nous commencer à partager nos expériences de mentor et à parler des plaisirs et des difficultés rencontrées dans l'exercice de notre générativité. Cela me semble une piste de travail dynamisante et mobilisante. Beaucoup plus que de parler de démotivation et d'épuisement professionnel.

PARTIE 2

LE PROCESSUS DU MENTORAT

CHAPITRE 5

L'évolution de la relation mentor-mentoré

> *Qu'y a-t-il donc de si important dans la relation avec autrui*
> *qu'un homme ne puisse développer sa personnalité propre sans elle?*
> *Je crois que de même qu'un enfant a absolument besoin*
> *de l'affection et de l'amour de ses parents, de même l'adulte*
> *a absolument besoin de se sentir accepté par ses semblables.*
> *S'il ne l'est pas, il est acculé à l'isolement de la folie.*
> *Se savoir accepté par une autre personne tel qu'on est,*
> *sans conditions, c'est être capable de s'accepter soi-même et donc*
> *être capable d'être soi, de réaliser sa personnalité propre.*
> *Commencer à prendre conscience de soi en tant*
> *qu'individu autonome n'est même possible que par rapport*
> *à une autre personne à qui on se compare.*
>
> Anthony STORR

Le mentorat se déroule dans le temps; c'est une relation qui a un commencement, un déroulement et une fin auxquels sont reliés différents enjeux. De connaître ces phases et leurs enjeux peut nous aider à devenir des mentors plus conscients et, espérons-le, plus efficaces. C'est du moins mon hypothèse.

Nous savons par expérience que l'histoire de chacun est unique et que toute relation, même si parfois elle ressemble à du déjà vu, évolue d'une manière tout aussi unique. La réalité des histoires interpersonnelles est toujours plus riche et plus complexe que nos modèles. Certaines relations se terminent dès la première phase (il n'y a qu'à évoquer la situation où l'étudiante, la résidente, la stagiaire change de superviseur lorsqu'elle se rend compte qu'elle risque de ne pas trouver ce qu'elle y cherche), tandis que d'autres sont menées à bon port, tantôt de façon extrêmement satisfaisante, tantôt de façon moins satisfaisante. Parfois elles peuvent prendre fin brusquement au beau milieu de la relation. Dans tous les cas, au fur et à mesure que la relation se développe, les embûches surgissent, constituant une sorte de fortifiant, car elles sont inhérentes à la croissance de la relation. Comprendre le processus qui décrit l'évolution du mentorat nous aidera à y voir plus clair.

Chapitre 5 – L'évolution de la relation mentor-mentoré

Qu'est-ce qui se passe au début de la relation? Qu'est-ce qui se joue pendant le déroulement de cette relation? Qu'est-ce qui se passe en fin de relation? Voilà les trois questions auxquelles tente de répondre le modèle en trois temps que je vous propose[1]. Mais avant de présenter théoriquement ce modèle, lisons le récit de Jacinthe. Ce récit illustre le cheminement d'une relation mentorale entre une jeune adulte, Jacinthe, et une adulte mature, Céline. Le récit, qui est celui de la mentorée, comprend d'abord une présentation du contexte général menant au commencement de cette relation, ensuite une analyse des fonctions jouées par le mentor au fur et à mesure du déroulement de la relation[2]. Nous ne connaissons pas le point de vue du mentor sur cette relation, mais la perception d'une seule protagoniste.

Récit — Jacinthe

Jacinthe est étudiante à temps plein à l'université et est âgée de 39 ans au moment où elle écrit ce récit. Elle est divorcée, mère de deux jeunes filles âgées respectivement de 12 et 10 ans. Céline, elle, est travailleuse sociale et chargée de cours à l'université. Elle est un peu plus âgée que Jacinthe et mère de deux adolescents. Cette relation s'étend sur trois ans.

Contexte général
À cette époque, je sortais à peine d'une période de crise importante. La nature de cet état subjectif de crise touchait toutes les aires de ma vie adulte: mes activités professionnelles, ma vie sociale et familiale, ma vie personnelle et mes relations interpersonnelles. Avec le recul, je reconnais qu'en plus de vivre une période de transition, je vivais une crise d'identité importante au cours de laquelle la question «Qui suis-je?» avait fait l'objet d'une thérapie de quatre mois... avant de rencontrer Céline. Bref, les sentiments de confusion et de bouleversement intérieur accompagnant la crise m'avaient laissée essoufflée, vulnérable et très fragile. J'étais le chef d'une famille monoparentale et cela pesait fortement sur mes épaules; j'entrepris une démarche de consultation familiale afin de trouver un soutien pour entreprendre des changements qui m'apparaissaient comme vitaux pour la mère, la femme, la travailleuse que j'étais.

---

1. J'ai proposé ailleurs une première version de ce modèle (voir Houde, 1990 et 1992).
2. En ce qui a trait au déroulement des phases et aux fonctions mentorales, l'étudiante utilise le modèle de Houde (1992) comme grille d'analyse et comme principal cadre théorique.

C'est grâce à cette démarche thérapeutique que j'ai connu Céline. À cette époque, j'avais 36 ans. Faire ma place dans la société, travailler à mon avancement, ces tâches spécifiques décrites par Levinson (1978) pour la période d'établissement qui se situe de 33 à 40 ans, et mettre en place une seconde structure de vie représentaient pour moi un défi de taille compte tenu de mon essoufflement et de ma fragilité. Outre quelques mentors symboliques, d'aussi loin que je me souvienne, je ne peux reconnaître personne dans ma vie qui ait joué le rôle de mentor.

Les phases de la relation mentorale

Le commencement

Au début de notre relation, Céline rencontrait la famille à un rythme d'environ une fois toutes les deux ou trois semaines. Nous nous étions entendues pour travailler autour de la notion de mère. Céline venait à la maison, ce cadre me semblait idéal pour les enfants et pour l'établissement d'un climat de confiance. Les enfants n'avaient jamais participé à une démarche thérapeutique, elles étaient âgées respectivement de neuf et sept ans. Après ma première rencontre, j'ai eu l'impression que Céline était très sécurisante. De plus, elle était petite, souriante, chaleureuse, elle était mère aussi, et cela me permettait de m'identifier facilement à elle puisqu'elle avait des attitudes que je valorisais moi-même. Durant cette phase, je crois bien que ce sont les fonctions de soutien moral, de feedback direct, de conseil et de sécurisation qui se sont le plus exercées.

Pour bien différencier la relation thérapeutique de la relation mentorale, il est important que j'explicite ces fonctions. Bien que le soutien moral soit inhérent à notre démarche, les quelques instants passés sur le pas de la porte à l'heure du départ nous permettaient d'échanger dans un autre registre de communication. Il me semblait à ces moments précis être quelqu'un d'autre qu'une cliente, puisque nous discutions alors de choses et d'autres. Cela me permettait de percevoir Céline en tant que femme. Je me souviens aussi qu'à certains moments-clés, je pouvais rejoindre Céline chez elle, lui donner du feedback sur mes démarches et recevoir en échange un encouragement et une stimulation dont j'avais grand besoin. Parfois, elle me racontait certaines de ses expériences qui avaient un lien avec mes difficultés, ce qui me permettait de me sentir moins démunie compte tenu de mon isolement social. Ce partage me sécurisait, me réconfortait, et chaque réussite diminuait mon anxiété. Dans une période de précarité économique, je me souviens particulièrement d'une invitation à pique-niquer en compagnie de mes filles et de sa fille Judith. Je crois bien que c'est à ce moment que mon admiration et mon affection se sont installées.

Le déroulement

Je travaillais, durant cette période, dans un organisme communautaire en tant que formatrice pour les membres de coopératives d'habitation. La question professionnelle a rapidement pris le dessus et je devais prendre une décision. J'estime que c'est à ce moment que j'ai choisi plus ou moins consciemment Céline comme modèle. J'avais apprécié son professionnalisme, ses confidences m'avaient permis d'admirer la mère et la femme. Dans l'ensemble, je la percevais comme une femme solide, ayant le souci de l'excellence, sensible et fière. Quand j'ai décidé de quitter mon emploi, ses conseils et son feedback direct sur mes habiletés et mes forces m'ont rebranchée sur un vieux rêve de jeunesse:

étudier. Mon père, étant de la génération où les hommes exerçaient un pouvoir patriarcal au sein de la famille, avait décidé qu'une fille devait devenir secrétaire. Pour lui, cela représentait un bon « gagne-pain » en attendant le mariage. Donc, malgré mes succès scolaires et mon intérêt pour les études, il m'était difficile de contredire « le père ». Céline avait partagé avec moi son expérience comme professeure à l'université. Je crois bien que ses confidences ont fait jaillir en moi l'étincelle de mon ancien rêve. C'est alors que j'ai choisi de retourner aux études à temps plein. Évidemment, je pensais passer le baccalauréat en travail social, et Céline n'a rien fait pour m'en dissuader ; je comprends maintenant que c'était pour moi une façon d'exprimer à quel point je m'identifiais à elle.

Je me souviens d'avoir discuté des programmes offerts et d'avoir reçu un commentaire constructif en plus de précieux conseils sur la vie universitaire. J'ai entrepris un certificat en sciences sociales. Durant ce certificat, à ma deuxième session, je me suis retrouvée dans un cours donné par Céline. Comme le groupe-cours était très nombreux, c'est grâce à l'influence de Céline si j'ai pu suivre ce cours à ce moment précis, car elle a fait des démarches auprès du département pour que je sois acceptée dans son groupe, son autorisation étant préalable ; cela fut une façon de favoriser mon avancement... Durant ce semestre universitaire, ses précieux commentaires sur mes interventions en classe et ses conseils éclairés ont influencé directement ma réussite en suscitant chez moi une plus grande confiance en moi et en mes capacités. Pendant cette période, je n'ai rencontré Céline que quelques fois en tant que thérapeute. Ces séances me servaient à faire le point, à accueillir des points de vue que je respectais de plus en plus et qui nourrissaient mes réflexions. J'ai donc vu Céline à l'œuvre comme professeure en plus de la connaître comme thérapeute. Je me souviens du premier cours : d'apercevoir cette petite femme de cinq pieds, que j'admirais et que j'affectionnais, devant un groupe de 70 étudiants dans un auditorium immense m'a stimulée.

À mon troisième semestre universitaire, j'avais déjà complété mon premier certificat avec succès, j'en avais entrepris un deuxième avec ardeur et avec la ferme volonté d'égaler Céline dans ma démarche ; j'avais envie qu'elle soit fière de moi. Elle m'avait promis un dîner après la réussite de mon premier certificat. Ce fut la seule reconnaissance que j'aie reçue de mon entourage. J'avais eu à affronter tellement de réticences et de critiques dissuasives de la part de ma famille que ce précieux encouragement représentait pour moi un symbole. Il m'apparaît utile d'insister sur l'effet que cette reconnaissance a eu sur moi : tout à coup quelqu'un validait ma démarche. De plus, Céline m'a offert mon premier contrat de correction à l'université. Cette double reconnaissance m'a stimulée en plus de me permettre de reconnaître moi-même mes forces et mes capacités. En m'offrant ce travail, Céline venait de me proposer un défi important, elle me donnait l'occasion de pousser plus loin mes capacités en même temps qu'une possibilité de reconnaître l'ensemble des habiletés intellectuelles que j'avais acquises. C'était pour moi une forme d'accueil dans le milieu. Elle m'a présentée à l'agente du département comme sa correctrice. Je dois aussi mentionner que j'ai bénéficié de sa confiance, de son soutien, de ses conseils. C'est à partir de ce moment que j'ai réalisé que notre relation se modifiait. Je me sentais davantage son égale, disons, plus justement, un peu moins inférieure, et je percevais Céline comme une femme extraordinaire mais différente de moi.

Le dénouement

Cette relation dure toujours, cependant je pressens déjà la séparation mentorale. Maintenant, mes rencontres avec Céline sont beaucoup plus d'ordre professionnel et personnel, et le partage amical remplace peu à peu les fonctions mentorales. Il me semble que mon affection pour Céline n'a pas diminué, mais ma perception d'elle est fort différente de mes premières impressions ; depuis lors j'ai pris conscience de certaines de ses limites et de ses difficultés, autant personnelles que professionnelles, une perte d'illusions qui fait partie de la relation mentorale. Cet ingrédient de réalité n'a fait que donner plus de poids à notre relation. Par contre, je me sens privilégiée d'avoir profité d'un si bel exemple de générativité durant ma quarantième année. Je ne peux prévoir ce qu'il adviendra de notre relation, cependant il me sera impossible d'oublier cette expérience de générativité et surtout à quel point j'ai profité de ses bienfaits. En contrepartie, j'ai confiance en la maturité de Céline et je crois que, bien que la vie nous sépare, elle trouvera ailleurs le moyen d'exercer sa générativité.

Conclusion

À l'aube de ma quarantième année, où le défi principal est l'exercice de la générativité selon Erikson, je me sens rassurée et confiante. J'aborde cette étape avec des connaissances enrichies par l'expérience et l'exemple. Cependant, il m'apparaît que mon expérience du mentorat se distingue de celle du modèle de Levinson dans la mesure où, dans mon cas, les deux personnes concernées ont le même âge. Je m'explique cette situation par le fait que ma relation avec un mentor, bien qu'elle ait agi sur les différentes aires de ma vie, a principalement influencé le domaine professionnel. De ce point de vue, c'est sensiblement dans ce domaine que l'expertise et la maturité du mentor se sont exercées.

Ma formation universitaire est avancée, ma dernière année de baccalauréat en psychosociologie de la communication approche. Je m'aperçois que j'ai réalisé l'étape de la différenciation. Ma formation diffère de celle de mon mentor, nous pouvons maintenant échanger nos vues par rapport à nos disciplines respectives. De plus, nos aspirations, bien que différentes, nous mènent souvent à des échanges constructifs et riches. Je dois mentionner que je suis fortement attirée par l'enseignement universitaire, qui m'apparaît comme un cadre approprié à l'exercice de la générativité. Je profiterai donc de ma dernière année de baccalauréat pour réfléchir à ma prochaine démarche. Je peux conclure que mon expérience du mentorat m'a menée à une plus grande affirmation tant sur le plan psychologique que sur le plan organisationnel. Dans l'ensemble, ce processus a contribué chez moi à une plus grande individuation.

La réflexion de Jacinthe est nourrie par le modèle qui suit. Sur le plan théorique, le modèle se présente ainsi.

Le modèle de Houde (version revue de 1992b) en trois phases

Phase 1 : le commencement de la relation
- La prise de contact.
- La cible commune.
- Les modalités concrètes de fonctionnement.
- Le mentoré se voit comme un apprenti et admire le mentor : la relation est inégale.
- Le mentor reconnaît le mentoré et lui apporte du soutien.
- Le mentoré imite le mentor auquel il s'identifie.
- Le mentoré et le mentor investissent affectivement l'un dans l'autre.

Phase 2 : le déroulement proprement dit de la relation
- L'entretien de la relation de manière à avancer.
- L'ajustement du projet (pro-jet), sa réalisation et l'évaluation.
- La révision des modalités de fonctionnement.
- Le mentoré se reconnaît de nouvelles compétences.
- Le mentoré et le mentor perdent certaines illusions l'un sur l'autre pour faire place à la personne réelle de l'autre et reconnaître les limites de cette relation.
- La fusion initiale est définitivement brisée.
- La relation tend à devenir plus égalitaire.

Phase 3 : le dénouement de la relation
- Mission accomplie (plus ou moins) : évaluation des buts.
- Un processus de séparation s'instaure : la relation s'achève.
- Des scénarios de dénouement : fin et transformation de la relation.

Pour décrire les trois principales étapes du déroulement de cette relation, je m'inspire de mon expérience professionnelle et de mes nombreuses lectures, me référant, entre autres, à Colarusso et Nemiroff, à Levinson et à Wadner.

Phase 1 : le commencement de la relation

La prise de contact

La prise de contact fait partie intégrante de la première phase. Dès cette prise de contact, il se passe beaucoup de choses entre le mentor et le mentoré : ils font connaissance et le mentor utilise ses compétences pour que le mentoré se sente à l'aise et puisse exprimer ce qu'il cherche vraiment. Elle ne se fait pas de la même façon selon qu'il s'agit de mentorat informel ou formel. Dans le premier cas, elle n'est nullement systématisée, se faisant au fil des rencontres et elle peut susciter des émotions et des fantaisies bien différentes de celles qui surviennent dans le mentorat formel. En effet, une fois fait le jumelage – quelle que soit la stratégie – les dyades peuvent avoir des appréhensions : qu'est-ce qu'on va se dire ? Comment casser la glace ? Etc. De sorte que j'ai vu des réunions de formation où le sujet était amené à la discussion : que faire pour adoucir la prise de contact ?

La cible commune

Que ferons-nous ensemble ? Que cherche le mentoré ? Quels sont ses besoins ? Ses attentes ? Qu'est-ce que le mentor offre ? Quelles sont ses attentes ? Il importe de clarifier l'offre et la demande. Entre ce qui est proposé par le programme de mentorat et ce que les deux personnes uniques que sont ce mentor-ci et ce mentoré-ci cherchent et veulent, il y a un fossé qu'il faut franchir : il importe de personnaliser de manière à s'approprier une cible commune. Il y a donc lieu d'aborder les buts, le projet, le Rêve de vie.

Les modalités concrètes de fonctionnement

À quelle fréquence se feront les rencontres ? Où ? Qui prendra l'initiative des rencontres ? Quelle en sera la durée ? Quelles en seront les modalités : par téléphone ? Par courriel ? En face-à-face ? Le mentor et le mentoré s'engagent pour combien de temps ? (quitte à réévaluer le tout en cours de processus). Autant de points à déterminer. Il faudra aussi préciser comment préparer ces rencontres et assurer le suivi.

Une relation d'inégalité

Pendant la première phase de la relation, le mentoré se voit comme un apprenti, comme un novice et considère le mentor comme une personne expérimentée, une autorité, un expert. Le processus d'idéalisation est à l'œuvre. De son côté, le mentor perçoit le mentoré comme étant plein de possibilités. De part et d'autre, des attentes existent.

Le mentoré admire le mentor. La relation est une relation d'inégalité : le mentor est vu comme étant au-dessus du mentoré, dans une position de supériorité, et le mentoré est considéré comme étant au-dessous du mentor, dans une position d'infériorité. Selon les catégories élaborées par Schutz dans son FIRO (*Fundamental Interpersonal Relations Orientation*), cette dimension de la relation interpersonnelle s'appelle la dimension du pouvoir (haut / bas). Souvent le mentor est mis sur un piédestal par le mentoré et il est idéalisé. Le mentor est idéalisé dans la mesure où la représentation interne du mentor par le mentoré est investie du narcissisme importé du soi. Cette idéalisation du mentor par le mentoré est nécessaire pour qu'une identification se fasse. Ainsi mis sur un piédestal, le mentor est admiré, imité.

Chez les mentorés, les attentes sont très grandes en début de relation – elles diminueront avec le temps. Les mentors soulignent pour leur part que les mentorés leur font des demandes excessives de temps en début de relation, mais ils disent que, au total, les avantages compensent les désavantages (voir Irvine [1985], où l'échantillonnage est composé de dix paires de mentor-mentoré, toutes des femmes). En retour, le mentoré se sent reconnu par le mentor de qui il reçoit du soutien. Cette inégalité relationnelle de départ si caractéristique du mentorat peut faire apparaître différents sentiments chez le mentoré :

- la peur d'être rejeté par son mentor, de ne pas être à la hauteur de ses attentes ;
- le désir de répondre de façon satisfaisante aux demandes et aux exigences ;
- des sentiments d'enthousiasme et d'excitation devant le fait d'être reconnu et valorisé par le mentor ;
- la crainte de l'échec : « Vais-je réussir à devenir aussi compétent que mon mentor ? » se demande-t-il.

La μιμησισ (*mimèsis*)

Pendant cette première phase de la relation, la fonction de modèle du mentor est prépondérante, d'autant plus que le mentoré est en plein processus d'identification avec son mentor. Le mentoré apprend beaucoup par imitation en se modelant sur son mentor à partir des divers rôles que joue ce dernier (*role modeling*), c'est-à-dire en imitant différents comportements et différentes attitudes du mentor. Les qualités, les attitudes, les comportements du mentor que le mentoré voudrait faire siens sont observés, valorisés et mis en relief par le mentoré. L'imitation – la *mimèsis* –, parfois poussée jusqu'au mimétisme, joue alors un rôle de premier plan dans l'apprentissage. C'est ainsi que le mentoré a tendance à imiter le mentor : il pourra même aller jusqu'à faire siennes des intonations, des mimiques, des gestuelles, des répliques du mentor, quasi à son insu. Qui n'a pas été témoin de ces moqueries affectueuses où sont soulignés les travers du mentor, ses phrases-clés pour commencer une entrevue ou y mettre fin, etc. ? D'ailleurs, comme nous le verrons plus loin, un des défis d'une relation de mentorat réussie consistera à éviter le *cloning*, c'est-à-dire la reproduction d'une « copie conforme » du mentor.

Un investissement affectif d'intensité variable

Pendant cette première phase, il y a souvent une fusion initiale avec le mentor. Le mentoré cherchera alors son approbation, mettra pour ainsi dire son estime de lui-même entre ses mains; son sentiment d'être adéquat pourra, en grande partie, dépendre de la perception que son mentor a de lui. La sécurité personnelle du mentoré sera affectée par ce qui se passe entre le mentor et lui. Attention: il faut garder en tête que l'intensité de cette expérience pourra considérablement varier selon les personnes. Il faut se rappeler également que le mentor ne vit pas cette première phase du mentorat de la même manière que le mentoré. Toutefois, certains mentors peuvent aussi trop s'identifier à leur mentoré, ce qui peut être un signe de mode relationnel immature, comme on l'a déjà vu. On imagine facilement que, s'il est capable de différenciation, bref s'il est capable de maturité relationnelle, le mentor pourra accueillir les tentatives que fait le mentoré pour résoudre ses identifications partielles avec le mentor, que ce soit par une prise de distance, une opposition, ou un conflit ouvert.

Évidemment, l'intensité de l'investissement affectif varie selon les partenaires, et, même si l'investissement est réciproque, l'intensité peut ne pas être la même. Devant l'espoir que ses besoins soient comblés, le mentoré peut être envahi par une certaine euphorie. C'est l'étape où mentor et mentoré apprennent à se faire confiance et à se respecter mutuellement.

Les mentors qui fonctionnent plus facilement dans une relation où ils sont admirés et où ils se sentent supérieurs pourront être fort à l'aise au début de la relation.

Divers écueils peuvent toutefois apparaître:

- Par exemple, le mentor qui n'est à l'aise que lorsqu'il est admiré pourra satisfaire ses propres besoins narcissiques et égocentriques à travers cette relation: il se montrera incapable d'être réellement présent à la personne du mentoré et utilisera cette relation à ses propres fins;
- Par ailleurs, le mentor qui supporte mal d'être admiré et qui a toujours besoin d'évoluer dans une relation d'égal à égal pourra avoir tendance à niveler la différence, à contester ou à neutraliser

les commentaires admiratifs du mentoré et à ne pas fournir à ce dernier le soutien qu'il attend de la part d'un être qu'il considère à ce stade comme son supérieur et non comme son égal ;
- Le mentoré qui a de la peine à vivre une situation de dépendance, à se rendre vulnérable, à demander et à recevoir pourra rencontrer des difficultés dès cette première phase ;
- Le mentoré peut, en s'identifiant à son mentor, se relier à lui sous un mode relationnel de type fusionnel ;
- Le fait, pour un mentoré, de perdre son mentor au moment où l'identification est la plus grande peut devenir une expérience extrêmement bouleversante.

Lorsque ces différents écueils sont évités et que chacun des protagonistes a le sentiment qu'il est respecté à l'intérieur de la relation, celle-ci évolue vers la deuxième phase. À courte vue, on a l'impression que le mentoré reçoit et que le mentor donne. Ce qui – la suite le montrera – se révélera inexact. À la limite, on pourrait subdiviser la phase 1 en deux temps, celui de la prise de contact et celui de l'établissement de la relation. Je préfère ne pas. D'abord ce sont là des processus continus, et il serait en effet malaisé de décider à quel moment se termine la prise de contact ; ensuite ces deux moments relationnels se font à travers des partages de contenus, à travers la présentation des buts et des objectifs, des besoins et des attentes. On peut très bien imaginer que le mentor amorce le contact par une question de départ qui soit : « Bon dites-moi ce qui vous amène à vouloir être mentoré » ou encore « Qu'est-ce que vous aimeriez avoir accompli à la fin de cette relation mentorale avec moi ? ». Retenons que cette première phase permet de mettre les choses en place : objectifs, relation et paramètres de fonctionnement et qu'à travers cela les enjeux psychiques et relationnels sont majeurs. Prenons une analogie : le voilier a défait les amarres, fixé con cap, quitté le quai et lentement pris de la vitesse. Quand il atteint sa vitesse de croisière, et qu'il prend son vent, commence la phase 2.

Phase 2 : le déroulement proprement dit
L'entretien de la relation de manière à avancer

Comme le bon parent, le mentor a (devrait avoir) une longueur d'avance sur les enjeux relationnels : son intelligence émotionnelle lui permet de mettre des mots sur les sentiments du mentoré et sa compétence relationnelle d'inviter ce dernier à exprimer ses sentiments.

Quant à ses propres sentiments, il les identifie et il a à juger s'il est pertinent de les exprimer à ce moment-ci. Le *timing* est essentiel pour faire une intervention qui porte. Le mentoré aussi contribue au développement de la relation : en disant ce qu'il apprécie et ce qu'il apprécie moins, ce qu'il aimerait voir et qui n'est pas là.

Le feedback, l'exploration des situations vécues, l'autorégulation de la relation sont importants. Ce sont en quelque sorte des rétroviseurs qui permettent de continuer d'avancer.

L'ajustement du projet (pro-jet), sa réalisation et l'évaluation

La cible commune évolue : il est important d'ajuster le focus, et de garder le cap, voire de le re-préciser, de rendre le but plus modeste, plus accessible. Plus réalisable. Parler du projet, le décrire, l'approfondir, toucher du doigt en quoi ce projet-ci est lié à ce que le mentoré a dans le ventre et qui lui tient à cœur, entrevoir les racines de son projet dans son histoire de vie, nommer les retombées attendues, entrevoir des façons d'implanter ce projet, choisir celles qui lui conviennent, les expérimenter, revenir sur l'effort, sur les résultats, sont autant de tâches de cette phase 2. Au besoin le mentor partagera son expérience pertinente, amènera des défis, etc. Bref il s'agit de revenir sur le projet (pro-jet), de passer à l'action et d'évaluer cette action. Et ainsi de suite puisqu'une boucle étant bouclée, il en surgit une autre. Le mentor aide non seulement à voir ce qu'il y a au haut de l'échelle mais il montre comment gravir les échelons, comme avait dit un participant.

J'ai écrit entre parenthèses le mot *pro-jet* avec un trait d'union, rappelant que l'être humain est un être qui se construit au présent : (*jet* : Heidegger ne parlait-il pas du dévoilement – jaillissement – de l'être) en se projetant (*pro* : en avant) dans son monde, ce que les philosophes existentialistes ont mis de l'avant en disant que l'existence de l'être humain précède son essence. Tout un changement depuis l'allégorie de la caverne de Platon où l'essence précédait l'existence! Ce revirement philosophique a tellement déteint sur notre vision du monde que nous en oublions les racines. Par ses actes, la personne fabrique son identité.

La révision des modalités de fonctionnement

La durée de cette deuxième phase est variable. Ajuster les modalités de fonctionnement est quelque chose qu'il faut garder en tête et ramener sur le tapis quand besoin s'en fait sentir.

L'intégration de nouvelles compétences

Le sentiment de fusion caractéristique de la première phase peut causer beaucoup de plaisir. Cependant, le soi du mentoré se trouve dans un état de grande vulnérabilité dans la mesure où l'approbation du mentor est nécessaire à son sentiment de bien-être. Au fur et à mesure qu'il découvre ses capacités réelles, exerçant ses propres compétences, les différenciant de celles du mentor, et au fur et à mesure qu'il les intègre dans son image de soi, le mentoré augmente son sentiment de compétence, son sentiment de sécurité et acquiert progressivement de l'autonomie. Le processus d'identification est très actif; cela implique d'incorporer, de rejeter, d'assimiler en vue d'intégrer et de reconnaître comme faisant partie du soi les nouveaux comportements concernés. Le soi du mentoré change ainsi de façon dramatique au fur et à mesure que les attributs du mentor qui sont convoités et désirés sont intégrés, habituellement avec un intense plaisir. Le mentor éprouve alors souvent le sentiment d'être utile à la réalisation de soi d'une autre personne et d'actualiser sa générativité.

Une désillusion nécessaire et créatrice

Par ailleurs, le mentoré perd certaines illusions sur son mentor, et l'admiration quasi inconditionnelle laisse la place à une certaine critique; ce travail de désillusionnement est essentiel et constitue un préalable pour que la relation se transforme. Du côté du mentor également, l'épreuve de la réalité remet les choses en perspective: les aspirations et les complaisances que le mentor avait échafaudées au sujet du mentoré sont réajustées eu égard aux limites spécifiques de cette relation unique, limites inhérentes à toute relation humaine.

La perte d'illusions peut être vécue d'une façon progressive et naturelle, si l'on peut dire. Elle peut aussi être vécue de façon dramatique, comme ce fut le cas d'Élise:

> Plus je critiquais ses interventions, plus notre relation se détériorait et plus elle était distante avec moi. De mon côté, je constatais certains de ses défauts auxquels je ne m'étais jamais attardée. Pour sa part, elle me faisait remarquer que je ne devrais pas être aussi critique vis-à-vis d'elle et que je devrais avoir une attitude plus positive. [...] Autant j'ai adulé mon mentor, autant aujourd'hui je remarque ses faiblesses. Je l'avais mise sur un piédestal et maintenant, peu à peu, elle a perdu toute mon estime.

Évidemment, la perte d'illusions peut créer certains remous. Par exemple, si le mentor est plus à l'aise dans les relations où il est mis sur un piédestal et idéalisé que dans celles où il est objet d'amour et de critique, ce processus pourra le bouleverser. Il pourra se sentir menacé et utilisera ses mécanismes d'adaptation favoris; l'un pourra devenir plus contrôlant, un autre plus distant, un troisième surprotecteur, etc. Il n'est jamais facile de supporter la critique du mentoré, et la réaction du mentor dépendra de sa propre intégration de ses conflits et de ses forces. Le degré de maturité personnelle du mentor – celle-ci requérant lucidité et acceptation de soi – est un facteur important de la réussite du mentorat. Cette contestation du mentor par le mentoré n'est pas sans analogie avec celle que mène l'adolescent vis-à-vis de ses parents en vue de prendre sa propre mesure et son propre poids et de redonner à ses parents une dimension plus réaliste d'homme et de femme (par opposition à l'idéalisation parentale propre à l'enfance et à celle propre à l'adolescence). Cette épreuve de la réalité à travers laquelle passent les aspirations et les attentes du début, pour chacun des protagonistes, n'est pas sans faire songer à la perte d'illusion – éminemment nécessaire et éminemment positive – qui permet de sortir du choc amoureux pour entrer en relation avec la personne réelle que l'on a habillée de nos aspirations.

La fusion est brisée

La fusion qui avait pu causer tant de plaisir pendant la première phase est définitivement brisée. Le mentoré réintègre en lui-même les attentes sur soi qu'il avait momentanément placées – projetées – dans le mentor. Il doit faire un travail psychique incessant afin de s'approprier ces aspects nouveaux et de les intégrer à l'intérieur de son être: ainsi, ces éléments de son soi idéal (ce que quelqu'un pense qu'il devrait être) feront désormais partie de son image de soi (ce que quelqu'un pense qu'il est) de manière à ce que, au moment où le mentorat débouchera sur la troisième phase de la relation, son estime de soi soit plus forte et plus solide. Il s'ensuit tout naturellement une affirmation de soi et une actualisation de soi plus grandes.

Vers une relation plus égalitaire

La complémentarité de la première phase, où le mentor est admiré – on se rappelle que la relation de complémentarité est basée sur la différence, tandis que la relation symétrique est basée sur la similitude –, avait entraîné un équilibre relationnel de type haut/bas. Cette complémentarité tend à diminuer, et l'équilibre de la première phase ne tient plus. Un autre équilibre entre donner et recevoir s'installe, et une certaine mutualité s'instaure. Tout cela n'est pas sans complexité et sans paradoxe: il n'y a qu'à songer à cette situation où le mentoré, ayant besoin de s'émanciper du mentor, demande à celui-ci de l'approuver dans ses tentatives d'éloignement, de différenciation, d'émancipation. Peuvent éclore des situations du genre : « Approuvez-moi même si je vous critique... » Ou encore : « Continuez de m'aimer même si j'ai besoin de rivaliser avec vous. » Au terme, l'inégalité s'amenuise et certaines formes de mutualité et d'égalité apparaissent.

Les principaux écueils pendant le déroulement de la relation sont les suivants :

- Le mentor peut trouver difficile de reconnaître l'altérité de l'autre et de voir les différences. Ainsi, le mentor qui n'a pas fait le ménage dans ses propres rêves sur lui-même peut entortiller le mentoré dans les fils résiduels – un peu comme le père qui emprisonne son fils dans les rêves qu'il a sur lui-même[3], rêves inachevés, rêves avortés – et peut reporter sur le mentoré des rêves qui lui reviennent à lui et qui lui appartiennent en propre, risquant ainsi de créer des problèmes relationnels. Il peut vouloir faire du mentoré quelqu'un à son image et à sa ressemblance (une vieille problématique qui date au moins de la Genèse!). Un des défis est d'éviter de reproduire une copie conforme de ce qu'il est (*cloning*) ;

- Les besoins de contrôle du mentor peuvent être trop grands ou pas assez grands ;

- Quand les deux partenaires ont du mal à reconnaître les limites de la relation par rapport aux attentes et aux besoins de chacun, cela peut entraîner des insatisfactions et des frustrations de part et d'autre ;

- Il peut même arriver que le mentor ait peur d'être dépassé par le mentoré... ou qu'il le soit de fait (comme cette fois où, un mentor et son mentoré ayant tous deux soumis une communication à un congrès international, la communication du mentoré fut acceptée tandis que celle du mentor fut refusée), ce qui oblige mentor et mentoré à composer avec leurs sentiments : envie, jalousie, fausse modestie, etc.

Reprenons notre analogie. Pendant cette phase 2, mentor et mentoré sentent fort bien que le voilier a quitté le rivage ; leurs énergies servent à naviguer : tirer un bord, ajuster le cap, prendre son vent, ajuster la direction en fonction du compas et de la météo, etc. ; ils ne voient pas encore l'autre rive. C'est lorsqu'ils commencent à entrevoir

---

3. Le film *Le cercle des poètes disparus* nous donne un exemple dramatique d'un père qui emprisonne son fils dans ses propres rêves.

l'autre rive, psychologiquement et en fonction du travail accompli et des buts atteints en tout ou en partie, que commence la phase 3, le dénouement de la relation.

Phase 3: le dénouement de la relation
Mission accomplie (plus ou moins): l'évaluation des buts

De part et d'autre, les objectifs que chacun poursuivait dans cette relation sont atteints – avec une satisfaction plus ou moins grande – ou encore deviennent désuets. Il peut arriver que certains objectifs demeurent en suspens et que la relation mentorale n'apparaisse plus comme le moyen de les atteindre. L'équilibre relationnel est dépassé; il devient impérieux soit de mettre fin à cette relation, soit de la redéfinir.

« Je sens que j'ai appris ce que j'avais à apprendre avec vous », pensera le mentoré.

« Je crois que je t'ai aidé à apprendre ce que je pouvais t'apprendre », pensera le mentor.

Cette expérience, certains pourront la partager facilement. Mais ce n'est pas toujours le cas. Je pense à cette mentorée qui me disait:

> Je ne sais pas comment dire à mon mentor que je veux maintenant voler de mes propres ailes, que j'ai de la reconnaissance pour ce qu'il a fait pour moi, mais que je suis rendue ailleurs. J'ai peur de lui faire de la peine. Je sens qu'il s'accroche.

Un processus de séparation s'instaure: la relation s'achève

Le soi du mentoré ressort plus fort, plus individué, plus affermi de la période du déroulement de la relation. Un processus de séparation s'instaure. Ce processus comporte deux dimensions: l'une psychologique, l'autre plus organisationnelle. La séparation organisationnelle est celle qui est prévue par le programme de mentorat: le stage prend fin, la période de probation se termine. Cette dimension organisationnelle de la séparation ne coïncide pas nécessairement avec l'expérience de séparation psychologique telle qu'elle est vécue par chacun des protagonistes. Idéalement, on voudrait que les deux dimensions soient en concordance plutôt qu'en discordance, mais ce n'est pas nécessairement le cas.

Tout processus de séparation implique une perte et demande de faire le deuil. Cela ne veut pas dire que tout processus de séparation est éminemment pénible. Des sentiments d'allégement et de renouveau, une expérience de libération peuvent s'ensuivre. Mais bien souvent, la peine pointe son nez et s'installe comme un raz-de-marée, nous disant que quelque chose de bon et d'important s'est passé, nous soulignant qu'un temps de notre vie prend fin et qu'il ne reviendra pas, et que ce temps fut bon. Toute peine n'est pas négative: celle qui accompagne les fins, qui est souvent mélancolie, recèle beaucoup d'énergie de vie.

Chaque dyade mentor-mentoré a sa façon de vivre le processus de séparation, selon les deux personnes impliquées. Quiconque s'intéresse aux processus d'une relation entre deux personne s'enrichira en prenant en considération les modèles d'attachement (attachements sécures, ambivalents, évitants et désorganisés), les styles de personnalités (par exemple le MBTI de Myers-Briggs), ou les styles relationnels (par exemple les cinq styles relationnels de Virginia Satir: 1) celui qui accepte tout, 2) le blâmeur, 3) le super-rationnel ou programmé, 4) celui qui est hors propos et le cinquième, qui est le plus efficace et le plus fécond, celui qui est capable de communication fluide). Les recherches sur le mentorat commencent à intégrer ces dimensions qui relèvent de la personnalité.

Je me souviens de Pascale qui assistait à la dernière journée de son dernier cours de baccalauréat. Elle avait le cœur à la fête, mais s'est trouvée prise au dépourvu par une émotion qu'elle n'avait pas prévue: une grosse boule d'émotion était tapie là dans sa gorge, et ses yeux se sont remplis de larmes. Quand elle a tenté d'exprimer ce qu'elle ressentait, elle a dit qu'elle était triste que cela finisse, qu'elle se sentait en sécurité sur les bancs de l'école où elle était depuis l'âge de six ans, qu'elle avait peur de ce qui l'attendait une fois sortie de l'université, même si elle avait confiance.

Parfois, le mentor invitera son mentoré à fêter la fin de la relation avec lui. Parfois, la séparation sera à peine nommée. Il y a place pour plusieurs scénarios.

Des scénarios de dénouement: fin et transformation de la relation

Comme pour toutes les relations d'amour, que ce soit les relations parents-enfants ou les relations entre conjoints, le processus de séparation puis la fin ou la transformation de la relation peuvent être difficiles. On peut faire l'hypothèse que cela dépend de la manière dont et le mentor et le mentoré composent avec la perte.

On peut imaginer différents scénarios de dénouement de la relation.

Selon un premier, une perte graduelle d'implication de part et d'autre conduit à la fin de la relation. Le mentor et le mentoré ne se revoient plus. Ils ont fait ce qu'ils avaient à faire ensemble, reconnaissent ce qu'ils se sont apporté mutuellement, et sont rendus ailleurs. Tout simplement.

Le cas d'Élise

Dans le cas d'Élise, dont nous avons parlé plus haut, où le mentor était la directrice de l'organisation où Élise faisait son stage d'apprentissage, la fin de la relation a été précipitée alors que le processus relationnel était en pleine phase de déroulement :

> Je me suis rendu compte que nous faisions des erreurs dans nos interventions auprès de la clientèle. J'ai fait part de mes constatations à mon mentor. Mes remarques ont été très mal reçues et j'ai été avisée de ne plus critiquer notre manière de travailler et de me concentrer sur mes tâches. Elle m'a très bien fait comprendre que je n'étais qu'une intervenante et qu'elle, en tant que directrice, avait le dernier mot en ce qui concernait le travail et le fonctionnement de l'organisme. [...] Graduellement, j'ai remarqué que je n'étais plus consultée sur les dossiers et que j'étais écartée de toute décision concernant l'organisme. [...] Son attitude vis-à-vis de moi avait changé et certaines de mes collègues de travail l'avaient remarqué. Elle était de plus en plus froide et distante avec moi. J'en étais très peinée mais je ne le montrais pas. Lors d'un incident, je lui ai fait remarquer son attitude discriminatoire. Elle a été très choquée de ma remarque et a ajouté que je ne serais jamais une bonne intervenante et que je devrais m'occuper seulement de ce qui me concernait. Le résultat de cet entretien a été mon congé.

Élise raconte comment elle s'est sentie humiliée, rejetée, d'autant plus fortement qu'elle avait fait confiance à son mentor :

> Elle est celle qui m'a prise par la main et qui m'a fait découvrir que rien n'est impossible, que tout le potentiel est en nous et qu'il ne suffit que de vouloir avec la plus grande intensité pour que notre rêve se réalise.

Alors le mentoré pourra éprouver les sentiments suivants : colère, amertume, rancœur, deuil, impression d'être abandonné, comme ce fut sans doute le cas pour Élise. Il peut éprouver un sentiment de libération également (« Ouf ! Je suis un peu plus adulte, je peux voler de mes propres ailes ! ») et de renouvellement. Le mentor tant admiré pourra devenir pour le mentoré quelqu'un de trop exigeant, dont les critiques ne sont pas constructives, quelqu'un qui profite de lui, etc. Le mentor, de son côté, pourra trouver que le jeune adulte n'est plus réceptif, qu'il n'est pas suffisamment reconnaissant, etc. Voilà une relation qui se termine mal.

Selon un deuxième scénario, suite à une fin naturelle de la relation s'esquisse une nouvelle relation de camaraderie, de travail, d'amitié ou même d'amour. Bref, il y a transformation qualitative de la nature de la relation. Le mentorat devient amitié, amour, relation entre collègues.

Selon un troisième scénario, le processus de séparation suscite de gros conflits de part et d'autre ou bien chez l'un des partenaires. Tantôt le conflit sera élucidé. Tantôt il ne le sera pas.

Tous les processus de séparation sont susceptibles d'engendrer de la peine, de la colère, du ressentiment, et la relation mentor-mentoré ne fait pas exception. Il faudra donc beaucoup de maturité au mentor pour jouer adéquatement son rôle de « rampe de lancement » vis-à-vis de son mentoré.

Voici quelques écueils qui peuvent survenir au cours du dénouement de la relation :

- Le mentor peut retenir le mentoré, l'empêcher de partir et de voler de ses propres ailes ;
- Le mentor peut jeter l'oisillon hors du nid, précipiter la rupture ;
- Le mentoré peut avoir peur de faire de la peine au mentor en lui exprimant qu'il a le sentiment d'avoir accompli ce qu'il voulait faire à l'intérieur de cette relation et qu'il pense que cette relation est terminée ;
- Le mentor et le mentoré peuvent ne pas considérer les sentiments reliés au fait de mettre fin à cette relation tels que vécus par chacun et faire comme s'ils n'existaient pas. Ils peuvent taire les considérations et les émotions et faire « comme si » rien ne se vivait plutôt que de dire, nommer et distinguer l'expérience de chacun.

Le dénouement de la relation, dans les meilleurs cas, donne lieu à l'émergence de deux « soi » séparés et plus forts. Souvenons-nous aussi que la fin psychologique de la relation ne se superpose pas nécessairement à sa fin structurelle.

Au sujet du processus psychologique engagé dans une relation entre un partenaire transitionnel et un individu en transition, Wadner (1981) écrit : « La relation avec un partenaire transitionnel implique un processus développemental dynamique. La relation peut inclure une partie ou la totalité de ce processus. Ce processus peut être décrit par une série de stades à travers lesquels l'individu réalise les tâches développementales. » Le processus relationnel, selon l'auteur, peut être décrit par trois stades. Le premier stade consiste à se relier à l'objet – à savoir le partenaire transitionnel – et correspond à la première phase du processus de changement, la déstructuration. Le deuxième stade, qui correspond à la deuxième phase du processus de changement, la liminalité proprement dite, est celui de l'utilisation de l'objet. Le troisième stade, celui de la constance d'objet, correspond à la phase trois du processus de changement, la reconstitution du soi. Les trois phases décrites ici ressemblent aux trois phases de l'évolution de la relation de mentorat telles qu'elles sont décrites ci-dessous : le commencement, où le mentoré choisit le mentor et entre en relation avec lui ; le déroulement, où la relation devient moins inégale ; le dénouement, où une nouvelle image de soi plus forte et plus intégrée se forme chez le mentoré et où la relation mentorale proprement dite prend fin. Wadner décrit le processus relationnel en s'appuyant à la fois sur la théorie de l'objet (objet transitionnel, espace transitionnel, théorie de l'attachement) et sur la dynamique du changement (décristallisation, mouvance, recristallisation). Cette description du processus relationnel dans son déroulement recoupe la théorie de la liminalité : séparation de l'ancien soi, liminalité proprement dite et reconstitution du soi, que j'exposerai dans le chapitre suivant.

Un exemple, la relation de Jung et de Freud

Freud fut une personne hautement significative dans le développement adulte de Jung. À certains égards, on peut dire que Freud a été le mentor de Jung. Les trois phases présentées plus haut se retrouvent clairement dans les descriptions que Jung nous donne de l'évolution de sa relation avec Freud, dans le livre *Ma vie* (1966). Voici la manière dont Jung décrit comment a commencé, s'est déroulée et s'est dénouée sa relation avec Freud, relation dont le plus fort a eu lieu entre 1906 et 1913.

> L'aventure de mon développement intérieur intellectuel et spirituel avait commencé par mon choix du métier de psychiatre. […] Ce furent surtout les premières tentatives de Freud, à la recherche d'une méthode d'analyse et d'interprétation des rêves, qui me furent secourables. […] Il en était autrement en ce qui concerne sa théorie du refoulement. Là je ne pouvais donner raison à Freud. (Jung, 1966, p. 172 et suiv.)

En 1906, une longue correspondance s'installe entre Jung et Freud ; elle durera jusqu'en 1913. Lors d'un voyage avec Freud aux États-Unis en 1909, Jung fit un rêve qu'il raconta à Freud. Le passage suivant, qui traite de ce rêve, illustre l'amorce du processus de détachement et de séparation : ce passage montre que Jung est encore sous la dépendance de Freud qu'il admire. Même s'il ne partage pas le point de vue du maître, Jung a encore besoin d'être approuvé par ce dernier dont il a peur de perdre la considération. Voici donc cet extrait (l'italique est de moi) :

> Ce qui intéressa surtout Freud dans ce rêve, c'étaient les deux crânes. Il en reparlait continuellement et me suggéra de découvrir en moi dans leur contexte un désir éventuel. Que pensais-je des crânes ? De qui provenaient-ils ? Naturellement je savais fort bien où il voulait en venir : de secrets désirs de morts y seraient cachés. « À vrai dire, qu'attend-il ? » pensai-je en moi-même. De qui dois-je souhaiter la mort ? Je ressentais de violentes résistances contre une telle interprétation ; je soupçonnais aussi la vraie signification du rêve. *Mais à cette époque, je n'avais pas encore confiance en mon jugement et je tenais à connaître son avis. Je voulais apprendre de lui ;* aussi j'obéis à son intention et dis : « ma femme et ma belle-sœur » – car il me fallait bien nommer quelqu'un dont il valait la peine de souhaiter la mort !
>
> J'étais encore jeune marié et je savais parfaitement qu'il n'y avait en moi rien qui puisse indiquer la présence d'un tel désir. Mais je n'aurais pu donner à Freud mes propres associations pour interpréter le rêve sans me heurter à son incompréhension et à de violentes résistances. *Je ne me sentais pas à la hauteur pour leur tenir tête. Je craignais aussi de perdre son amitié si je maintenais mon point de vue.* (Ibid., p. 187)

Jung connaît la désillusion créatrice, éprouve des sentiments contradictoires, poursuit sa critique des idées de Freud (l'italique est de moi) :

> *Freud avait alors* [en 1911], *en un certain sens, perdu pour moi son autorité*. Mais après comme avant, il était pour moi une personnalité supérieure sur laquelle je projetais l'image du père et, au moment du rêve, cette projection était loin d'avoir disparu. En présence d'une telle projection, on perd son objectivité, et les jugements portés sont ambigus. On se sent d'une part dépendant et, d'autre part, on éprouve des résistances. À l'époque où vint ce rêve, j'avais encore Freud *en haute estime – mais, par ailleurs, mon attitude était critique*. [...] *Impressionné par la personnalité de Freud, j'avais, autant que faire se peut, renoncé à mon propre jugement et refoulé ma critique*. C'était la condition de ma collaboration. Je me disais : « Freud est beaucoup plus intelligent que toi, il a beaucoup plus d'expérience. Pour l'instant, contente-toi d'écouter ce qu'il dit et de t'instruire à son contact. » Puis, à mon grand étonnement, je rêvai qu'il était un employé grincheux de la monarchie autrichienne impériale et royale, un inspecteur des douanes décédé qui continuait à « revenir ». Serait-ce là le désir de mort auquel Freud faisait allusion ? Je ne pus trouver en moi aucune parcelle de personnalité qui soit normalement susceptible d'un tel désir ; car je voulais, pour ainsi dire à tout prix, collaborer, et avec un égoïsme sans fard, participer

> à la richesse de son expérience ; de plus, je tenais beaucoup à notre amitié. Je n'avais donc aucune raison de désirer qu'il mourût. Mais peut-être le rêve était-il un correctif, une compensation de mon estime et de mon admiration conscience qui – à mon corps défendant – allaient évidemment trop loin. Le rêve recommandait une attitude un peu plus critique [...]. (*Ibid.*, p. 191)

Jung se sent ambivalent et se tourmente :

> Deux mois durant, il me fut impossible d'écrire tant ce conflit me tourmentait. Dois-je taire ma façon de penser ou faut-il que je mette notre amitié en péril ? Finalement je pris la décision d'écrire ; cela me coûta l'amitié de Freud. (*Ibid.*, p. 195)

On connaît la suite, la rupture de Jung avec Freud. Suivra une longue période de remise en question pour Jung. Voici un jugement que Jung porte sur Freud à la fin de sa vie :

> Freud ne s'est jamais demandé pourquoi il lui fallait continuellement parler du sexe, pourquoi cette pensée l'avait à un tel point saisi. Jamais il ne s'est rendu compte que la « monotonie de l'interprétation » traduisait une fuite devant soi-même ou devant cette autre partie de lui qu'il faudrait peut-être appeler « mystique ». Or, sans reconnaître ce côté de sa personnalité, il lui était impossible de se mettre en harmonie avec lui-même. Il était aveugle à l'égard du paradoxe et de l'ambiguïté des contenus de l'inconscient et il ne savait pas que tout ce qui en surgit possède un haut et un bas, un intérieur et un extérieur. Quand on parle du seul aspect extérieur – c'est ce que faisait Freud – on ne prend en considération qu'une seule moitié et, conséquence inévitable, une réaction naît de l'inconscient. (*Ibid.*, p. 180)

Ce court récit de la relation entre Jung et Freud, présenté selon le point de vue de Jung, illustre magnifiquement certains points de l'évolution de la relation entre un mentoré et son mentor, mettant en évidence les trois phases du modèle que je privilégie.

Les six phases du modèle de Phillips-Jones

Phillips-Jones (1982), pour sa part, propose un modèle comportant six phases. Ce modèle est basé sur une recherche exploratoire menée en 1978 sur les relations mentor-mentoré auprès de femmes administratrices et cadres. Comme le rapporte Carden (1990, p. 287) :

> La plupart des relations mentor-protégé dans l'échantillonnage de Phillips-Jones, qui était composé de 331 femmes cadres et administratrices, ont été amorcées par le mentor, même si, dans quelques cas, elles ont été amorcées soit par la protégée, soit d'une façon mutuelle.

Selon ce modèle, le mentorat se déroule en six phases développementales qui sont distinctes et prévisibles:

- La *phase de prise de contact*, qui est préalable à la relation mentor-mentoré et qui renferme les comportements préparatoires;
- La *phase d'admiration mutuelle*, qui est analogue à l'expérience de tomber amoureux. Chacun des deux protagonistes essaie de faire valoir ses points avantageux et éprouve, à divers degrés, la peur d'être rejeté ou déçu;
- La *phase de développement*, qui est d'abord marquée par une aide à sens unique venant du mentor et qui évolue vers l'échange mutuel au fur et à mesure que la confiance et la clarification des besoins et des ressources s'établissent;
- La *phase de désillusionnement*, qui survient lorsque la complémentarité mentoré-mentor qui caractérisait les phases antérieures n'existe plus. C'est ici que le désengagement psychologique commence. Chez le mentoré, les sentiments d'amour, de respect et d'admiration envers le mentor peuvent se transformer en désappointement ou en ressentiment. Chez le mentor, les hautes aspirations du début au sujet du mentoré peuvent faire place à l'acceptation des limites humaines inhérentes à cette relation;
- La *phase de séparation*, qui coïncide avec un réajustement de la relation dans la mesure où le mentoré devient quelqu'un qui apporte sa contribution de façon autonome;
- La *phase de transformation de la relation*, qui peut prendre l'une des trois formes suivantes: 1) chacun des protagonistes s'en va de son côté; 2) la séparation est difficile pour l'un des protagonistes ou pour les deux et peut engendrer de l'amertume; 3) une amitié entre pairs peut se créer (et c'est ce qui se produit le plus souvent parmi les sujets de l'étude de Phillips).

Carden (1990) commente ces résultats comme suit: cela contraste vivement avec les résultats obtenus par Levinson et ses collaborateurs (1978) qui rapportent que la majorité des sujets de la recherche – on se rappelle que l'échantillon comprenait 40 hommes – ont connu une fin de relation mentor-mentoré houleuse, voire amère, «pleine de conflits» de part et d'autre. Tous les mentorés étudiés par Phillips-Jones sont des femmes, tandis que tous ceux de la recherche de Levinson sont des hommes. Carden avance deux hypothèses explicatives: 1) d'une part, les pratiques de socialisation, dans notre culture, encouragent les comportements d'affiliation chez les femmes et les comportements de compétition chez les hommes; 2) d'autre part, dans l'étude de Phillips-Jones, les relations mentor-mentoré varient en intensité, tandis que, dans l'étude de Levinson, elles impliquent des investissements émotifs importants de la part de chacun, ce qui pourrait expliquer que la fin de la relation soit plus traumatisante dans le deuxième cas.

Les quatre phases du modèle de Kram

Kram (1983) a établi son modèle en réaction aux lacunes qu'elle avait observées dans les recherches antérieures, notamment celles de Missirian (1982) et de Phillips (1977). Ces modèles s'appuyaient sur le point de vue d'un seul des deux protagonistes, à savoir le mentoré ; de plus, ils étaient basés sur des entrevues avec des femmes administratrices, les hommes étant exclus de l'échantillon ; ensuite, ils se fondaient sur les souvenirs des mentorés qui n'étaient plus, au moment de la recherche, en relation avec leur mentor ; or une telle approche rétrospective doit toujours composer avec la distorsion qu'entraîne la mémoire ; enfin, ces modèles avaient certes le mérite d'apporter un éclairage global sur la relation de mentorat, mais ils n'expliquaient pas les facteurs qui font que la relation évolue d'une phase à l'autre.

Dans sa recherche, Kram a voulu combler ces lacunes. Pour ce faire, elle a étudié le mentorat successivement du point de vue du mentoré et du point de vue du mentor ; elle a d'abord choisi les mentorés, puis elle a repéré les mentors en fonction de ces mentorés. Au total, elle a réalisé deux entrevues biographiques avec 15 mentorés, 8 hommes et 7 femmes, dont l'âge moyen était de 31,3 ans au moment de la recherche et qui travaillaient dans l'organisation choisie par Kram depuis en moyenne 9,2 ans.

À la fin de la première entrevue, elle a posé au mentoré la question suivante : « Y a-t-il, parmi les gens que vous avez mentionnés aujourd'hui, quelqu'un qui, selon votre sentiment, a manifesté un intérêt personnel pour vous et votre développement ? » À partir de cette question, il lui a été possible de faire des paires de mentoré et mentor ; au total, elle a analysé 18 paires compte tenu que trois des mentorés avaient mentionné que deux personnes avaient joué ce rôle à leur endroit. En interrogeant les deux parties, Kram voulait faire ressortir les deux points de vue et montrer comment chaque protagoniste pouvait profiter de la relation. Elle voulait également analyser ce qui faisait que la relation passait d'une phase à l'autre. Du côté des mentors – dont l'âge variait entre 39 et 63 ans, l'âge moyen étant de 47 ans – se trouvaient 17 hommes et une femme qui faisaient partie de l'organisation depuis

23 ans en moyenne. Pour Kram, la relation mentor-mentoré est un système ouvert, une relation développementale qui évolue à l'intérieur du développement de la carrière administrative.

Rappelons que l'échantillon étudié par Kram comporte des hommes et des femmes. Disons également que cette auteure inscrit d'entrée de jeu sa recherche dans une perspective développementale analogue à la mienne en soulignant les tâches de développement du jeune adulte et de l'adulte du mitan. Elle distingue quatre phases dans le processus du mentorat: 1) la phase de prise de contact; 2) la phase où chacun cultive la relation; 3) la phase de séparation; 4) la phase de redéfinition de la relation. Voyons-les de plus près.

La *phase initiale* se caractérise par l'anticipation, tant du côté du mentor que du côté du mentoré. Chacun a des rêves au sujet de l'autre:

«J'aimerais être comme elle ou comme lui», pense le futur mentoré.

«Voilà quelqu'un qui a du potentiel; je pourrais lui apprendre des choses», songe l'éventuel mentor.

Cette phase permettra à ces rêves de devenir des attentes positives de part et d'autre. Le mentoré admire et respecte le mentor; il respecte ses compétences, et, sans qu'il le sache consciemment, le mentor devient pour lui un objet d'identification positive. Avec le temps, le mentoré se sent en retour respecté par le mentor, de qui il reçoit soutien et stimulation. Chacun croit qu'il a quelque chose d'unique à apporter dans la relation, ce qui le pousse à aller plus loin. Si cette phase débouche sur la confiance et le respect mutuel et sur le partage des besoins, les deux protagonistes passeront à la deuxième phase.

La *phase où chacun cultive la relation* dure de deux à cinq ans. Pendant cette deuxième phase, les attentes positives de chacun qui ont été nourries au cours de la première phase sont constamment soumises au test de la réalité. Au fur et à mesure que la relation se déroule, chaque individu découvre la valeur réelle de cette relation. Les fonctions attribuées au mentorat atteignent alors leur apogée. Les fonctions reliées à la carrière – qui dépendent du rang, du statut, de l'expérience de l'adulte mature – émergent d'abord: défis au travail, entraînement (*coaching*), visibilité, protection et fonction de répondant; au fur et à mesure que les liens deviennent plus forts, les fonctions psychosociales – qui dépendent du degré de confiance, de mutualité et d'intimité qui caractérise la relation – apparaissent: modelage, acceptation et confirmation, *counselling* et amitié. Il en résulte que, dans les meilleurs cas, le mentoré acquiert de la confiance en soi et un sentiment de compétence, tandis que le mentor connaît la fierté de contribuer à la réalisation de soi d'une autre personne : tout en ouvrant des portes à son mentoré et en lui transmettant des valeurs, le mentor agrandit son pouvoir et éprouve également le sentiment de satisfaction personnelle que procure cette avenue unique d'expression de soi à l'égard d'une nouvelle génération.

Au cours de cette phase, les frontières de la relation sont clarifiées ; l'incertitude qui marquait la première phase n'existe plus. Il arrive qu'un certain désappointement apparaisse, parfois chez le mentoré, parfois chez le mentor, quand chacun se rend compte que certains de ses besoins ne seront pas satisfaits dans cette relation. Il est également possible que la relation réelle soit plus riche que prévu. Le sentiment d'être soutenu chez le mentoré et le sentiment de pouvoir chez le mentor prévalent.

La *phase de séparation* peut durer entre six mois et deux ans ; elle marque le commencement de changements affectifs et comportementaux significatifs à l'intérieur de la dynamique de la dyade. L'équilibre de la relation qui existait jusqu'ici ne tient plus, ce qui peut susciter bouleversement, anxiété et sentiments de perte. Le mentoré devient alors plus autonome et plus indépendant. Chacun est amené à réévaluer la relation dans la mesure où elle devient moins centrale dans sa vie de travail.

La séparation se fait à deux niveaux : psychologiquement et structurellement. 1) si la synchronicité (*timing*) est bonne, le jeune adulte s'émancipe sans trop de stress et compose aisément avec un soutien de moins en moins étroit ; 2) si le jeune adulte est amené trop tôt à voler de ses propres ailes et que la séparation structurelle devance la séparation psychologique, il deviendra anxieux, et des effets négatifs risquent de retomber sur la relation mentor-mentoré ; 3) enfin, si la séparation structurelle se fait trop tard, soit après la séparation psychologique, les deux protagonistes pourront éprouver du ressentiment devant le fait que les besoins de chacun ne sont pas reconnus.

Notons avec Kram que certains mentors provoquent la séparation structurelle, tandis que d'autres peuvent y résister et peuvent, par exemple, bloquer une promotion du mentoré. La perte de certaines fonctions de la relation – fonctions reliées à la carrière et fonctions psychosociales – oblige à une redéfinition de la relation. Quand les deux personnes reconnaissent que la relation n'est plus fonctionnelle dans sa forme antérieure, elles sont prêtes à passer à la quatrième phase.

La *phase de redéfinition de la relation* a pour tâche centrale d'établir la relation sur de nouvelles bases. À cette étape, la relation peut devenir amicale. Dans l'échantillon de Kram, 8 des 15 paires de relations mentor-mentoré se sont rendues à cette quatrième phase : un système de soutien mutuel s'approchant d'une forme d'amitié a fait son apparition. Une seule relation a abouti à l'hostilité et au ressentiment. Dans cette phase, il arrive que chacun fasse une réponse personnelle et opte pour un nouveau type de relation, acceptant que l'ancienne relation soit désormais chose du passé. Souvent l'ambivalence et l'inconfort marquent la période d'ajustement, mais, avec le temps, l'excitation et l'enthousiasme éprouvés par le mentoré pendant les deux premières phases font place à la reconnaissance et à la gratitude.

Ce modèle de Kram a été très souvent cité et repris dans les recherches sur le mentorat.

Une brève comparaison entre les modèles

Dans le modèle de Phillipps-Jones, le choix des partenaires, qui inclut le « magasinage », constitue la première phase ; dans le modèle que je propose, divisé en trois temps, cet élément n'est pas présenté comme une phase distincte de la relation. Par ailleurs, le modèle de Phillipps-Jones divise en deux temps la phase de déroulement du modèle que je propose, en distinguant une phase de développement et une phase de désillusionnement. Or, à mon avis, le désillusionnement fait partie intégrante du développement de la relation et peut se produire à tout moment du déroulement, au fur et à mesure que se vivent les interactions entre le mentor et le mentoré ; c'est pourquoi il importe de ne pas en faire une phase spécifique de la relation mentor-mentoré, pas plus que la mutualité ne constitue une phase. En effet, la mutualité est un ingrédient de la relation et le désillusionnement, un élément d'une phase et non une phase proprement dite.

Enfin, la phase de dénouement que je suggère dans mon modèle englobe les phases 5 et 6 du modèle de Phillips-Jones et les phases 3 et 4 du modèle de Kram, soit les phases correspondant à la séparation et à la redéfinition de la relation. Or, la redéfinition de la relation mentor-mentoré conduit tantôt à un réaménagement de cette dernière, tantôt à la fin pure et simple de la relation ; pour cette raison, il m'est apparu préférable de considérer la fin de la relation ou la redéfinition de la relation, à la lumière des nouveaux besoins de l'ex-mentor et de l'ex-mentoré, comme des modalités de dénouement de la relation et de distinguer une troisième phase du mentorat plutôt que deux sous-phases. Dans mon esprit et selon ce modèle, la phase de dénouement est celle qui décrit les nombreuses façons dont prend fin la relation mentor-mentoré (redéfinition de la relation ou fin pure et simple de la relation dans le temps).

Mentorat et communication initiatique

Il existe toute une tradition qu'il faudrait examiner en profondeur afin de cerner plus avant ce qu'est le mentorat, et c'est celle de l'initiation, plus précisément celle de la communication initiatique. Un tel filon appellerait à lui seul un autre livre. Tel n'est donc pas mon propos. Je me contenterai ici d'esquisser un rapprochement avec la communication initiatique, rapprochement fait par Luce De Bellefeuille (1991). Cette auteure établit comme suit la comparaison entre le modèle que je propose et les sept phases de la communication initiatique telles que les décrit Paul-Marie Lemaire (1989) lorsqu'il analyse la communication entre Don Juan et Castaneda.

1. La phase du commencement de la relation mentor-mentoré coïncide avec la première étape de la communication initiatique, qui est *celle de la prise de contact*: au cours de cette étape, il y a un éveil de l'intérêt mutuel, puis l'inquiétude apparaît; questionnements et interrogations surgissent. «Dès le départ, affirme Lemaire (1989, p. 55), ce ne sont pas des informations ou des messages qui déclenchent la relation communicative, mais des personnes qui s'intéressent l'une à l'autre parce qu'attirées par l'"insolite".»

2. La phase du déroulement proprement dit de la relation mentor-mentoré recouvre les étapes suivantes de la communication initiatique:
   - la deuxième étape, qui est *celle de l'enseignement*: «[...] un enseignement qui déroute et déçoit le disciple, le laisse sur sa faim en lui refusant les réponses» (*ibid.*). Pendant cette période, il y a beaucoup de choses à découvrir; «le maître manifeste sa satisfaction devant le type de questionnement et de contact qui lui sont adressés» (*ibid.*, p. 56);
   - la troisième étape, qui est *celle de l'apprentissage expérimental*: «L'enseignement verbal est insuffisant, inadéquat, inutile [...]; la collaboration communicative pleine de heurts, de résistances, de conflits.» (*Ibid.*);

- la quatrième étape, qui consiste dans *l'accession à un «voir» nouveau* : entre le maître et le disciple, il y a de «longs échanges sur les expériences [qui] permettent d'en dégager la signification. [...] Les échanges commencent à devenir égalitaires ; les deux interlocuteurs se renseignent mutuellement, le disciple se permet de dire au maître ce qu'il a compris et ce qu'il pense de lui.» (*Ibid.*) ;
- la cinquième étape, qui est *celle de l'approfondissement, de l'accession à la sagesse* : «C'est le début de l'intimité et de l'amitié [...] ; les deux interlocuteurs n'occupent pas la même position dans cette quête de la sagesse [...] l'honnêteté les préserve de tomber dans la démagogie égalitaire [...] la relation d'apprentissage n'est plus unilatérale ni même bilatérale, elle se met à l'école d'une sagesse ancestrale. [...] L'enseignement verbal prédominant recourt encore à certaines pratiques initiatiques.» (*Ibid.*) ;
- la sixième étape, qui est *celle du partage libre et égalitaire* : elle «vise à la compréhension mutuelle, à la maîtrise de la conscience [...] ; [chacun] peut même exprimer librement son "voir" [...] Au sein d'une communication intime, peuvent s'exprimer, sans arrogance, les divergences profondes.» (*Ibid.*, p. 57).

3. La phase du dénouement de la relation mentor-mentoré ressemble à la septième étape de la communication initiatique, qui est *celle de la rupture de la communication* : le disciple, «après avoir été initié, [...] doit couper les liens avec son bienfaiteur et retourner à la solitude» (*ibid.*).

Ce bref examen de la communication initiatique nous fait comprendre comment la relation mentorale favorise l'intégration de la personnalité, tout en nous rappelant le pouvoir de la communication en tant qu'agent transformateur, en tant qu'«espace de découverte et de créativité», comme l'écrit Lemaire.

Communiquer entre humains, ce n'est pas d'abord et surtout transmettre fidèlement des informations à un récepteur qui les reçoit avec le moins de distorsion possible (ce qu'on a appelé le modèle cybernétique de la communication : émetteur, canal, récepteur, fidélité, bruit, etc.), communiquer entre humains, c'est se re-lier. Et se re-lier, c'est se transformer.

Voici maintenant un exercice qui a pour but d'analyser l'évolution d'une relation mentorale du point de vue du mentor.

Exercice   L'évolution d'une relation mentor-mentoré

- Consigne: choisissez de préférence une relation où vous étiez le mentor.

Premier temps: la description de l'évolution de la relation (15 minutes)
- Pensez à la manière dont a débuté cette relation de mentorat. Décrivez-la.
- Pensez à la manière dont s'est déroulée cette relation de mentorat. Décrivez-la.
- Pensez à la manière dont s'est terminée cette relation de mentorat. Décrivez-la.

Deuxième temps: consultation (trois fois une demi-heure)
- Imaginez-vous que vous avez la possibilité de consulter quelqu'un pour discuter de vos difficultés dans cette relation.
- Mettez-vous en groupe de trois personnes: une personne aidante (A), une personne qui consulte (B) et une personne qui observe (C).
- Simulez une entrevue de 15 minutes.
- Faites un retour sur l'entrevue (10 minutes).
- Changez successivement de rôle, chacun d'entre vous étant, à tour de rôle, l'aidant (A), le consultant (B) et l'observateur (C).

Quand je présente ce modèle sur l'évolution de la relation mentor-mentoré, très souvent j'ai l'impression – comme si la théorie avait le pouvoir de mettre chacun en contact avec sa propre histoire – que, dans la tête de chacun, se déroule un film intérieur où défile sa propre expérience, le plus souvent comme mentoré, à l'occasion comme mentor, et que mon rôle ne consiste qu'à donner à chacun «des mots pour le dire», pour nommer quelque chose dont il a déjà fait l'expérience.

Ce modèle descriptif est très utile. Il permet d'analyser les relations de mentorat formelles et informelles, et ce, dans une perspective de compréhension de votre propre comportement et de celui de l'autre.

Il permet aussi de donner de la formation aux futurs mentors et aux futurs mentorés, en leur présentant les phases de la relation mentorale par exemple en faisant des liens avec les 3-D et les fonctions du mentorat. Il permet de comprendre les conditions de la rencontre transformatrice et d'aborder plusieurs sujets. Quelles sont les conditions de la rencontre transformatrice? Comment créer la relation mentorale? Comment créer le climat de confiance? Comment créer une relation qui donne et fait de la place au mentoré? qui lui permet de se comprendre en se disant? Comment maintenir la relation? Que veut dire

« accompagner quelqu'un en tant que mentor » ? Que veut dire « être accompagné » quand on est le mentoré ? Comment communiquer pour favoriser l'apprentissage et la prise en charge du mentoré par lui-même ? Comment intervenir pour permettre au mentoré de développer sa vision ? de trouver ses solutions ? Quand et comment donner l'information ? Faut-il donner des conseils ? À quelles conditions un conseil est-il pertinent et utile au mentoré ? Quand et comment parler de son expérience de mentor ? Qu'est-ce qui fait que le partage de l'expérience est transformateur ? Que faire avec les conflits qui surgissent ? Comment faire des rencontres de mise au point ? de rappel des objectifs ? Comment aborder la dernière phase ? et se donner des moyens de souligner la fin de la relation ? ou la transformation de la relation mentorale en une relation d'un autre type (collègue, etc.) ? Autant de sujets qui permettent de favoriser le développement de relations mentorales saines et matures, bref des relations porteuses et fécondes pour ne pas dire du mentorat de haute qualité.

Ce modèle se veut inspirant. Loin de prescrire une voie à suivre – ce qui serait un point de vue normatif, et d'imposer des normes strictes en vue d'évaluer et de juger une relation mentor-mentoré, le modèle proposé, même s'il souligne à l'occasion les écueils qui peuvent surgir, se veut compréhensif et non dogmatique. Le danger de devenir dogmatique, ici comme ailleurs, doit être dénoncé, car l'autoritarisme peut s'immiscer dans les plus beaux projets et le terrorisme relationnel peut s'installer derrière des propositions dont le contenu est à saveur de croissance personnelle.

Enfin, voici une dernière mise en garde quant au mode d'emploi : nos modèles théoriques aspirent – quand ils ne le prétendent pas – à être exhaustifs. Exhaustifs et idéaux. Et nous savons (mais le savons-nous vraiment ?) que les relations humaines sont toujours des connexions imparfaites. Il peut être utile de se le rappeler. Le mentor n'est pas un être parfait. Indulgence requise ! La relation mentorale peut achopper à chacune des trois étapes distinguées. Aussi faut-il se réjouir et s'émerveiller de nos réussites !

Nous avons besoin de passeurs pour traverser les différentes périodes de la vie adulte et nous savons que la manière dont s'exerce ce rôle de passeur a une grande influence sur la destinée de la personne en période de transition. Je suis toujours étonnée de constater le nombre effarant d'humains qui ne semblent pas se douter que la qualité même des relations qu'ils entretiennent et maintiennent, tout comme l'air qu'ils respirent, est essentielle à leur devenir. Tout comme ce que je mange devient mon corps, analogiquement, la qualité de la relation que j'entretiens détermine qui je deviens. Nous sommes partie (j'aurais pu écrire « partis », évoquant l'origine) d'un réseau humain, maille d'un tissu interpersonnel. Il importe d'autant d'apprendre à jouer le rôle de mentoré, d'apprendre à devenir mentor et de forger/former des passeurs de qualité. Chaque génération de jeunes, l'histoire nous le dit, a toujours cumulé ce besoin avec celui de refaire le monde.

CHAPITRE 6

L'espace transitionnel de la relation mentor-mentoré : la liminalité

> *Après la séparation d'avec Freud avait commencé pour moi une période d'incertitude intérieure, plus que cela encore, de désorientation. Je me sentais flottant, comme totalement en suspens, car je n'avais pas encore trouvé ma propre position.*
>
> JUNG, Ma vie

> *Toutes les expériences de transition recèlent une expérience de liminalité.*
>
> Murray STEIN

Le mentor est une figure de transition. La relation de mentorat est une relation transitionnelle qui a un commencement, un déroulement et une fin. Quand une personne entreprend une formation, quand elle accepte une promotion, quand elle décide de devenir mécanicien, diététiste ou biologiste, bref, quand une personne désire faire quelque chose et qu'elle se met en quête d'elle-même – cette recherche de soi pouvant passer par le mentorat –, elle sent bien que ce qu'elle est dans le moment n'exprime pas la totalité de ce qu'elle pourrait être, de ce qu'elle aspire à être. Et c'est précisément parce qu'elle aspire à ce «plus être», ou à cet «être autrement», qu'elle poursuit sa métamorphose. C'est la force d'actualisation de soi.

Pour le mentoré, la relation avec un mentor est une expérience transformatrice: au terme de cette relation, son identité d'adulte ne sera plus la même. Dans cette expérience, le mentor est la personne dont le mandat est de favoriser et de catalyser la transformation du mentoré. Qu'est-ce qui peut aider le mentor à accompagner et à soutenir le mentoré dans son expérience de transformation? Plusieurs se posent la question. Outre l'expertise professionnelle, les compétences relationnelles, les habiletés, le désir de générativité et la maturité dont nous avons déjà parlé, il existe un outil théorique extrêmement important: le modèle de la liminalité.

Rappelons que l'espace de rencontre que crée la relation mentorale est un espace transformatif. Cet espace de rencontre peut se comprendre en s'appuyant sur les notions d'espace transitionnel – développée par Winnicott (1969), et de liminalité – développée par Murray Stein (1983) comprises comme lieu psychique de la transformation, comme lieu de construction de l'identité. L'espace transitionnel est un espace transformatif, un lieu pour être, un lieu à soi où le mentoré peut parler de ce qui le préoccupe réellement sans crainte de sanctions ou de récompenses, de promotion ou de démotion. Voilà pourquoi la confidentialité est une composante de l'éthique de la relation mentorale. Voilà pourquoi on demande que le mentor ne soit pas le supérieur hiérarchique du mentoré dans l'organisation : afin d'éviter tout conflit qui s'oppose au rôle central d'accompagnement. Voilà pourquoi il importe de former les mentors afin qu'ils deviennent des accompagnateurs «aidants». Voilà pourquoi il importe de présenter le mentorat comme outil de construction identitaire et d'insister sur le pouvoir transformateur de la rencontre. La plupart des naissances de la vie adulte germent dans une matrice relationnelle : l'espace relationnel propice à la transformation. Faire en sorte de créer cet espace transitionnel est une compétence fondamentale que doit posséder le mentor.

On devine aisément qu'une grille théorique qui décrit l'espace transitionnel est une clé unique pour analyser une relation transitionnelle telle que le mentorat et pour comprendre la nature et la signification des périodes de transition de la vie adulte. En effet, parce qu'il décrit précisément l'espace des transitions, le modèle de la liminalité apparaît comme un outil de compréhension d'une richesse exceptionnelle. Si vous y cherchez des recettes pour devenir mentor, vous serez déçu. Par contre, si vous cherchez à comprendre la complexité psychique des périodes de transition, et nommément l'expérience du mentoré, vous serez comblé. Par ricochet, il se peut que vous compreniez quelque chose de votre propre expérience.

Le mot «liminalité»

Liminalité. Ce mot est nouveau. Il ne se trouve pas dans *Le Grand Robert* (édition 1990) où figurent toutefois les mots «liminaire» et «liminal». J'aime toujours goûter la saveur des mots en retrouvant leur étymologie. Le mot «liminalité» a pour origine le mot latin *limen* qui signifie seuil, le seuil de la porte, l'entrée.

Or à quoi sert un seuil? À départager l'espace en ici et là, en créant un nouvel espace, celui du seuil qui est ce qu'il faut franchir pour passer d'ici à là. Quand on est sur le seuil, on n'est plus ici et on n'est pas encore là. On est entre les deux. On est dans l'entre-deux. Les Américains disent *betwixt-between*. Le seuil désigne donc une zone frontière qui chevauche les terminaisons et les commencements.

J'ai découvert ce mot en lisant Murray Stein (1983, p. 51), un psychanalyste jungien de Chicago, et J.O. Stein (1981). La notion de liminalité apparaît d'abord chez Turner et chez Van Gennep pour illustrer les rites de passage dans les sociétés : la phase de séparation, la phase de liminalité et la phase de réintégration, trois phases qui recoupent les trois moments de l'évolution de la relation mentor-mentoré : le commencement, le déroulement et la fin de la relation.

Les types de liminalité

Avec J.O. Stein (1981, p. 273) qui, dans sa thèse de doctorat, reconnaît trois acceptions au mot « liminalité », on peut distinguer le sens anthropologique, le sens sociologique et le sens psychologique de la liminalité.

Tout d'abord, on a parlé de personnages « liminaux » dans une société. Ce sont les personnes marginales :

> Les attributs de la liminalité ou de la personne liminale (ou personnes-seuils) sont nécessairement ambigus, puisque cette condition et ces personnes échappent au filet de classification qui détermine normalement les statuts et les positions dans l'espace culturel. Les entités liminales ne sont ni ici, ni là, elles sont dans l'entre-deux des positions déterminées et organisées par les lois, les coutumes, les conventions et les cérémonies. Ainsi, plusieurs sociétés ritualisent les transitions sociales et culturelles au moyen d'une riche variété de symboles qui expriment l'ambiguïté et l'indétermination de ces attributs. De sorte que la liminalité est souvent rattachée à la mort, au fait d'être dans le sein de la mère, à l'invisibilité, à l'obscurité, à la bisexualité, à la nature sauvage, à l'éclipse du Soleil et de la Lune. (Turner, 1969, p. 95)

Tel est le *sens anthropologique* de la liminalité véhiculé par Turner : les personnages liminaux échappent aux réseaux de classifications qui permettent normalement de situer les personnes dans des endroits et des positions de l'espace culturel, car les entités liminales ne sont ni ici ni là puisque la caractéristique sociale de ces individus est leur ambiguïté : ce sont des personnages irréductibles.

Par ailleurs, dans la littérature sociologique, la liminalité a un autre nom, à savoir la marginalité. C'est une position qui consiste à se tenir en dehors du « ça va de soi » de la vie quotidienne, à s'ouvrir au mystère. C'est le *sens sociologique* de la liminalité.

Enfin le *sens psychologique* – celui qui nous intéresse le plus – fait référence à la fois à la phase qui existe entre la *décathexis* et la réorganisation des structures psychiques et à l'état psychologique de liminalité, ce qui amène Murray Stein à distinguer deux points de vue sur la liminalité: le point de vue diachronique et le point de vue synchronique. La liminalité conçue d'un point de vue diachronique est celle qui est la plus utile pour comprendre le mentoré.

En vue de faire comprendre le modèle de la liminalité, je vous propose l'exemple de Rita.

L'exemple de Rita

Rita, coiffeuse de son métier, est mariée et elle a 26 ans au moment où elle reprend ses études. Elle veut étudier la littérature anglaise à l'université. Talons hauts, jupe étroite, chandail moulant, elle se rend sur le campus à la recherche de son professeur, qui est son tuteur. Elle a peine à le trouver. Et quand elle le trouve, elle doit pousser la porte de son bureau qui est fermée, puis insister pour qu'il joue son rôle, car le professeur se montre inaccueillant et bien sceptique: «Tout ce que je sais, c'est que je ne sais rien. De plus, je déteste les horaires.» À vrai dire, le professeur, désabusé, se considérant comme un poète raté, et aux prises avec un sérieux problème d'alcoolisme – c'est plutôt un anti-modèle à ce titre –, n'est pas du tout disposé à jouer le rôle de tuteur. Devant ses résistances, Rita lui dit: «Mais c'est vous, mon professeur!» le choisissant envers et contre lui. Intrigué, il lui demande ce qu'elle veut. Rita lui expose son désir d'apprendre et lui explique: «Il y a un truc qui ne tourne pas rond. À mon âge, j'ai 26 ans, je devrais être mère de famille, mais je ne veux pas avoir d'enfant avant de m'être trouvée. J'ai essayé d'expliquer ça à mon mari. Mais il ne comprend pas.» La détermination de Rita est très forte. Elle dit à son tuteur: «Quand est-ce que vous allez commencer à m'éduquer?» Progressivement le tuteur «adopte» sa mentorée: il finira par l'aider à réaliser son Rêve de vie à elle... tout en reprenant contact avec le sien propre, ce qui ne se fera ni simplement, ni sans heurts. L'histoire de Rita est racontée dans le film de Lewis Guilbert *L'éducation de Rita* (1984) dont le titre original anglais est *Educating Rita*, qui nous montre la transformation de Rita, ses allégresses, ses défis et ses victoires.

Phase 1: la séparation

La première partie du film nous montre Rita, ses attentes, ses aspirations, sa détermination. Ses difficultés aussi. On la voit dans l'autobus, toute fière de dire à son voisin qu'elle aussi étudie en littérature. On la voit tranquillement délaisser son ancienne manière de s'habiller et de se coiffer. Le fossé se creuse entre elle et son mari; celui-ci veut une famille, Rita veut plonger dans ses livres. Lorsque la jeune femme invite son mari à aller voir une pièce de théâtre avec elle, celui-ci lui répond: « Je n'irai pas dans ta galère! » Depuis des mois, elle prend des contraceptifs oraux en le cachant à son mari. Celui-ci pense que ce qui manque à sa femme, c'est un enfant. Quand il découvre les pilules cachées dans le plancher, elle lui dit: « Je ne veux pas avoir de bébé tant que je ne me serai pas découverte. » En colère, son mari prend ses livres et les jette au feu. Cette première partie de l'histoire de Rita correspond à la phase de séparation.

Que nous dit le modèle théorique? La phase de séparation se caractérise par un processus de déstructuration psychologique: le schéma dominant de l'organisation du soi qui existait jusqu'ici devient de plus en plus impropre à canaliser la libido dans un comportement et à modeler le sentiment d'identité de la personne, comme s'il perdait son pouvoir de sculpter et d'organiser la vie psychique.

Comment reconnaître que nous sommes en présence d'une phase de séparation qui s'amorce? Stein et Stein (1987, p. 293) affirment:

> Les phénomènes émotionnels et mentaux qui signalent le commencement puis l'installation de cette phase sont variés: des sentiments forts et persistants d'ennui, du désillusionnement à l'égard de la vie, l'impression que les rêves de jeunesse se sont affadis, des moments de dépression emplis de nostalgie et de regret, un sens furtif de la fragilité de la vie et de son caractère limité, des comportements nouveaux et imprévisibles.

Dans le cas de Rita, je fais l'hypothèse qu'une partie de la phase de séparation a été vécue avant qu'elle décide de s'inscrire à l'université. Or le film commence avec son entrée à l'université.

Autrement dit, il y a une expérience de rupture avec l'ancien soi. Murray Stein (1983, p. 26) parle « d'effritement de la *persona*, une structure psychologique qui est l'équivalent approximatif de ce qu'Erikson appelle l'« identité psychosociale ». La *persona* se définit comme une modulation de la personnalité en fonction de l'environnement (voir Houde, 1999, p. 28 et suiv.); cette structure de l'organisation de la psyché, qui prend forme pendant l'adolescence et au début de l'entrée dans le monde adulte, exprime l'identité psychosociale de l'individu. Jung (1964a, p. 147) décrit comme suit la *persona*:

> La *persona* est un ensemble compliqué de relations entre la conscience individuelle et la société; elle est, adaptée aux fins qui lui sont assignées, une espèce de masque que revêt l'individu ou dans lequel il glisse ou qui, même à son insu, le saisit et s'empare

de lui, et qui est calculé, agencé, fabriqué de telle sorte parce qu'il vise d'une part à créer une certaine impression sur les autres, et d'autre part, à cacher, dissimuler, camoufler la nature vraie de l'individu.

La *persona* de Rita, coiffeuse, épouse et possible mère (aux yeux de son époux et de sa famille d'origine), se démantèle. Cette *persona* perd de son emprise, ce qui favorise la rencontre avec l'*ombre*, c'est-à-dire avec les parties de soi laissées dans l'ombre jusqu'à maintenant.

Le but de cette première phase est clair: permettre à l'âme de se détacher des liens qu'elle entretenait avec son ancienne identité. «L'*ego*, affirme M. Stein (1983, p. 27), a besoin de perdre cet attachement avant de se laisser flotter à travers la période nécessaire de liminalité qui est préliminaire à une découverte plus profonde du soi.» «La tâche psychologique, écrit J.O Stein (1981, p. 290), se situe dans l'acceptation des pertes nécessaires et les implications de la *dé-cathexis*: le travail de deuil est capital.»

Pour bien accomplir ce travail de deuil, il faut, comme le dira Murray Stein, «trouver le corps avant de l'enterrer». La dépression et le deuil sont des éléments nécessaires à la séparation[1]. Dans la phase de séparation, l'âme – ou la personne – se détache du corpus solide des identifications antérieures (images de soi, ambitions, structure de vie...) pour s'ouvrir à autre chose et devenir disponible à de nouvelles identifications. Elle devient libre par rapport à son moi antérieur. C'est là un travail psychique préliminaire permettant l'émergence d'autres parties de soi.

Le travail de deuil comporte l'acceptation de la perte. Souvent on insiste sur la peine, le chagrin et la souffrance liés à ce travail psychique; on met moins l'accent sur le sentiment de libération, l'impression de soulagement, l'expérience d'être en accord avec soi qui s'ensuivent.

Dans cette première partie du film, Rita continue de travailler comme coiffeuse, mais le sens de son travail a changé. Ses ambitions se sont déplacées. Son mariage ne comble pas ses aspirations. Elle se sépare de plusieurs éléments de sa structure de vie. Autant d'expériences de pertes. Accepter ces pertes nécessaires est un préalable pour passer à autre chose. Au cours de cette première phase, la détermination de Rita paraît si grande que les souffrances liées à la séparation semblent amoindries devant sa volonté aiguë d'apprendre et de faire ses lettres,

---

1. On pourra lire les chapitres consacrés à ce sujet dans l'ouvrage de Guy Corneau, *Père manquant, fils manqué*.

comme si les affres de la séparation étaient neutralisées par sa détermination à être. Elles sont pourtant là quand son mari refuse d'aller au théâtre avec elle, quand il brûle ses livres. Rita se rend bien compte que la jeune fille que son mari a épousée se trouve loin derrière, qu'elle n'existe plus.

Durant la phase de séparation, le processus de déstructuration s'accompagne souvent d'oscillations entre des hauts et des bas affectifs. L'état de la personne, selon qu'elle se sépare d'anciens aspects de son être ou selon qu'elle s'identifie aux aspects nouveaux qui se font jour en elle, peut alterner du doute à l'enthousiasme, de la dépression à l'exaltation, ce qui explique certains changements d'état d'âme. Il se fait alors une «[...] profonde restructuration de la matrice intrapsychique de la personnalité» (M. Stein, 1983, p. 26).

C'est dire que la phase de séparation donne lieu à des expériences de pertes. Cependant, l'expérience de la perte est double: en amont, elle comporte de la souffrance, en aval, elle apporte allègement et libération, comme si l'âme se préparait à une nouvelle naissance.

J'aime me rappeler que la séparation, comme phase et comme processus, n'est pas une fin en soi, qu'elle prépare la phase 2, la liminalité: elle débouche sur autre chose. M. Stein nous rappelle que l'anxiété de séparation n'est pas si éloignée de l'anxiété de naissance (*birth anxiety*). C'est Félix Leclerc qui écrivait: «C'est beau la mort, 'y a plein de vie dedans.»

Quand le mentor prend contact avec le mentoré, souvent une bonne partie du travail psychique de séparation a été accomplie par le mentoré. Il m'apparaît cependant important que le mentor saisisse que ce processus de séparation peut encore être à l'œuvre. La vie psychique est pleine de ressacs et de remous. Je pense à cet homme qui, se retrouvant à un poste de direction, a dû travailler à se séparer de vieilles images de lui: «Tu ne peux pas être meilleur que ton frère!» Je pense à une personne qui a dû faire le deuil de certains interdits intérieurs pour revenir aux études à 35 ans: «L'université, ce n'est pas pour toi!» Il m'apparaît important que le mentor soit sensible au fait que la structure de vie du mentoré est en mouvement et que, là aussi, il peut se produire des expériences de séparation. Dans l'expérience du mentorat, l'attrait exercé par ce que cherche le mentoré peut atténuer la souffrance liée à la séparation[2].

---

2. Il peut en être de même dans l'expérience du divorce pour la personne qui prend la décision de mettre fin à la relation, ce qui n'est pas le cas de la personne qui subit le divorce.

Phase 2 : la liminalité proprement dite

Retrouvons Rita. Elle apprend à travailler intellectuellement : elle rédige ses premières dissertations, effectue ses premiers travaux. Elle se fait des camarades. Elle essaie d'autres coiffures, s'habille autrement. Un jour, le tuteur l'invite à une fête chez lui. Or, ce soir-là, son mari et sa propre famille doivent souper ensemble au restaurant du coin et ils l'invitent. Elle ne sait pas quoi faire. Ni où aller. Ni comment se vêtir. Ni quel vin apporter. Elle choisit d'aller à la fête chez son tuteur. La caméra nous la montre en train d'essayer des vêtements pour se rendre à la soirée, indécise, essayant une tenue, puis une autre et encore une autre, incapable de choisir quelle robe porter. Symboliquement, ces scènes expriment avec beaucoup de finesse la confusion relative au sens de l'identité qui est caractéristique de la phase de liminalité. Le malaise de Rita, son ambivalence expriment à quel point la jeune femme patauge en pleine liminalité, dans cet espace de l'entre-deux qui peut devenir bien inconfortable : elle a l'impression d'être assise entre deux chaises. La chaise de l'étudiante en littérature et celle de l'épouse-coiffeuse. La caméra nous montre sa famille au restaurant du coin où se retrouvent son mari, ses père et mère, frères et sœurs, puis elle se dirige sur la lumière qui traverse la fenêtre de la maison huppée du professeur, où déambulent les invités. Rita se rend jusqu'à la porte de la maison du tuteur, bouteille de vin en main. Elle ne peut pas entrer. Elle ne s'en sent pas capable. Elle va rejoindre les siens au restaurant du coin. Là elle se rend compte qu'elle ne peut pas davantage se sentir bien avec eux. Elle n'est chez elle nulle part, ni avec son mari et sa famille d'origine, ni avec le groupe d'étudiants et de professeurs. Voilà ce que Stein appelle le « sentiment d'être sans foyer » (*homeless*).

La phase de liminalité constitue la deuxième des trois phases décrites par Van Gennep ; « limitée dans le temps et ayant ses frontières », comme l'écrit J.O Stein (1981, p. 266 et suiv.), elle équivaut dès lors à un segment de temps, à un temps-frontière de durée limitée précédé de la phase de séparation et suivi de la phase de reconstitution du soi ; elle correspond à un état « entre-deux », bref à l'espace psychique qui existe entre deux identités stables.

Comment reconnaître la phase de liminalité ? Elle commence lorsque l'*ego* ne parvient plus à avoir une idée claire de l'être qu'il est et a été. Cette phase débute, au dire de J.O. Stein, lorsque l'individu réalise que le processus est irréversible et qu'un retour au schéma d'organisation antérieur n'est plus possible. Murray Stein affirme :

> La liminalité, maison d'Hermès, survient lorsque l'*ego* n'a plus une idée claire et précise de l'être qu'il est et qu'il a été, de son origine et de son histoire, de son projet et de son avenir ; lorsque l'*ego*

flotte à travers des espaces ambigus avec un sens du temps illimité, à travers un territoire aux frontières obscures et aux bordures incertaines; lorsqu'il se différencie des images internes qui l'ont soutenu jusqu'à ce jour et qui lui ont donné le sentiment d'avoir un dessein. (1983, p. 22)

L'état psychologique de liminalité se caractérise par un sens de l'identité en suspens, par un degré de vulnérabilité accru et par un état de fluidité. Comme l'écrit Murray Stein (p. 8): « L'expérience ambiguë et souvent terrifiante d'être dans l'entre-deux des structures et des identifications psychologiques fermes», voilà une première façon de décrire la liminalité. «Dans l'état de liminalité, le "je" a l'impression d'être sans foyer[3] car le sens d'identité d'une personne est en suspens et le "je" est emprisonné dans des manières d'être qu'il ne reconnaît pas comme siennes.» (Ibid., p. 8) En même temps, les sentiments dominants sont des sentiments d'aliénation et de marginalité, et la personne se sent dans un degré inhabituel de vulnérabilité. C'est une phase au cours de laquelle il existe en quelque sorte un flottement de la conscience où les structures psychiques sont fluides et où le sens de l'identité personnelle est flou. La noirceur est souvent associée au monde de l'ambiguïté et des frontières non claires, nous dit encore Murray Stein (ibid., p. 20 et suiv.)[4].

Une belle description d'une expérience de liminalité

> Après la séparation d'avec Freud avait commencé pour moi une période d'incertitude intérieure, plus que cela encore, de désorientation. Je me sentais flottant, comme totalement en suspens, car je n'avais pas encore trouvé ma propre position. J'avais alors surtout à cœur d'acquérir une nouvelle attitude à l'égard de mes malades. (Jung, 1966, p. 198)

Quand Rita se retrouve au restaurant avec les membres de sa famille, elle les regarde chanter et fêter, étrangère à eux. Elle sait qu'«il y a mieux à chanter». Elle ne peut plus revenir en arrière. Et pourtant elle ne se sent pas encore à l'aise dans le milieu universitaire: elle

---

3. Le terme anglais est *homeless*. En français, on pourrait dire «hors foyer», ce qui évoque aussi le sens véhiculé en photographie puisque cette image exprime la nébulosité, l'imprécision, la confusion. L'image n'est pas de Stein, mais le jeu de mots est plein de sens, à mon avis.
4. Marie-Louise Von Franz (1984, p. 125) écrira: «Toute situation obscure dans laquelle on tombe est l'invite à une initiation. Être initié à une chose signifie y entrer.»

n'entre pas chez le professeur. Elle ne peut fêter ni avec les siens ni avec les gens de l'université. Son sentiment d'identité flotte entre deux pôles : l'ancienne Rita dans laquelle elle ne se reconnaît plus et la nouvelle qui n'est pas encore complètement là. Elle a l'impression de n'appartenir à aucun groupe. Elle n'a pas de groupe d'appartenance pendant cette période d'entre-deux. Elle n'est chez elle nulle part. Telle est l'expérience de la phase de liminalité proprement dite.

Au cours de cette phase, les personnes semblent parfois frustrées, confuses, perdues, désabusées, toutes choses qui pourraient être interprétées comme des indices pathologiques. Or, ces manifestations ne sont, la plupart du temps, qu'une expression de la crise développementale traversée par la personne, et qui est tout à fait dans l'ordre des choses. Comme l'écrit Murray Stein (1983, p. 60) : « Dans la liminalité, non seulement l'âme se libère, mais elle se réveille. »

En somme, la liminalité, pour inconfortable qu'elle soit, est une phase pleine d'effervescence :

> [...] alors l'inconscient est troublé dans ses couches archétypales et le soi est amené à envoyer des messages : superbes rêves, intuitions ardentes et puissantes, fantaisies et événements synchroniques et symboliques. La fonction de ces messages est de conduire l'*ego* en avant, et ces avertissements l'aident à faire ce qu'il a à faire, qu'il s'agisse d'entrer plus à fond dans la liminalité ou, ultérieurement, d'en émerger. Hermès, comme on le verra, guide l'âme à la fois pour entrer en Enfer (*underworld*) et pour en sortir, l'Enfer constituant le symbole le plus radical de la liminalité dans la mythologie grecque. La liminalité, précisément, est le territoire psychologique dans lequel le message hermétique et les conseils d'Hermès parviennent au voyageur. (*Ibid.*, p. 22)

Il importe de recevoir ces messages sans tout vouloir expliquer et élucider. Hermès évolue avec une grande aisance dans un univers d'interprétations : c'est son monde. Il prend plaisir à cacher, à masquer, cultivant le travail de dévoilement, de découverte. Ne faut-il pas se souvenir que le terme « hermétique » doit quelque chose à Hermès ?

Il semble essentiel que le mentor comprenne le monde intérieur de son mentoré, particulièrement pendant cette deuxième phase, et qu'il rassure ce dernier sur les inconforts de la liminalité, dédramatisant ses effets houleux. De reconnaître la confusion concernant l'identité, de pouvoir soutenir le mentoré quand c'est inconfortable, de pouvoir en rire à l'occasion, de sentir l'importance et la beauté de cette phase – comme le têtard qui devient grenouille, la chenille qui devient papillon, le homard qui change de carapace, le serpent qui change de peau – d'être présent à l'effervescence et aux conflits entre l'*ombre* et la *persona* qui peuvent s'exprimer par un désir d'arrêter tout aussi impérieux que celui d'avancer, de savoir qu'il s'agit d'une période où la structure de vie change et où le besoin d'appartenance ne sait plus à quel groupe se vouer, de savoir enfin que l'expérience de la liminalité fait partie de la croissance psychosociale des êtres, voilà autant de manières pour le mentor d'aider son mentoré.

Phase 3: la reconstitution du soi

Revenons à Rita. La suite du film illustre la troisième phase, celle de la reconstitution du soi. Le fait que la jeune femme change son nom et se fait appeler Suzanne par ses camarades de cours correspond aux effets de la troisième phase, la reconstitution du soi. Le film nous montre une Rita qui a découvert et connaît en partie le vaste champ de la littérature anglaise et qui se passionne pour ce qu'elle apprend et découvre. En effet, Rita se sent à l'aise dans sa nouvelle vie d'étudiante et de femme qui termine un parcours universitaire. Elle est vêtue autrement et est capable d'effectuer des analyses critiques. Elle s'exprime autrement aussi. Elle passe ses examens finaux. Manifestement, elle a pris de l'assurance et a confiance en elle. Elle réussit même à impressionner son tuteur. Elle croise son ancien mari avec sa nouvelle femme qui a un gros ventre. Le spectateur sent que Rita est rendue ailleurs. Des copains l'invitent à partir en voyage à l'été. Son tuteur, muté en Australie à la suite de ses frasques en état d'ébriété, l'invite à se rendre en Australie. La nouvelle Rita se trouve devant des possibilités et elle a le choix. Que fera-t-elle? Peu importe. Elle le dit elle-même: «Je ne sais pas encore ce que je vais faire l'été prochain.» Ce qui importe, c'est précisément que la nouvelle Rita ait le choix. La situation culmine lorsqu'elle réplique à son mentor: «J'ai pu répondre comme cela à l'examen final parce que le choix, maintenant, je l'ai.»

Le réveil de l'âme, au cours de la deuxième phase, prépare la troisième phase qui devrait déboucher sur un nouveau sentiment d'identité. C'est là le but du voyage: atteindre et rejoindre le noyau de son être (*the core of the Self*). Cette période d'effervescence (deuxième phase) est une occasion de devenir plus libre et de faire place à un nouveau soi. Comme le dit si bien Stein:

> Dans la liminalité, une personne a la chance de réaliser qu'elle est un soi, une âme, et qu'elle n'est pas seulement une fonction, un *ego*. En termes jungiens, c'est l'éveil (*awareness*) de l'inconscient lui-même et cela conduit à reconnaître les fondations sur lesquelles repose la conscience, à savoir les dimensions archétypales de la réalité psychologique. (*Ibid.*, p. 61)

Le défi est clair : la personne peut réaliser qu'elle est autre chose qu'une fonction, et se rapprocher de son être profond. Elle renoue avec son âme. Avec cette troisième phase émerge, chez l'adulte, un sentiment plus solide de ce qu'il veut et de ce qu'il est. Un nouveau schéma d'organisation du soi se structure graduellement, entraînant un sentiment d'identité plus entier : ce sentiment d'intégrité (comment ne pas faire le lien avec l'intégrité dont parle Erikson ?) est d'autant plus fort chez l'adulte que d'autres parties de son soi jusqu'ici négligées ont maintenant droit de cité, et à l'intérieur de lui, et dans sa structure de vie. Selon J.O. Stein, la tâche psychologique consiste ici à « traduire les images de la totalité psychique potentielle dans un fonctionnement conscient » (1981, p. 294).

La troisième phase de la liminalité psychologique, celle de la reconstitution du soi, permet, dans les meilleurs cas, l'intégration des nouvelles compétences, elle procure le sentiment d'avoir une nouvelle identité et donne une expérience de sécurité plus grande et plus solide. Le mentoré acquiert ainsi un nouveau sentiment d'identité correspondant à une nouvelle constellation ou réorganisation de ses ressources psychiques, bref il atteint une plus grande individuation[5], telle qu'elle se manifeste à la fin d'un mentorat réussi.

Comme on l'a vu, à la fin du film, Rita, en possession de sa nouvelle identité, forte de ses nouvelles connaissances en littérature, poursuit sa route.

Cette troisième phase est souvent fort gratifiante pour le mentoré et pour le mentor. Pour ma part, je crois important de célébrer cette naissance à soi-même. Il y a place ici pour inventer des rituels de célébrations soulignant le passage.

En résumé, du point de vue diachronique, le territoire psychique couvert par l'état psychologique de liminalité est celui des espaces frontières, celui de l'entre-deux, l'espace des transitions et des passages, le couloir de la transformation telle qu'elle se déroule dans le temps, conformément à l'étymologie du mot (δια [*dia*] signifie « à travers » et χρονοσ [*kronos*], « temps »).

---

5. Sur cette notion d'individuation, je rappellerai ici la définition de Carl Gustav Jung (1953, p. 255) : « J'emploie l'expression d'individuation pour désigner le processus par lequel un être devient un individu psychologique, c'est-à-dire une unité autonome et indivisible, une totalité » et celle de Karpel (1976, p. 66-67), telle qu'elle est rapportée par Wadner (1981, p. 219) qui la cerne comme suit : « Le processus par lequel une personne devient de plus en plus différenciée d'un contexte relationnel passé ou présent [...] cela implique des virages phénoménologiques subtils et cruciaux via lesquels une personne en vient à se voir elle-même comme séparée et distincte à l'intérieur du contexte relationnel dans lequel elle est imbriquée. »

«Je est un autre», ou la liminalité synchronique

Les richesses de chaque vie individuelle dépassent largement non seulement la conscience que l'individu peut en avoir, mais les possibilités de réalisation restreintes qu'offre un cycle de vie unique et limité. Comme le faisait remarquer Marie-Louise Von Franz (1984, p. 51): «La personnalité consciente est en discordance avec la vitalité débordante de l'inconscient, car la surabondance de ce dernier se déverse dans un vase trop étroit.»

L'être singulier que chacun devient avec le temps est une possibilité prélevée sur de multiples autres. Il n'existe pas de coïncidence de soi à soi-même: le vase du moi est trop étroit pour satisfaire le soi. Tous ces autres que nous ne serons jamais et qui pourtant nous constituent sont constamment à l'œuvre. Des figures liminales – Turner emploie le terme *edgeman*, qui se féminise sûrement en *edgewoman* – habitent chacun de nous en permanence. C'est le «Je est un autre» de Rimbaud. Comme l'exprime Murray Stein (1983, p. 47): «À un certain niveau psychologique des choses, nous sommes toujours dans la liminalité, flottants et non fixés aux identifications, dans l'entre-deux (*betwixt and between*).» Telle est la liminalité synchronique.

Selon un point de vue synchronique (συν [*sun*] signifie «avec» et χρονοσ [*kronos*], «temps»), c'est-à-dire dans un même temps, comme si l'on faisait une coupe du temps au présent, la liminalité peut être considérée comme «une profondeur et une dimension permanente de la psyché, une couche qui perdure à travers le temps et qui occupe un espace à chaque phase de la vie» (M. Stein, 1983, p. 47).

Ainsi, la liminalité apparaît comme un état psychologique de fluidité, de flottement, d'ambiguïté qui perdure même dans les temps de plus grande stabilité de la vie adulte. Même dans les périodes où les sentiments de bien-être et d'harmonie prédominent, cette forme de liminalité existe, permettant de comprendre que le lot de l'être humain est la non-coïncidence de soi à soi-même.

La liminalité exprime, de ce point de vue, l'état dans lequel nous nous retrouvons sans cesse et qui consiste à ne pas coïncider avec soi-même: jamais, comme personne, nous ne serons, une seule fois, l'intégralité de ce que nous sommes.

Un splendide poème de Juan Ramón Jimenez exprime la liminalité synchronique; permettez-moi de vous en offrir une traduction libre:

Un poème de Juan Ramón Jimenez

Je ne suis pas Je

Je suis celui

qui marche à côté de moi et que je ne vois pas,

que parfois je décide de visiter

et que, en d'autres temps, j'oublie.

Celui qui pardonne, tout doux, quand je déteste,

celui qui demeure silencieux quand je parle,

celui qui fait une marche dehors quand je suis assis dans la maison

celui qui restera quand je mourrai.

Nous sommes loin du mentorat? Pas bien loin, dans la mesure où ce poème concerne l'actualisation de la personne. Le mot « liminalité » est un beau mot, n'est-ce pas? Ce n'est pas seulement un beau mot. C'est la réalité qu'il décrit qui est belle.

Personnellement, je suis séduite par la notion de liminalité transposée à la vie psychique. Il y a là un trésor d'intellection pour comprendre avec plus d'acuité comment on en arrive à consolider son identité d'adulte, comment l'identité du mentoré se transforme à l'intérieur du mentorat, comment on arrive à l'acte de transformation que constitue une nouvelle définition de soi.

En approfondissant ce qu'est la liminalité, j'ai eu la conviction de comprendre avec un autre éclairage le déroulement et l'évolution de la relation mentor-mentoré, plus particulièrement du côté du mentoré. Entre le moment où un mentoré amorce une relation avec un mentor et le moment où prend fin cette relation, la liminalité est présente, comme on peut le voir en suivant la transformation de Rita dans le film *L'éducation de Rita*. Entre les deux, le tuteur de Rita aura été présent au mentoré. Et il se sera lui-même métamorphosé à travers cette relation, ainsi que nous le montre le film. Cela se passe à des degrés divers selon l'expérience de chacun. « Être en relation pour de vrai » est une expérience qui ne peut que nous changer. Carl Rogers pensait déjà cela. J'en suis convaincue.

Si le mot « liminalité » ne fait pas encore partie du *Grand Robert*, il ne fait pas davantage partie du vocabulaire de la psychologie populaire. J'espère qu'il sera bientôt véhiculé comme il le mérite dans les journaux, à la télé, dans les corridors des grandes institutions du centre-ville comme dans les ateliers des artisans.

C'est un mot magnifique qui décrit une expérience commune à tous mais que nous ne savons pas encore nommer, ou que nous nommons avec des mots qui sentent la pharmacie. C'est un mot qui fait sortir du joug médical et des étiquettes-symptômes tels que « épuisement professionnel » (*burn-out*), « dépression », etc., un mot qui traduit les ressacs et les turbulences que nous connaissons, pour la plupart d'entre nous, lorsque nous traversons les périodes de changement de la vie adulte, lorsque nous sommes aux prises avec les difficultés de vivre dont chacun fait l'expérience : comment aimer ? comment travailler ? comment mourir ? comment vivre ?, lorsque notre être profond nous oblige à de nouvelles naissances : comment devenir une grande personne ? comment devenir soi ? comment aller au bout de soi ? comment cohabiter avec l'autre en soi ?

Dans la littérature, certains auteurs utilisent cette notion en l'appliquant tantôt au divorce, tantôt aux changements liés à des événements de la vie, tantôt aux grandes transitions de la vie adulte, telles l'entrée dans la jeunesse, l'entrée dans le mitan et l'entrée dans la vieillesse.

Par ailleurs, en tant que professionnelle, je me suis servie de cette notion pour analyser l'expérience du retour aux études à l'âge adulte, pour décrire l'expérience du divorce conjugal, pour expliquer la transition du mitan, pour décrire le passage à la retraite, pour rendre compte de l'expérience d'immigration des hommes et des femmes qui ont quitté leur patrie pour aller vivre dans un autre pays. Dans chaque cas, la notion de liminalité apportait beaucoup de lumière et réconfortait chacun. « J'aime bien me voir sur un seuil, plutôt que dans un tunnel », comme le disait un participant qui songeait à prendre sa retraite.

Ainsi, le mot « liminalité » n'a rien d'un jargon vide. Il est rond et plein de sens. C'est un trésor pour les futurs mentors.

QUESTIONS PRATIQUES

Le choix d'un mentor

> *Le jour où tu voudras te choisir un maître,*
> *considère les trois points suivants :*
> *regarde d'abord s'il est bien dans sa peau,*
> *s'il ne l'est pas réserve ton choix ;*
> *regarde ensuite s'il a besoin d'une cour ;*
> *si tel est le cas abstiens-toi ; enfin vérifie s'il se fait payer,*
> *s'il te demande une rémunération pour être ton maître,*
> *il ne peut pas être ton maître.*
>
> ANONYME

Le rôle ne fait pas l'acteur, encore moins le mentor ! Tout comme l'habit ne fait pas le moine, ainsi le rôle ou le statut ne font pas le mentor ! Il ne suffit pas de jouer un rôle qui se prête aisément au mentorat, par exemple le rôle de superviseur, de contremaître ou de patron, pour être mentor. Ainsi, le professeur, le patron d'hôpital, la travailleuse sociale, bien qu'ils détiennent un rôle pouvant donner lieu à l'émergence d'une relation mentor-mentoré, ne deviennent pas mentors automatiquement. C'est ce que l'on a vu plus haut quand il a été dit que la relation mentor-mentoré ne se définissait pas en termes de rôle formel, mais par ses caractéristiques, l'une de ces caractéristiques résidant dans l'investissement affectif de chacun des deux protagonistes.

Disons cela autrement. On ne décide pas d'être mentor. On peut décider de jouer le rôle de mentor, mais *il nous arrive* d'être mentor au sens plein du terme. On peut décider de jouer le rôle de mentoré quand on éprouve le besoin de rencontrer un mentor, mais on ne sait pas à l'avance comment évoluera la relation mentorale !

Trouver un mentor n'est pas chose aisée. De plus, tous les mentors ne sont pas nécessairement de *bons* mentors. Comment les partenaires se choisissent-ils ? Ce choix est-il intentionnel ? volontaire ? conscient ? explicite ? Comment expliquer l'attraction entre mentor et mentoré ? Le choix d'un mentor est-il plus difficile pour les femmes que pour les hommes ? Une fois que les partenaires se sont choisis, à quelles conditions la relation durera-t-elle ?

Un sol fertile

La relation mentor-mentoré ne survient pas par hasard. Elle apparaît dans un sol fertile. Souvent l'adulte éprouve le besoin d'un mentor au cours de périodes de changement, d'apprentissage, de formation. C'est souvent lorsqu'il traverse des périodes de transition qu'il ressent le besoin de rencontrer un mentor. Les périodes de transition sont des temps de métamorphose, des phases de mutation. Des temps où nous faisons quelque chose avec nos insatisfactions et nos désirs récurrents. Mais l'adulte n'en est pas toujours conscient quand les choses se passent. C'est souvent après coup, avec le recul et après réflexion, qu'il peut se rendre compte qu'il était bel et bien dans une période de transition.

Parfois il perçoit son besoin. Souvenons-nous de Charles qui disait :

> Jusqu'à cette époque de ma vie, je n'avais connu personne qui avait contribué d'une façon ou d'une autre à mon développement et à mon avancement dans le monde et dans la vie adulte. Je sentais un manque, un vide dans mon entourage, soit un bon ami ou quelqu'un qui m'encouragerait à atteindre mes buts.

Une jeune Suissesse de 23 ans, qui faisait son année de stage dans un bureau d'avocats, avant de passer l'examen du barreau, me racontait :

> Avoir un mentor, ça répondait, chez moi, à un besoin. Je dirais plus : c'était et c'est encore une nécessité. Sauf que je ne veux pas du tout devenir comme mon patron. Mais j'avais besoin d'un modèle. Enfant, quand j'aimais quelqu'un, il devenait tout pour moi ; je voulais tout faire pour cette personne. Maintenant, c'est différent. J'aimerais avoir plus confiance en moi, apprendre à poser des diagnostics plus rapidement, devenir plus combative, comme lui. Mais je ne voudrais pas du tout être lui. Il ne me plaît pas du tout. Même qu'au début ça me posait problème. Je ne l'aimais pas du tout mais j'avais besoin de m'identifier à quelqu'un. Ce n'est pas un besoin. C'est une nécessité !

Ce sont là deux exemples où les personnes décèlent clairement leur besoin de rencontrer un mentor. Mais tel n'est pas toujours le cas.

Il semble que le mentoré, avant d'entreprendre une relation avec le mentor, éprouve des désirs plus ou moins confus d'apprentissage et des besoins plus ou moins manifestes de changement[1]. Évidemment, chaque individu éprouve le besoin de changer et en ressent la nécessité à des degrés divers. Cette expérience peut être vécue de façon plus ou moins intense et peut revêtir différentes significations allant du «Qu'est-ce qui m'arrive?» à «C'est dans l'ordre des choses».

Par ailleurs, les individus n'ont pas tous les mêmes aptitudes au changement développemental. Certains sont plus rigides que d'autres. Certains sont plus confiants que d'autres. Certains sont plus facilement attirés que d'autres par un projet de maturation et d'accomplissement de soi. Certains s'abandonnent plus aisément à la vie, glissant dans ses épreuves avec plus de consentement que d'autres. L'aptitude à changer varie selon les mentorés. Sur ce point, il peut être utile de se fier aux efforts développementaux antérieurs du mentoré, car, même si ce dernier peut se sentir prêt à changer, il y est plus ou moins prédisposé (voir Wadner, 1981)[2].

Il importe donc de reconnaître un tel état de prédisposition et de tenir compte du fait que les individus ne possèdent pas la même capacité de reconnaître les personnes ou les événements qui, dans ma terminologie, peuvent jouer un rôle de passeur ou de catalyseur.

Ainsi, on observe, du côté du mentoré, que deux conditions sont généralement présentes avant même que s'effectue le choix du mentor: 1) il éprouve le besoin et le désir de changement; 2) il possède des aptitudes au changement développemental, aptitudes manifestées antérieurement.

---

1. En voulant expliquer le choix du partenaire transitionnel, Wadner (1981) a fait ressortir que ce choix est motivé, du côté de l'individu en transition, par des besoins particuliers, tels un déséquilibre du soi, la nécessité de réaliser une tâche développementale ou encore de contenir l'anxiété dépressive. Selon cet auteur, c'est parce que sa structure de vie ne semble plus satisfaisante, que son sens du moi est ébranlé et que ses relations significatives ne vont plus de soi que l'individu, consciemment ou inconsciemment, se sent mûr pour un changement.
2. Toujours selon Wadner (1981, p. 544), on peut dire que, jusqu'à un certain point, la prédisposition à l'effort développemental se base sur les aptitudes de l'individu pour ce genre de travail dans le passé: «Leur habileté à effectuer des changements dans leur structure de vie et dans le sens de leur soi intérieur peut être partiellement expliquée en examinant leurs expériences passées avec le monde objectal. Cela inclut à la fois la nature des relations objectales passées et leur capacité de résoudre l'ambivalence objectale.»

Les facteurs d'attraction

Comment expliquer l'attraction interpersonnelle dans la relation mentorale? Comment expliquer le choix que le mentor et le mentoré font l'un de l'autre? On sait peu de choses sur la chimie qui préside à la formation de ces relations; on croit au total qu'elles sont basées sur des facteurs de personnalité, sur des intérêts communs, ou encore sur d'autres facteurs, plus ou moins conscients.

La personnalité, les intérêts et le style de chacun sont des éléments importants qui président au choix. Selon Cronan-Hillix *et al.* (1986), les intérêts et la personnalité de chacun sont des éléments centraux dans le jumelage des partenaires. Cesa et Fraser (1989) affirment pour leur part que la nature d'une bonne relation entre mentor et mentoré dépend du jumelage des personnalités, des styles et des intérêts. Cette attraction s'explique par les similarités actuelles ou perçues au niveau de la personnalité ou du contexte (*background*) (Hennig et Jardim, 1977; Kanter, 1977). Enfin, selon plusieurs chercheurs (Carden, 1990), l'attraction interpersonnelle entre un supérieur idéal et un subordonné serait basée sur des perceptions relatives aux habiletés, à l'engagement et au potentiel de chacun. Turban et Lee (2007) recensent les études qui étayent le rôle de la personnalité dans le mentorat et rappellent que les mentors préfèrent mentorer des individus qui ont de fortes habiletés à apprendre plutôt que l'inverse (Allen, 2003), qui sont motivés et compétents (Allen, Poteet *et al.*, 1997) tandis que les mentorés sont attirés par des mentors qui font montre d'une plus grande compétence interpersonnelle (Olian *et al.*, 1998). Toutefois la recherche sur les facteurs de personnalité des protagonistes et la formation (l'évolution et le dénouement) du mentorat est encore à ses tout débuts.

L'identification et la modélisation de rôle sont au cœur du processus qui préside au choix, tant du côté du mentor que du côté du mentoré. Bella Rose Ragins (2002, p. 31-32) nous rappelle ceci:

> L'identification est le processus-clé qui guide le mentor dans son choix du protégé et vice-versa. Chez le mentor, le développement de la relation correspond à un besoin développemental qui est animé, en partie par son identification au protégé (Erikson, 1963; Kram, 1985; Levinson *et al.*, 1978). La relation procure au mentor le sentiment d'exercer sa générativité et de contribuer aux générations futures (Erikson, 1963). Les mentors voient souvent leurs protégés comme une version plus jeune d'eux-mêmes et une représentation de leur propre passé. Appuyant ce point de vue, des recherches existantes indiquent que les mentors choisissent des protégés qu'ils perçoivent comme semblables à eux (Allen, Poteet et Burroughs, 1997) et que la satisfaction que procure la relation

mentorale augmente avec la perception de cette similarité (Ensher et Murphy, 1997). Dans la mesure où les protégés choisissent leur mentor, l'identification peut aussi guider leur choix.

Certains chercheurs pensent que des comportements précis sont à l'origine du choix, ou que certaines caractéristiques de personnalité prédisposent un individu à assumer le rôle de mentor ou celui de mentoré (Darling, 1986). Dans cette veine, certains chercheurs ont tenté de mettre en relief le profil type du bon mentor[3]. Sans en faire un absolu, certaines caractéristiques paraissent récurrentes :

- le désir de communiquer ce que l'on sait (j'imagine mal que quelqu'un qui ne sent pas le besoin de partager ce qu'il sait et ce qu'il comprend puisse jouer un rôle de mentor);
- la volonté de participer à la formation et au développement d'autres personnes, ce qui est une forme d'altruisme et de générativité (encore ici, je ne vois pas quelqu'un de replié sur lui-même, d'égocentrique et d'égoïste jouer un rôle de mentor);
- des compétences interpersonnelles de haut niveau : clarté, empathie, stimulation, feedback constructif et direct, initiative, capacité de s'engager;
- une réalisation de soi toujours active, accompagnée d'une assez bonne estime de soi.

Un choix fondé sur un manque

C'est parce qu'il y a un manque chez le mentoré que celui-ci attribue à un éventuel mentor un comportement, une attitude, une habileté, une qualité qu'il convoite pour lui-même. Par exemple, s'il veut devenir enseignant et qu'il cherche à apprendre à composer avec un groupe, à connaître les habiletés de communication de base qui font un bon pédagogue, à maîtriser les consignes et les règles d'une conférence bien conçue et bien organisée, à construire son image de soi comme enseignant, à acquérir des attitudes positives, le mentoré risque de remarquer la personne qui, dans son environnement, possède ces atouts. Ce sentiment d'un manque chez le mentoré, qui correspond à un attribut qu'il convoite et qu'il perçoit chez le mentor est une première explication qui s'appuie sur la notion de concept de soi.

---

3. Comme l'ont fait, entre autres, Knox et McGovern (1988), cités plus haut.

Rappelons que le concept de soi comprend premièrement le soi idéal, c'est-à-dire ce que quelqu'un croit qu'il devrait être ; il comprend également l'image de soi, c'est-à-dire ce que quelqu'un perçoit qu'il est, et enfin l'estime de soi, c'est-à-dire la relation affective que le sujet entretient avec lui-même et qui est reliée au sentiment qu'il a de sa propre valeur.

Dans le cas où le soi idéal (ce que quelqu'un croit qu'il devrait être) et l'image de soi (ce que quelqu'un perçoit qu'il est) coïncident ou se recoupent, un individu aura une bonne estime de soi (sentiment de sa propre valeur). Or dans la mesure où se creuse un fossé entre le soi idéal et l'image de soi, l'estime de soi diminue et fait place à une expérience de manque, explique Clawson (1986).

Dès qu'une personne faisant cette expérience perçoit chez une autre un attribut, une habileté ou un niveau d'expertise qui appartient, pour elle, au soi idéal mais non à l'image de soi, elle sera portée, pour augmenter son estime de soi, à apprendre de l'autre personne comment acquérir cet attribut. Par exemple, l'éventuel mentoré perçoit que Z possède une belle intelligence, un esprit vif, qu'il a des idées claires et s'exprime bien, et il aspire à acquérir ces qualités. Selon Clawson, l'écart ainsi creusé entre le soi idéal et l'image de soi de cette première personne et l'expertise de la deuxième personne facilitent le début d'une relation mentor-mentoré.

Autrement dit, le mentoré projette sur le mentor des habiletés, des attitudes, des compétences qu'il souhaite acquérir, et cela lui permet de s'investir affectivement dans une relation avec ce dernier. Ragins (2002, p. 31-32) dit la même chose : « Les protégés choisiront comme modèle de rôle des mentors qui leur paraissent compétents ; le mentor représente donc ce que le protégé veut devenir. »

Le caractère intersubjectif de la perception sur laquelle se fonde le choix d'un mentor nous permet de comprendre, par un autre biais, que les relations mentor-mentoré ont un commencement et une fin puisque, une fois que le mentoré a intégré les composantes qu'il avait projetées sur le mentor, une fois que les objectifs de la métamorphose sont atteints, l'attrait que le mentor exerce sur le mentoré s'atténue et change en intensité et en qualité. Si la relation est appelée à durer, elle s'établira dès lors sur d'autres fondements, la consolidation de l'identité ayant été momentanément atteinte.

Un choix fondé sur une perception subjective

Qu'un adulte senior porte son attention sur tel nouveau stagiaire ou jeune employé en lui reconnaissant beaucoup de potentiel ou qu'un éventuel mentoré remarque les compétences de telle personne, de chaque côté les perceptions sont subjectives. Il apparaît important, ici, d'insister sur l'aspect profondément subjectif de ces perceptions. Il faut savoir, en effet, que le choix d'un mentor ne se fonde pas sur des critères objectifs de sagesse ou de maturité, ou encore de réalisation de soi, mais sur les critères éminemment subjectifs et fortement circonstanciés que retient un être qui a besoin de s'identifier à une autre personne et d'apprendre de cette personne singulière, que ce soit sur le plan professionnel ou sur le plan personnel.

Il en est du mentorat comme du leadership. Pendant longtemps, nous avons cru que le leadership était l'apanage d'une personne donnée et que différents attributs, propriétés ou caractéristiques individuels expliquaient ce phénomène. Maintenant, nous savons que le leadership est le phénomène qui décrit la répartition de l'influence dans un groupe donné. Dans cette perspective, le leadership n'est pas attribuable aux seules qualités d'un individu puisque celles-ci doivent être perçues et valorisées par le groupe en question. C'est dire que le leadership ne se comprend qu'en fonction des normes et des valeurs d'un système-groupe et des variables affectives interpersonnelles caractérisant les membres de ce groupe.

Ainsi en est-il du phénomène du mentorat. Certains ont cru que le mentor devait posséder des qualités objectives particulières, observables et reconnaissables en elles-mêmes. Or, l'expérience nous le démontre, les qualités du mentor doivent être perçues par le mentoré. De même les qualités du mentoré (par exemple, le fait d'apparaître comme un individu prometteur, etc.) doivent être perçues par le mentor éventuel.

Qu'est-ce qui attire un mentor vers tel ou tel protégé? Allen *et al.* (2002) nous disent: « […] Les mentors choisissent leurs protégés en fonction de leurs habiletés et de leur potentiel tel que perçu plus qu'en fonction du besoin d'aide des protégés. Les mentors femmes sont plus portées que les mentors hommes à choisir leurs protégés en fonction de leur potentiel. » Allen et Eby (2007, p. 129-130) invoquent, en dépit du peu d'études sur le sujet, « […] d'un côté le paradigme de l'attraction par similarité "Le semblable attire le semblable", d'un autre les coûts et les bénéfices de cette relation tels qu'il les entrevoit, selon la théorie de l'échange social (Thibault et Kelly, 1959) ».

La théorie de la similarité perçue entre le mentor et le mentoré, et celle de la complémentarité également perçue entre mentor et mentoré, n'expliquent rien d'autre. Par conséquent, c'est de l'intérieur de la subjectivité de deux personnes que prend forme le mentorat, et non uniquement dans la tête du responsable des ressources humaines.

Le mentor est-il plus sage et plus avancé que le mentoré ?

Une adulte, dans un groupe de travail, fit la remarque suivante: « Mais il y a si peu de sages dans notre société! Personne n'est suffisamment parfait pour être mentor! », soulevant un tollé de protestations de la part des autres membres du groupe: « Mais voyons... »

Je m'attends à ce qu'un adulte mature, tout en traversant les diverses crises créatrices de la vie adulte, crises existentielles et développementales, soit présent aux plus jeunes à partir de sa maturité chambranlante souvent, modeste toujours, difficile à l'occasion, à partir de sa quête de maturité et de sagesse. Présent et attentif. Compréhensif et honnête.

L'adulte mature, comme le bon parent d'ailleurs, sans qu'il soit parfait, devrait avoir en quelque sorte une longueur d'avance – pas une prétention d'avance! – sur le jeune adulte. Il sait, entre autres, que le mentorat a un commencement, avec sa panoplie de difficultés et d'enthousiasmes, ce qui peut l'aider, à l'occasion, à ne pas tomber dans les pièges (par exemple, celui de faire l'amour avec cette jeune étudiante qui l'adule sous le coup de l'enthousiasme alors qu'elle est en plein transfert... mentoral, si je puis dire). Bref, il est lucide sur ce qu'il vit au cours du développement du mentorat et peut comprendre ce que vit le mentoré. Il sait également qu'il aura joué son rôle de mentor lorsque la relation se sera transformée et sera devenue inutile. Enfin, il est capable de nommer ce qu'il ressent dans la phase de la séparation, cette phase comparable au *launching* (soit la phase de la mise à l'eau), où il permet au jeune adulte de le quitter: les enjeux relationnels de cette fin de relation ne sont-ils pas analogues à ceux qui se jouent entre parents et enfants au moment où ces derniers veulent voler de leurs propres ailes pour entrer dans le monde adulte?

Mais cela ne se passe pas toujours ainsi. La maturité ferait-elle défaut? On se doute bien que le mentor qui fait des tractations pour empêcher que son mentoré n'obtienne telle faveur (promotion, avancement, invitation à un congrès qu'il convoite pour lui-même), manque de maturité. On se doute bien que le mentor qui utilise son pouvoir de mentor pour séduire sexuellement une mentorée manque de maturité. On se doute bien que le mentor qui s'organise pour congédier ou faire congédier son mentoré-stagiaire parce qu'il se sent menacé par les critiques de ce dernier manque de maturité. Il peut même arriver que l'on se demande si, dans certains cas, la personne sollicitée pour devenir mentor n'invoque pas des raisons... immatures, pour refuser ce rôle.

Par ailleurs, on sait que la maturité est une tâche, non une donnée, et surtout, qu'elle n'est jamais acquise une fois pour toutes.

En général, on s'attend que le mentor soit plus mature que le mentoré. Toutefois, il se peut que l'on soit mentor sans être le prototype de la maturité parfaite. Cela étant dit, il y a lieu de se poser la question suivante: le mentor est-il de fait toujours plus avancé que le mentoré?

Il arrive souvent que le mentor soit, du point de vue développemental, plus avancé que le mentoré. Ce qui est sûr, du moins, c'est qu'il est souvent perçu comme tel par le mentoré, car le mentor est toujours perçu par le mentoré comme une personne possédant des atouts qui lui manquent et qu'il veut acquérir[4]. La relation de mentorat permet précisément au mentoré de poursuivre le développement de sa personnalité adulte en intégrant les nouveaux atouts qu'il a perçus chez le mentor, devenu pour lui *le* modèle.

Tous nos modèles d'absolu, ancrés dans la nostalgie de cet «ange déchu qui se souvient des cieux», reflètent sans doute en même temps notre attrait pour l'altérité, la différence, l'envers de la médaille, la complétude, aussi bien que notre soif d'intégrité et d'absolu. Si la durée d'une vie humaine était de trois siècles, peut-être chaque être passerait-il trois cents ans en quête de lui-même: n'est-ce pas là le sens de l'individuation, l'un des chemins de la conscience dont on sait qu'ils sont sans fin? Le poète avait-il tort? Il me semble parfois que nous rêvons des cieux beaucoup plus que nous nous en souvenons... Shakespeare ne disait-il pas que les rêves constituent le matériau dont sont faits les hommes!

---

4. Tout comme le partenaire transitionnel du modèle de Wadner (1981), le mentor semble posséder des habiletés et des compétences, et au niveau de sa structure de vie externe et au niveau de la structure interne de son soi, que l'individu en transition voudrait acquérir; ces composantes particulières qui appartiennent au soi du partenaire transitionnel (le mentor) représentent les composantes désirées qui manquent à l'individu en transition (le mentoré).

Toutefois – et nous répondons ici à l'argument selon lequel personne n'est suffisamment parfait pour être mentor – les personnes sur lesquelles nous projetons ce que nous aimerions devenir sont toujours des êtres humains limités. C'est à travers l'imperfection et la finitude que nous pouvons nous développer et que nous nous développons.

Nous apprenons à vivre et à devenir adultes au contact d'adultes pour qui la maturité n'est pas un cadeau reçu d'une fée à la naissance, tout comme c'est le cas pour nous! La maturité relationnelle s'acquiert. Nos relations mentor-mentoré peuvent être boiteuses. Ce sont des connexions imparfaites.

Ce que j'ai appelé le *cloning* appartient au niveau relationnel le plus immature: dans cette forme de relation, le mentoré apparaît comme un sosie du mentor. Il se peut aussi que mentor et mentoré connaissent la fusion ambivalente, qui reflète une maturité relationnelle moyenne et fort répandue. Je songe à cette jeune femme qui a changé de superviseur à trois reprises; c'était peut-être pour elle une façon de sortir de la fusion ambivalente. Enfin, et heureusement, il existe un mode relationnel plus mature, celui du dialogue, où deux «je» distincts se relient. Je pense à ce mentor à qui sa mentorée, alors âgée de 45 ans, rendait visite avec le but précis de lui exprimer sa reconnaissance: «Je ne sais comment vous remercier. Vous avez tant fait pour moi. Comment puis-je vous exprimer ma gratitude?» La femme mentor répondit: «Mais en faisant la même chose pour d'autres!»

Qui a dit que, dans nos sociétés, les mentors faisaient défaut?

Le choix d'un mentor est-il plus difficile pour les femmes?

L'idée qu'il est plus difficile pour les femmes que pour les hommes de trouver un mentor est assez répandue. Est-il effectivement plus compliqué d'amorcer une relation mentorale si l'on est une femme? Est-il vrai que la passivité féminine (un stéréotype acquis et transmis de moins en moins, espérons-le) intervient dans ce domaine? Est-il vrai qu'il y a moins de femmes mentors que d'hommes mentors et qu'il est, par conséquent, plus difficile d'amorcer une relation avec une femme mentor pour les mentorés de sexe féminin? Est-il vrai que les femmes ont moins d'occasions de rencontrer un mentor? Est-il vrai que la peur du «qu'en dira-t-on?» affecte les éventuels mentorés dans le choix d'un mentor, spécialement si ce dernier et le mentoré sont de sexes différents?

Ragins (1989, p. 7), dans un article où elle analyse les obstacles au mentorat chez les femmes dirigeantes d'une organisation, fait l'hypothèse que les femmes cherchent peut-être moins que les hommes à avoir un mentor parce qu'elles en méconnaissent l'importance, ou encore, parce que, lorsqu'elles en reconnaissent l'importance,

> [...] elles ne possèdent peut-être pas les connaissances, les habiletés ou les stratégies nécessaires pour obtenir un mentor. Il se peut que les hommes, en amorçant une relation mentorale, se sentent plus à l'aise parce qu'ils ont l'habitude d'assumer des rôles où ils s'affirment, tandis que les femmes peuvent se sentir mal à l'aise et inexpérimentées dans de tels rôles.

Une autre étude[5] de la même chercheure, menée en collaboration avec Cotton, pousse plus loin l'analyse. Cherchant à comprendre ce qui peut faire obstacle au mentorat, Ragins et Cotton (1991) ont analysé les différences entre les hommes et les femmes pour ce qui est d'amorcer la relation.

Les femmes *perçoivent* qu'il existe plus de barrières au mentorat chez elles que chez les hommes. Toutefois, nous disent Ragins et Cotton (1991, p. 948), en dépit de cette perception des femmes, les peurs qui empêchent les éventuels mentorés de s'affirmer et de faire les premiers pas pour amorcer la relation avec un mentor ne sont pas différentes chez les hommes et chez les femmes:

> La perception des femmes de cette étude ne corrobore pas, de façon évidente, les prescriptions de rôles stéréotypées que l'on attribue généralement aux sexes, les femmes devant jouer un rôle passif et les hommes un rôle actif lorsqu'il s'agit d'amorcer des relations interpersonnelles.

Par ailleurs, Noe (1988) a distingué six barrières possibles qui se dressent pour les femmes cadres (dans l'administration) dans les relations mentor-mentoré où les partenaires sont de sexes différents; voici, en résumé, quels sont ces six obstacles:

- le manque d'accès aux réseaux d'information: les femmes auraient un contact limité avec les mentors potentiels parce qu'elles ne savent pas comment créer des réseaux informels, parce qu'elles préfèrent l'interaction avec les membres de l'organisation qui ont un statut semblable au leur, parce qu'elles sont volontairement exclues de ces réseaux par des dirigeants masculins;

---

5. Il s'agit d'une recherche menée auprès de 510 personnes du sud des États-Unis (229 femmes et 281 hommes) dans laquelle 52,6% des sujets (dont 55% étaient des hommes et 49,5%, des femmes) ont répondu qu'ils avaient déjà connu ou qu'ils connaissaient une relation avec un mentor (Ragins et Cotton, 1991).

- l'appui pour la forme; les mentors potentiels peuvent être moins enclins à choisir leurs mentorés parmi les femmes et coopérer pour la forme, car si la relation ne réussit pas, ils pourraient être montrés du doigt, le système pouvant être punitif de plusieurs manières;
- les stéréotypes et les attributions de rôles qui prévalent encore dans les organisations. Par exemple: les croyances voulant que les femmes préfèrent des emplois où il y a moins de défis, les attitudes négatives par rapport aux capacités de gestion des femmes (cela pouvant être fort subtil... ainsi, le fait de souligner les réussites des femmes dans ce domaine en les présentant comme des cas d'exception plutôt que comme des cas «normaux»);
- les modes de socialisation: les femmes sont encouragées à développer des traits de personnalité et des comportements contraires à ceux qu'on attend d'un bon dirigeant;
- les normes au sujet des relations hommes-femmes: la peur que la relation instaurée soit décodée comme ayant des connotations sexuelles, d'une part; la préférence que manifestent les hommes mentors – en grand nombre au dire de certains – à travailler plutôt avec des hommes qu'avec des femmes;
- le fait que les femmes s'appuient sur des bases de pouvoir inefficaces: les hommes et les femmes ont des stratégies d'influence qui ne sont pas les mêmes. Par exemple, les femmes utilisent davantage des stratégies de pouvoir indirect et de consentement.

Je cite ces résultats de recherches pour souligner que la relation mentorale se déroule à travers des changements sociaux dans le cadre desquels hommes et femmes cherchent des formules d'être nouvelles qui ne les cantonnent plus dans les stéréotypes. N'est-il pas rassurant d'entendre dire que les hommes partagent peut-être les peurs des femmes lorsqu'il s'agit d'amorcer une relation mentor-mentoré? Enfin, je cite aussi ces résultats pour souligner à quel point il importe que les chercheurs eux-mêmes remettent en question leurs propres postulats de chercheurs et leurs opinions toutes faites[6].

Quelle est l'incidence de la composante sexuelle dans le choix du mentor et du mentoré? Cette question reste à approfondir.

---

6. Par exemple, si le mentoré ou le mentor sont homosexuels, la question des relations mixtes ne se pose plus du tout de la même façon.

Comment prendre contact avec le mentor éventuel?

Approcher quelqu'un afin d'établir une relation de mentorat peut paraître une opération difficile. Le plus simple est que le mentoré approche le mentor éventuel en lui faisant part de ses attentes, de ses besoins, de ce qu'il cherche. Il arrive également que le mentor manifeste à un éventuel mentoré son désir de travailler avec lui.

L'objet de cette prise de contact est de vérifier, premièrement, si le mentoré est bien à la bonne adresse en faisant sa demande à telle personne et si le mentor a les compétences précises recherchées par le mentoré et, deuxièmement, si le mentor éventuel est disponible (c'est-à-dire s'il a du temps) et s'il est prêt à s'engager dans cette relation d'accompagnement. Les deux protagonistes ont alors intérêt à faire valoir quels bénéfices ils espèrent pour chacun.

Si les deux acceptent, ils pourront préciser leurs besoins, les buts qu'ils poursuivent, établir une entente sur les modalités de rencontres, expliciter ce qu'ils attendent et ce qu'ils n'attendent pas de l'autre, de manière à éviter les déceptions et, surtout, à maximiser les effets bénéfiques du mentorat.

Une réponse négative de la part d'un éventuel mentor peut exprimer un manque de disponibilité, la conviction de ne pas être la meilleure personne pour venir en aide au mentoré, une conscience de ses limites personnelles; aussi le mentoré ne doit-il pas interpréter cette réponse négative comme un rejet de sa personne, il doit mettre les choses en contexte. Il vaut mieux obtenir un non clair qu'un oui mitigé, car il est alors possible de se tourner vers une autre personne.

Pour que se poursuive la relation: trois déterminants relationnels

Une fois que les partenaires se sont choisis, ils ne sont pas choisis une fois pour toutes. Pendant que la relation se développe, chacun peut y mettre fin à chacune des phases s'il le désire. Pour que la relation se poursuive, chaque partenaire doit être relativement satisfait dans ses attentes et ses besoins. Il est donc légitime de se demander à quelles conditions la relation se poursuivra.

Disons d'abord que, entre adultes, une relation qui coûte plus cher en énergie qu'elle ne rapporte en satisfaction est exposée à se terminer. C'est ce que veut la théorie des coûts et bénéfices. Ensuite, trois autres éléments sont déterminants en ce qui concerne non seulement le choix du partenaire, mais aussi la poursuite et le développement de la relation : d'une part, la capacité de faire confiance chez l'un qui fait écho au fait d'être digne de confiance chez l'autre, d'autre part, l'ouverture de l'un qui répond à l'engagement de l'autre, enfin le sentiment d'appartenance du mentor et du mentoré à l'intérieur de la relation.

La confiance réciproque

Un premier déterminant relationnel réside dans le fait d'être digne de confiance pour le mentor éventuel et dans la capacité de faire confiance pour l'éventuel mentoré (Clawson, 1986 et plusieurs autres). Ce déterminant relationnel est relié à une reconnaissance réciproque : « Je peux lui faire confiance », se dit le mentor. « Le mentor est digne de ma confiance », se dit le mentoré. Un tel élément perceptuel joue d'ores et déjà au début de la rencontre. Il s'avérera central pour le maintien et l'évolution de la relation. Tout se passe comme si le mentoré se disait : « Je te fais confiance parce que tu m'apparais digne de confiance. » La capacité, chez le mentoré, de faire confiance est alimentée par le fait, pour le mentor, d'être digne de confiance.

L'ouverture et l'engagement

Un autre élément explique non seulement le choix initial des partenaires, mais aussi le fait que la relation évolue de façon satisfaisante. Il y a un jeu de réciprocité qui s'installe entre les deux partenaires : dans la mesure où le mentoré s'ouvre, il se rend vulnérable vis-à-vis du mentor, mais il s'ouvre et se rend vulnérable dans la mesure où il existe, chez le mentor, un engagement actif à remplir des fonctions de mentor et une attitude positive face au mentoré. Réciproquement, le mentor s'engage dans des fonctions concrètes de mentorat et poursuit dans cette voie dans la mesure où il perçoit une ouverture chez le mentoré. C'est ce que Clawson nomme le degré de perméabilité du mentoré faisant écho à l'engagement du mentor.

De fait, le degré d'engagement du mentor dans des activités actives et planifiées vis-à-vis du mentoré et le degré de réceptivité du mentoré par rapport à ces influences déterminent les possibilités de combler le fossé qui existe chez le mentoré entre son soi idéal et son image de soi. Dans la mesure où le mentoré sera réceptif aux influences du mentor, il pourra acquérir de nouvelles habiletés et expertises et ainsi augmenter son estime de soi.

Le sentiment d'appartenance

Le sentiment d'appartenance est un ingrédient qui fait que la relation mentorale dépasse la phase initiale et se poursuit; Allen et Eby (2007) font un lien entre l'absence de ce sentiment d'appartenance et la fin prématurée de relations mentorales, incluant des relations mentorales dysfonctionnelles. Quand les besoins d'appartenance du mentoré sont insatisfaits, ce dernier peut être davantage porté à mettre fin à la relation (Eby *et al.*, 2004).

Ce sont là des conditions essentielles pour que la relation se poursuive.

L'importance d'un bon pairage dans les programmes de mentorat

Les facteurs qui président au choix du mentor et du mentoré que nous venons de décrire jouent tant dans le mentorat formel qu'informel. On sait que certaines dyades évoluent aisément tandis que d'autres ont du mal à survivre, ou encore se terminent mal. Des recherches récentes affinent notre compréhension des choses en faisant ressortir l'importance d'un bon pairage. Blake-Beard, O'Neill et McGowan (2007) nous disent que « les organisations et les gestionnaires de programme de mentorat sous-estiment la valeur d'un bon pairage et qu'ils sous-estiment aussi les coûts d'un piètre pairage » (p. 626). Que pouvons-nous faire pour favoriser des pairages efficaces, *i.e.* jumeler deux personnes qui seront capables de bien s'entendre et de bien travailler ensemble, l'un comme mentor, l'autre comme mentoré? Ces mêmes auteurs distinguent trois groupes de stratégies de jumelage : celles qui se fondent sur l'assignation par les administrateurs à partir de critères établis ; celles qui se fondent sur le choix réciproque du mentor par le mentoré et du mentoré par le mentor et enfin celles qui s'appuient sur des tests de personnalité tels le MBTI ou autres. Lors du jumelage, nous disent Blake-Beard *et al.*, il importe d'utiliser des stratégies de pairage qui vont « aider les protagonistes à identifier leurs attentes, à faire converger leurs buts et leurs orientations d'apprentissage (Egan, 2005), à analyser leurs approches développementales préférées (McGowen, 2001) et à les orienter de manière à ce qu'ils tiennent compte de ces préférences » (p. 626). Ainsi les aspects complémentaires de la relation pourront être maximisés.

Font partie des aspects complémentaires de la relation :

1. les facteurs de personnalité du mentor et du mentoré ;
2. la pertinence de l'expertise du mentor face aux besoins du mentoré ;

3. un fossé franchissable entre le mentor et le mentoré : il ne sert à rien de jumeler le président de la compagnie avec le travailleur qui vient tout juste d'arriver : quelqu'un de plus accessible et dont l'expertise reste pertinente pourra jouer le rôle de mentor.

Les stratégies de jumelage qui sont basées sur le choix réciproque des protagonistes ont des effets : le fait de donner dans une certaine mesure aux protagonistes la possibilité de se choisir favorise la similarité et l'attraction qui existent à l'intérieur des relations informelles, et a fortiori l'engagement et l'implication.

Le choix, un processus mystérieux

En réalité, les bons mentors ne sont pas faciles à trouver. De plus, un bon mentor n'est pas bon en soi mais pour quelqu'un. Le choix initial mentor-mentoré demeure un élément important de réussite : le mentoré choisit (ce choix n'étant pas nécessairement conscient) son mentor et, réciproquement, le mentor choisit le mentoré, minimalement d'une façon passive, c'est-à-dire en donnant son accord, sinon – et c'est le plus souhaitable à mon avis – d'une manière active. Un tel choix se fonde sur des perceptions subjectives : le mentoré perçoit le mentor comme étant plus avancé que lui, comme quelqu'un à qui il peut s'identifier ; le mentor voit le mentoré comme quelqu'un qui a du potentiel ! Chacun réagit à ce qu'il perçoit de la perception de l'autre : « Je pense qu'il pense… » « Je pense qu'il pense que je pense… » comme le disait déjà Laing (1970) dans ses *Nœuds*. Parfois ce choix n'est ni explicite ni totalement formel et se fait de façon non encadrée, au fil des événements de la vie. Cela nous montre à quel point la dimension intersubjective est capitale dans le choix d'un mentor. D'ailleurs le bon jumelage à l'intérieur des programmes de mentorat essaiera de tenir compte de ces facteurs subjectifs pour assurer une complémentarité relationnelle. Se choisir est un processus éminemment complexe. Complexe et délicat.

Cette analyse du processus de choix vaut autant pour le mentorat de carrière que pour le mentorat de vie. En général il flotte une sorte de croyance voulant que le mentorat formel se gère mieux que le mentorat informel. Certes, il est plus systématisé et donne lieu à de nombreuses recherches. Au terme de ce chapitre, si je reste persuadée du caractère mystérieux, voire sacré qui préside à la formation et à l'évolution de la rencontre mentorale au sens le plus fort de ce terme, je reste convaincue que le mentorat formel peut donner naissance à des relations mentorales significatives.

CHAPITRE 8

Les champs d'application et les effets

> *Vous ne saurez jamais que j'emporte votre âme*
> *Comme une lampe d'or qui m'éclaire en marchant;*
> *Qu'un peu de votre voix a passé dans mon chant.*
>
> Marguerite YOURCENAR, *Les charités d'Alcippe*

« Un peu de votre voix a passé dans mon chant. » C'est ainsi que les hommes vivent, pétris, habités par les êtres qu'ils ont rencontrés au cours de leur vie.

Parmi ces êtres, il y a les mentors. Où se trouvent-ils? Le mentorat se retrouve dans des champs divers. Quels sont ses effets? Sont-ils toujours positifs? Y aurait-il des effets négatifs au mentorat?

Les champs d'application du mentorat

Devant l'importance que prend le phénomène du mentorat, à n'en pas douter il y a lieu de connaître ses champs d'application. Le mentorat se retrouve dans plusieurs situations, en contexte professionnel et en contexte de vie.

Dans la mesure où l'on considère le mentorat comme un phénomène d'abord relié au développement professionnel ou au développement de carrière de l'individu, voici les principaux lieux ou systèmes sociaux où il est possible de le rencontrer: 1) dans le milieu académique; 2) dans le milieu professionnel; 3) dans le milieu organisationnel; 4) dans les milieux communautaires; 5) dans les milieux culturels. Toutefois, ces milieux se prêtent aussi à l'apparition du mentorat de vie.

Le *milieu académique*, en particulier celui de l'éducation supérieure, se prête tout naturellement au mentorat: la formation universitaire en général et la formation collégiale exigent souvent que l'étudiant entreprenne des stages ou s'inscrive dans un processus de rédaction de thèse (parfois les deux). Ces situations dans lesquelles s'établit une relation entre un superviseur de stage et un stagiaire, entre un directeur de mémoire ou de thèse et un étudiant en rédaction de thèse sont éminemment propices à l'apparition d'un mentorat fécond.

Le *milieu professionnel* s'y prête également dans la mesure où le jeune adulte – qu'il soit en formation, en perfectionnement ou en début de carrière – éprouve divers besoins qui font écho aux fonctions du mentorat : besoin d'être soutenu, orienté, dirigé, stimulé, conseillé, présenté aux autres, besoin de connaître le terrain de première main et d'y faire sa place, etc. Le développement de carrière n'étant plus linéaire comme autrefois, plusieurs ancrages sont possibles.

Le *milieu organisationnel*, qui, par le biais de la gestion des ressources humaines, tente de concilier productivité et réalisation professionnelle de ses employés, est un lieu propice à l'éclosion du mentorat : avancement de carrière horizontal ou vertical, adaptation à de nouveaux secteurs de production, adaptation à un nouveau poste.

Le *milieu communautaire* s'est aussi inspiré du mentorat, par exemple en situation d'immigration, d'insertion dans de nouveaux pays, pour assister des jeunes en difficultés, etc.

Enfin, les différents *milieux culturels* se prêtent au mentorat : formation des artistes, soutien aux créateurs, stages pour apprentis cinéastes, etc.

Selon Carden (1990), chacun de ces systèmes sociaux mesure et interprète le phénomène du mentorat en fonction de ses propres buts, besoins et ressources :

- le milieu organisationnel conçoit le mentorat en fonction de l'adaptation des individus dans les organisations, en fonction du profit et de la productivité ;
- les établissements de haut savoir insistent davantage sur le caractère nourrissant du mentorat pour l'étudiant en formation, sur la créativité qui peut en découler ;
- enfin, les groupes professionnels, qui utilisent le mentorat pour l'adaptation à la profession et pour le perfectionnement, insistent sur un management de performance et sur un marketing de service efficace.

J'ajoute que les milieux communautaires et culturels cherchent à créer des systèmes de soutien et du tissu social, à travers des relations mentorales ou des programmes de mentorat.

En outre, le mentorat peut porter sur des thématiques de plus en plus spécifiques et de plus en plus variées comme le montre la panoplie des programmes existants : contre le décrochage scolaire, avancement des femmes cadres, entrepreneurship, minorités ethniques, formation des artistes et créateurs, etc.

Les effets du mentorat

Quand une relation mentor-mentoré se produit, il y a des répercussions sur le mentor, sur le mentoré et sur le milieu. Ces répercussions se font sentir pendant et après l'expérience de mentorat. Réfléchissons sur les avantages et les désavantages de cette relation.

Les effets positifs

Pour le mentor

Parmi les effets positifs observés chez le mentor se trouvent le plaisir d'être en contact avec la jeunesse et avec d'autres façons de voir les choses, le sentiment d'être utile à sa profession et à son milieu, le plaisir de faire profiter les autres de ses compétences et de ses connaissances, la satisfaction personnelle de contribuer à la formation de futurs professionnels, travailleurs et adultes accomplis et les gratifications liées au fait de relever un défi créateur du mitan de la vie adulte, à savoir celui de se soucier de la génération montante et d'exercer sa générativité.

De plus, le fait de jouer le rôle de mentor à l'intérieur d'une organisation peut faire connaître le gestionnaire ou l'administrateur comme formateur, parrain, tuteur ou mentor et, à l'occasion, contribuer au développement de sa carrière en favorisant son avancement :

> Le protégé peut aussi favoriser l'avancement de carrière du mentor d'une multitude de manières, par exemple en lui offrant des informations vitales sur les échelons inférieurs de l'entreprise, en lui servant de testeur par rapport à de nouvelles idées et en aidant le mentor à finir un projet. (Zey, 1988, p. 47)

Par ailleurs, le fait d'apprendre est le bénéfice qui a été le plus fréquemment mentionné par des mentors investis dans un programme de mentorat (Eby et Lockwood, 2005). On sait qu'à travers les échanges avec le mentoré, le mentor peut découvrir d'autres aspects de l'organisation, du fonctionnement du travail, de l'évolution de sa profession, etc.; il peut aussi apprendre et raffiner son propre fonctionnement relationnel à travers les différentes phases de la relation, ou encore dans des moments plus critiques et enfin il peut rétrospectivement intégrer autrement son cheminement professionnel alors qu'il entrait dans le monde adulte, ou au cours de ses transitions professionnelles.

Lankau et Scandura (2002) – cités par Allen 2007 – distinguent deux types d'apprentissage que fait le mentor à travers le mentorat : les apprentissages reliés au travail et ceux reliés au développement de compétences personnelles de type relationnel.

J'ajouterais un troisième type : les apprentissages reliées au *Self* : en effet les mentors peuvent affiner leur identité, leur capacité d'adaptation, leur socialisation professionnelle et organisationnelle (point de vue que semble partager Kram, 2007, p. 669).

Enfin, un autre bénéfice résultant du fait d'être mentor pour un mentoré est relié à la santé psychologique et physique (Allen, 2007, p. 143). Le fait de recevoir et de donner du soutien social peut affecter positivement la santé sociale comme l'ont montré plusieurs recherches sur le soutien social dans d'autres domaines. Des études sur le bénévolat parlent d'une réduction de la dépression, d'une meilleure santé physique. Allen précise qu'il y a diverses raisons à cela : le fait de prendre soin des autres donne du sens à la vie, ce qui accroît le bonheur et diminue la dépression. Le même Allen nous rapporte que certains chercheurs (Penner, Dovidio, Piliavin et Schroeder, 2005) ont trouvé que le fait d'être mentor pouvait affecter positivement le système immunitaire en mettant en valeur le contrôle et l'efficacité.

Si on résume, le fait d'être mentor apporte des gratifications personnelles et professionnelles, et ce dans la mesure où l'organisation elle-même valorise ce genre d'investissement.

Pour le mentoré

Du côté du mentoré, les effets positifs répertoriés sont nombreux. Ils se situent au niveau de son apprentissage proprement dit : apprentissage personnalisé, lieu de soutien et situation d'autoévaluation, climat de travail. Ils sont reliés à son intégration dans le nouvel environnement : visibilité du mentoré, possibilité de contacts, meilleure connaissance de la culture organisationnelle. Ils ont trait, également, à son bien-être personnel : sentiments de sécurité, d'appartenance, ainsi qu'au développement de sa carrière.

Y a-t-il un lien entre le fait d'avoir eu un mentor et le fait d'avoir réussi une bonne actualisation de soi ? Il semble que soient reliés à une bonne actualisation de soi, comme le souligne Rawles (1980), non seulement le fait d'avoir eu un mentor, mais aussi le fait d'en devenir un : ceux qui ont eu un mentor ou qui ont été mentors obtiennent un score plus élevé sur une mesure objective d'actualisation de soi.

Dans le même sens, les meilleurs sujets de l'étude de Vaillant (1977) rapportent avoir eu une relation soutenue avec des personnes aimantes (p. 337).

Ces effets diffèrent-ils chez les mentorés hommes et chez les mentorés femmes ? Reich (1986) a comparé les effets du mentorat chez les femmes cadres et chez les hommes cadres ; voici les résultats de ses analyses :

- 97 % des femmes, contre 87 % des hommes, ont affirmé avoir acquis une plus grande confiance en elles-mêmes à la suite du mentorat, soulignant que cette relation leur avait permis de prendre davantage conscience de leur propre force ;
- Hommes et femmes valorisent les occasions qui leur ont été offertes de prendre des décisions, d'acquérir des habiletés de gestion, de se joindre à des équipes gagnantes, de créer des liens utiles et d'obtenir plus rapidement des promotions ;
- Plus de femmes que d'hommes ont mentionné que les mentors : 1) stimulaient leur pensée (84 % contre 77 %) ; 2) leur donnaient du feedback sur leurs faiblesses (78 % contre 66 %) ; 3) leur permettaient d'établir leurs propres objectifs de travail (80 % contre 72 %) ;
- Apparemment plus de femmes que d'hommes ont eu l'impression que les mentors les aidaient à découvrir et à utiliser leurs talents.

Pour le milieu

Encore ici, les effets positifs sont réels. Les organisations profitent généralement des relations entre mentors et mentorés (Kram, 1980, citée par Hunt et Michael [1983]) : hommes et femmes, dans des proportions respectives de 85 % et 87 %, rapportent une nette amélioration du rendement de leur groupe de travail (Reich, 1986). S'ensuivent un plus grand sentiment d'appartenance et une plus grande efficacité.

Par exemple, le milieu peut se sentir régénéré et connaître une plus grande vitalité à la suite d'expériences concluantes de mentorat. Le mentorat est à la fois une manière de découvrir et de favoriser l'éclosion de nouveaux talents, tout en utilisant des talents moins nouveaux et en mettant à profit les talents d'un personnel qui a pris de l'expérience et de l'âge. Souvent le mentorat est valorisé en fonction de ce pouvoir de renouvellement. Ainsi ai-je observé que, parfois, le mentorat est perçu comme une panacée au problème du vieillissement de la main-d'œuvre. Parfois le mentorat apparaît comme une manière de remotiver des gens au beau mitan de leur carrière. Parfois il devient une manière de rendre plus humain un milieu de travail où la personne risque d'être aussi peu considérée qu'un mouchoir de papier jetable après usage, améliorant ainsi le climat de travail.

À long terme, le milieu profite non seulement de ressources humaines plus qualifiées, plus intégrées et plus satisfaites, mais d'une résolution moins dichotomique de la conciliation travail-famille :

> Les avantages du mentorat pour les organisations consistent en ceci : les anciens protégés (comparativement aux administrateurs qui n'ont pas eu de mentor) sont mieux éduqués, mieux payés, moins mobiles et plus satisfaits de leur travail et de leur carrière. Au niveau de l'enseignement supérieur, les avantages sont évidents sur les plans de l'aide financière, du placement, de l'entraînement à des projets de recherche, de la collaboration à des publications et du soutien personnel et émotionnel. (Cameron, 1978)

> Le mentorat aide à élaborer des images de soi confiantes et positives et à intégrer les responsabilités reliées au travail et les responsabilités familiales. (Hunt et Michael, 1983, p. 478)

Il semble enfin que le mentorat, parce qu'il permet l'apparition d'un microclimat de sécurité où les idées nouvelles peuvent se développer, être nourries, expérimentées et introduites dans le milieu, agit comme un catalyseur qui amène l'innovation et favorise la créativité (Zey, 1988, p. 50).

Les effets négatifs

Pour le mentor

Parmi les effets négatifs du mentorat pour le mentor, relevons ceci. Il peut arriver que le mentor se retrouve frustré – plutôt que gratifié – par une relation avec un mentoré précis, par exemple si le mentoré fait des demandes exagérées, exprime de l'ingratitude, a une attitude arrogante. Il peut arriver que circulent dans le milieu de travail du mentor des informations peu flatteuses sur la manière dont ce dernier exerce son mentorat, informations qui peuvent être fondées ou non. Il peut arriver que mentor et mentoré se retrouvent en situation de compétition pour un mandat, un projet ou un poste et que cette rivalité ne se solde pas de manière satisfaisante. Enfin si le mentoré n'est pas motivé, ne désire pas apprendre, il se peut que le mentor ait le sentiment de perdre temps et énergie. Nul n'est à l'abri de conflits relationnels ou de conflits de personnalités.

Pour le mentoré

Lorsque la relation de mentorat ne se déroule pas de manière satisfaisante, par exemple si le mentor exerce un contrôle oppressant, s'il exploite le mentoré, s'il est complaisant à son égard, s'il est envieux devant les succès de son mentoré, ou alors s'il est carrément distant ou absent et ne se soucie pas du mentoré ni de la relation (dans les programmes de mentorat), ou encore, s'il y a des complications d'ordre sexuel, il arrive que le mentoré ait l'impression d'avoir perdu un temps de carrière précieux, qu'il se sente frustré, qu'il ait l'impression d'avoir été utilisé, voire exploité, qu'il connaisse une baisse dans son estime de soi et parfois même qu'il se sente trahi.

Pour le milieu

La relation *mentorale* peut être envisagée (comme le fait Carden, 1990) comme un système à l'intérieur d'un système. Si je fais une lecture systémique du mentorat, je peux distinguer cinq niveaux, comme des pelures d'oignons: l'individu, la dyade, le programme de mentorat, l'organisation, la société. Lorsque la relation entre le mentor et le mentoré se déroule bien, cela peut entraîner une impression de favoritisme et susciter de l'envie, de la jalousie ou de la compétition de bas niveau dans le réseau immédiat de la dyade formée par le mentor et son mentoré. Lorsqu'elle est pleine d'embûches, elle peut soutirer du milieu des énergies qui, en d'autres temps, seraient plus productives, les difficultés relationnelles entre le mentor et le mentoré pouvant affecter le climat de travail.

Après ce qui vient d'être dit sur les effets du mentorat, je vous propose une grille d'analyse pour étudier une relation mentor-mentoré déterminée. Cette grille vous fournit un cadre vous permettant d'approfondir la relation.

Grille d'analyse de la relation mentor-mentoré

Les éléments contextuels : le contexte
Quel est le contexte de la relation ?
- Les caractéristiques de la culture (organisationnelle ou de vie) : valeurs, normes, atmosphère, ressources disponibles
- Les carrières, l'occupation et le statut de chacun dans l'organisation :
  - mentor : profession, position dans l'organisation ou position dans le milieu de vie
  - mentoré : position, occupation dans l'organisation ou position dans le milieu de vie
- Le réseau interpersonnel et les relations interpersonnelles :
  - entre le mentor, l'administration et le personnel cadre
  - entre le mentoré et les pairs
  - entre le mentoré et les subordonnés

Les éléments relationnels : la relation
Quelles sont les caractéristiques individuelles des protagonistes ?
- Les caractéristiques psychosociales :
  - les caractéristiques du mentor : âge, sexe, pouvoir, statut
  - les caractéristiques du mentoré : âge, sexe, pouvoir, statut
- Les caractéristiques personnelles psychologiques :
  - les caractéristiques du mentor :
    ◇ confiance en soi
    ◇ besoin de pouvoir
    ◇ besoin de générativité
    ◇ compétences et expertises
    ◇ volonté de partager son savoir
    ◇ habiletés de communication
    ◇ souci de la croissance et du développement du mentoré
    ◇ fait d'être digne de confiance
    ◇ besoin de contrôle
  - les caractéristiques du mentoré :
    ◇ désir d'apprendre
    ◇ capacité de se rendre vulnérable
    ◇ confiance en soi
    ◇ besoin de pouvoir
    ◇ estime de soi
    ◇ capacité de faire confiance
    ◇ capacité de changement

Quelles sont les caractéristiques du lien ?
- La multiplexité du lien
- L'étendue du lien : quelles aires de vie sont en jeu ?
- La réciprocité du lien

- La mutualité de l'engagement individuel à l'égard de la relation
- L'intensité
- La durée
- Les éléments d'identification
- Les aires de pouvoir

Quelles fonctions remplit le mentor? (Donnez des exemples.)
- Accueillir
- Guider
- Enseigner
- Entraîner
- Répondre de
- Favoriser l'avancement
- Être le modèle
- Stimuler, proposer des défis
- Conseiller, orienter
- Donner du feedback constructif
- Soutenir, servir de pare-chocs entre l'individu et l'organisation
- Sécuriser et confirmer

De quelle sorte de mentorat s'agit-il?
- L'accent est-il mis sur le mentorat de carrière ou sur le mentorat de vie?
- Cette relation est-elle davantage de type instrumental ou de type essentiel?
- Cette relation est-elle plus axée sur l'acquisition d'habiletés que sur le développement d'attitudes?

Où en est le déroulement de la relation mentorale?
- Au commencement?
- Au milieu?
- À la fin?

Décrivez ce qui se passe à chacune de ces phases.

Les effets du mentorat

Quels sont les effets du mentorat pour le milieu?
- Parmi les effets positifs:
  - une plus grande vitalité
  - un plus grand sentiment d'appartenance du mentor et du mentoré
  - une meilleure participation à l'organisation
  - une plus grande motivation
  - une productivité accrue
  - un meilleur climat de travail
  - une plus grande qualité de vie au travail

- Parmi les effets négatifs:
  - les difficultés relationnelles entre le mentor et le mentoré
  - les difficultés provenant du milieu: envie, compétition, etc.

Quels sont les effets du mentorat pour le mentoré?
- Parmi les effets positifs:
  - une plus grande sécurité
  - un accès plus facile au milieu
  - un apprentissage facilité
  - un développement de carrière plus fort
- Parmi les effets négatifs:
  - frustrations
  - perte de temps par rapport au développement de sa carrière
  - perte d'estime de soi
  - sentiment d'être trahi

Quels sont les effets du mentorat pour le mentor?
- Parmi les effets positifs:
  - sentiment de relever un ou des défis créateurs du milieu de la vie adulte
  - maintien du contact avec la jeunesse
  - satisfaction d'exercer sa générativité
  - impression d'être utile à sa profession et à son milieu
  - satisfaction de faire profiter les autres de ses compétences et de ses connaissances
  - gratifications liées au fait de participer au développement de quelqu'un:
    - valorisation de soi
    - fait de se faire connaître et d'être reconnu comme mentor
    - avancement de carrière possible
    - apprentissages réalisés dans cette relation
    - effets sur la santé physique et psychologique
- Parmi les effets négatifs:
  - sentiments d'envie ou de jalousie envers le mentoré
  - difficulté de faire de la place aux plus jeunes
  - difficultés à laisser le mentoré devenir autonome
  - besoins outranciers de contrôle sur le mentoré
  - dangers de projeter sur le mentoré ses propres rêves non réalisés
  - sentiment d'avoir investi en pure perte

Le mentorat est un phénomène de plus en plus en vogue actuellement, tant dans le monde de l'éducation que dans le monde de la santé, tant dans le monde des affaires que dans les milieux communautaires; il se rencontre aussi dans la vie quotidienne. Il n'en fallait pas plus pour que le mentorat s'avère une solution privilégiée.

Pourtant, «privilégiée» ne veut pas dire magique. C'est parfois l'impression qui s'en dégage! En effet, certains se rattachent à la mystique du mentor, tandis que d'autres prônent la relation avec un mentor (*The Mentor Connection*) comme la solution à des problèmes très variés. Privilégier le mentorat, ce n'est pas l'appliquer inconsidérément à toutes les situations. Le discernement a ici sa place.

Exercé dans de bonnes conditions, le mentorat s'avère une formule gagnante pour le mentoré, pour le mentor et pour l'organisation. Or, lorsqu'une formule est gagnante, les esprits humains sont tels qu'ils veulent la reproduire, la systématiser, bref l'institutionnaliser. Ainsi, «plusieurs organisations ont tenté de structurer la relation de mentorat en vue de tirer profit des aspects développementaux potentiels de telles relations» (Noe, 1988a, p. 458). La mondialisation fait en sorte qu'on voit apparaître de nouvelles applications du mentorat comme relation et comme stratégie là où on ne s'y attendait pas. Je pense à une situation comme l'expatriation dans un autre pays due à des exigences de travail. Et dès lors une question se pose : quand et comment faut-il mettre sur pied des programmes de mentorat?

CHAPITRE 9

Les programmes de mentorat

Devant cet engouement pour le mentorat, y a-t-il lieu de concevoir et de mettre sur pied des programmes de mentorat afin de maximiser l'exploitation de ressources humaines qui semblent actuellement stagnantes et inutilisées ? Telle était la question qui se posait au début du mentorat, au tournant des années 1990. Vingt ans plus tard, la question s'est transformée et on cherche plutôt à comprendre comment fonctionnent les programmes de mentorat et quelles sont les conditions à respecter lorsqu'on veut implanter de tels programmes de formation et se donner les meilleures chances de réussite.

Une reprise de la question

À diverses occasions, j'ai pu discuter du mentorat avec certains d'entre vous, que ce soit au Québec, en France ou en Suisse romande. Au moment de présenter ma réflexion sur les programmes de mentorat, je ne peux résister à l'envie de reprendre certains de vos commentaires. Nous étions en train de conclure entre nous deux journées de formation sur le mentorat, à Vevey, au-dessus du lac Léman. La plupart avaient évoqué leur expérience comme mentor ou comme mentoré comme autant d'histoires qui creusent la vie. Personne n'avait connu de programme de mentorat. Pour tous il s'agissait de mentorat informel né au fil des milieux et des rencontres. Plusieurs avaient souligné combien la grille d'analyse était féconde pour nommer et approfondir leur expérience professionnelle, que ce soit comme enseignants, comme tuteurs, comme conseillers, comme administrateurs. Nous touchions du doigt le fait que la relation mentorale enrichissait notre pratique, lorsque quelqu'un exprima ses réticences :

> Quand on parle de programme de mentorat, ça me donne l'impression de passer à côté de l'aspect magique, mystérieux, presque sacré de cette relation. C'est un peu la même chose face à l'amour : je préfère ne pas tout comprendre et surtout qu'on ne m'explique pas tout... Ça risquerait de perdre son charme !

Quelqu'un d'autre ajouta, perplexe :

> Jusqu'où faut-il donner un cadre à de telles relations ? Peut-on mettre la vie dans des cadres ? Faut-il reproduire la relation mentorale ? Jusqu'où peut-on provoquer le choix mentor-protégé ?

La question était posée. S'il est vrai que professeurs, conseillers, patrons, lorsqu'ils jouent le rôle de mentor, peuvent aider à la réalisation du Rêve de vie, peut-on pour autant fabriquer du mentorat sur mesure ? Faut-il créer des programmes de mentorat ? Faut-il obliger ou inciter les personnes à choisir un mentor ?

Collin (1990), pour qui il est évident que le mentorat est ancré dans une forte chimie entre les personnes, se demande :

> Une telle relation peut-elle être reproduite à l'intérieur d'un schème formel et avec le but précis d'atteindre les objectifs organisationnels et de remplir les critères de l'organisation? (p. 216).

Qu'est-ce qu'un programme de mentorat ?

Le mentorat renvoie à deux réalités distinctes, tantôt à la relation qui existe entre un mentor et un mentoré, tantôt au programme de mentorat qui est une stratégie d'intervention préméditée, organisée et planifiée ayant pour but de reproduire artificiellement la relation mentor-mentoré, en vue d'en obtenir les avantages. La relation mentorale est vieille comme le monde. Les programmes de mentorat sont plus récents. Il est facile de comprendre l'intérêt des concepteurs de programmes de formation, qu'ils proviennent de milieux organisationnels, professionnels ou académiques, tout comme des gestionnaires en ressources humaines ou encore de milieux communautaires ou artistiques à l'égard de projets de ce genre. De tels programmes de mentorat ont d'abord existé aux États-Unis, au Canada et en Grande-Bretagne et essaiment ailleurs dans le monde (Clutterbuck, 2007).

Mentorat essentiel *versus* mentorat instrumental

À la suite de sa recherche sur les changements à la mi-carrière, Collin (1986) distingue deux types de mentorat, le mentorat essentiel et le mentorat instrumental.

Cette distinction recoupe celle établie entre le mentorat secondaire et le mentorat spontané, appelé également mentorat primaire, au sens de relation primaire. Elle définit plus tard l'un et l'autre comme suit :

> [Le mentorat essentiel] implique un engagement du mentor comme du protégé dans l'univers subjectif et dans l'univers objectif de l'autre. Par exemple, le mentor conseille et soutient le protégé au niveau de l'univers objectif et il lui donne du feedback sur ses activités dans ce monde objectif, tout en nourrissant, par là même, le concept de soi du protégé. Le mentor agit, telle une sage-femme, sur la définition du soi et sur la définition du monde des jeunes personnes, et facilite l'ajustement de leurs réalités objective et subjective. Simultanément, le protégé alimente le concept de soi du mentor et lui donne un rôle de générativité à jouer en tant que personne (Erikson, 1950). La relation de mentorat de nature essentielle, par conséquent, présuppose l'engagement réciproque du mentor et du protégé dans l'univers subjectif de l'autre. (Collin, 1990, p. 216)

> [Le mentorat instrumental] est celui où la relation est amorcée – peut-être dans le cadre d'un programme organisationnel formel – en vue d'atteindre des résultats analogues à ceux du mentorat de nature essentielle : il est mis sur pied dans l'espoir d'atteindre ce qui se produit plus naturellement à travers le hasard et la chimie interpersonnelle. La différence entre ces deux types de mentorat n'est pas sans ressembler à celle qui existe entre un amour par choix et un mariage imposé (*ibid.*).

Mentorat formel et mentorat informel

Le mentorat informel est celui qui se produit naturellement dans un milieu, comme cela s'est vu à travers l'histoire, par exemple entre Platon et Socrate, entre Camille Claudel et Rodin, etc.

Le mentorat informel peut être instrumental ou essentiel. Le mentorat formel commence presque toujours par être du mentorat instrumental, mais il peut devenir du mentorat essentiel.

Il y a un hiatus entre le mentorat instrumental – vu comme un outil – et le mentorat comme expérience phénoménologique d'une rencontre transformatrice et significative. Si le fait de mettre des programmes de mentorat sur pied ne garantit pas que l'expérience phénoménologique de la rencontre mentorale se produise, il peut en devenir une (et non la) condition préalable.

Le jumelage

Les programmes de mentorat proposent un mentorat planifié, secondaire, de type instrumental où mentor et mentoré sont jumelés l'un avec l'autre (et ce jumelage est une variable importante on le verra en cours d'analyse). Il arrive même que les chercheurs utilisent ce critère pour distinguer les programmes formels de mentorat par comparaison avec ceux où le choix est spontané, qui sont considérés comme des programmes moins formels ou encore informels. À titre d'exemple, Noe (1988a, p. 458) note que «dans les programmes formels de mentorat, les individus sont jumelés avec un mentor».

Un mentor ne doit pas être et ne peut pas être imposé de l'extérieur. Nous pouvons dans le mentorat formel – et c'est déjà beaucoup – jouer des rôles de facilitateurs et de catalyseurs du jumelage. En effet, l'environnement peut favoriser un tel choix en facilitant le repérage des protagonistes. Il faut d'abord que les personnes susceptibles d'être mentors soient *visibles* à l'intérieur de l'organisation. Le fait de donner aux éventuels mentorés des occasions d'interagir avec des mentors potentiels, dans des situations formelles (réunions, etc.) tout aussi bien que dans des situations informelles (partage de la salle à manger, salon commun pour prendre le café, soupers communautaires, etc.), est un moyen de rendre les mentors visibles aux mentorés et réciproquement. Il est également possible de mettre sur pied des stratégies afin que les différentes personnes susceptibles de devenir mentors se fassent connaître aux mentorés potentiels. Ces situations permettent aux deux protagonistes éventuels, le mentor et le mentoré, de se rencontrer, et éventuellement de se choisir réciproquement. Cette stratégie de visibilité reste pertinente : faire en sorte que les personnes de diverses générations se rencontrent.

Si le système organisationnel fournit aux jeunes adultes des données et des informations objectives sur ce qu'est le mentorat, si, de plus, il crée des occasions de mettre en contact mentors et mentorés éventuels, il pourra favoriser l'éclosion d'un mentorat de type essentiel.

Par ailleurs, on cherche de plus en plus à comprendre le rôle des facteurs de personnalité dans le bon fonctionnement d'une relation mentorale ; on commence aussi à réfléchir sur la distance souhaitée – la grandeur du fossé – entre l'expertise du mentor et la place du mentoré dans son parcours professionnel : par exemple on ne va pas jumeler le président avec le nouveau venu, sachant qu'un mentor d'un autre « calibre » sera plus pertinent.

Le débat sur les programmes de mentorat : la querelle des anciens et des modernes

Je reprends ici la problématique telle qu'elle m'apparaissait en 1995, puisqu'elle fait encore sens pour certains. Je demandais alors : faut-il mettre sur pied des programmes de mentorat ? À cette époque, j'avais relevé que d'après certains chercheurs, le mentorat qui s'instaurait de manière formelle n'était pas aussi profitable que le mentorat spontané et primaire parce que – c'était du moins l'hypothèse explicative – les parties ne s'étant pas choisies, l'engagement était moins important et les risques de conflits de personnalité plus élevés.

En effet, comme le rapportait Noe (1988a), le mentorat formel n'est pas, selon Klauss (1981) et Kram (1985b),

> [...] aussi bénéfique que le mentorat qui se développe de façon informelle, à cause des conflits de personnalités entre les parties, parce que les superviseurs perçoivent que leur influence sur le subordonné est érodée par la présence du mentor auprès du protégé,

à cause d'un manque d'implication personnelle tant de la part du mentor que de celle du protégé, puisque la relation n'a pas été construite de leur propre initiative. (Noe, 1988a, p. 458)

Dès lors, affirmait Clawson (1985), puisque les rôles de mentor et de mentoré sont produits par la relation, ils ne peuvent être régis par des lois ou créés par des structures. Cet auteur en concluait que le mentorat institutionnalisé n'était pas nécessaire, la plupart des gens repérant naturellement les adultes de qui ils pouvaient apprendre:

> La théorie implicite est que les individus sont ceux qui peuvent le mieux choisir ceux de qui ils veulent apprendre et qu'ils veulent comme répondants. (Clawson, 1985, p. 39)

Autrement dit, institutionnaliser la relation mentor-mentoré risquait, d'une part, de déformer la nature de cette relation et de miner ses effets bénéfiques (Reich, 1986), et, d'autre part, d'entraîner une alliance superficielle et dès lors de ne pas produire les effets recherchés. Car, selon Kram (1987, p. 185),

> [...] le mentorat ne peut pas être fabriqué mais doit émerger de l'engagement spontané et mutuel de deux individus qui voient dans le fait d'être en relation l'un avec l'autre une valeur potentielle.

En conséquence, au lieu de mettre sur pied des programmes de mentorat, on suggérait que le personnel professionnel responsable des ressources humaines devrait établir une suite de programmes et de changements organisationnels incitatifs. Dans la mesure où les relations mentorales apparaissaient dans un milieu favorable, il valait mieux travailler à créer les conditions pour qu'elles s'établissent, se développent et parviennent à leur terme.

Il est intéressant de remarquer que, d'un côté, les chercheurs qui se prononçaient contre l'établissement de programmes de mentorat le faisaient, le plus souvent, au nom de l'importance de la dimension spontanée et libre qui caractérise l'établissement de telles relations et que, d'un autre côté, ceux qui analysaient les effets des programmes de mentorat insistaient – entre autres critères – sur la nécessité de créer des conditions internes au programme qui permettraient au mentoré et au mentor de se choisir mutuellement. Il semble donc que, par-delà la question de l'institutionnalisation ou non du mentorat, tous s'entendaient sur la nécessité de protéger le caractère unique de cette relation, qui repose sur la réciprocité, les affinités, le choix mutuel lors du jumelage, et sur quelque chose qui, à mon avis, relève des forces inconscientes sous-jacentes aux grands courants marins que constituent les rapprochements humains.

Au cours des dernières décennies la culture mentorale s'est grandement développée, répondant à des mutations profondes de notre société et les programmes de mentorat se sont implantés en très grand nombre. L'ancien débat s'est déplacé au profit de la problématique suivante: les programmes de mentorat peuvent-ils favoriser l'existence de relations mentorales efficaces? À quelles conditions?

Les conditions de réussite des programmes de mentorat

Une incursion vers les pionniers

En tentant de faire ressortir les caractéristiques des programmes de mentorat qui ont connu le succès, Noe (1988b) met en relief les cinq points suivants:

- le programme de mentorat est appuyé par la haute direction;
- mentor et mentoré se choisissent attentivement (plutôt que d'être jumelés de l'extérieur);
- le programme de mentorat est l'objet d'un vaste programme d'orientation mettant l'accent sur l'importance, pour le mentor et pour le mentoré, d'avoir des attentes réalistes concernant la relation;
- le programme de mentorat présente les responsabilités respectives du mentor et du mentoré en les définissant clairement;
- enfin, le programme de mentorat détermine une durée minimale et une fréquence minimale des contacts entre le mentor et le mentoré[1].

Ces points sont rapportés avec la réserve suivante: il faudra pousser plus loin la recherche pour déterminer les facteurs externes (provenant de l'environnement) et les facteurs internes (provenant du mentor, du mentoré et de leur relation), soit les facteurs individuels et relationnels, qui influent sur le succès du mentorat.

---

1. Voir Lean (1983), Phillips-Jones (1983) et Zey (1984), cités par Noe (1988b, p. 65 [adaptation libre du texte]).

> Il nous faut à l'évidence des recherches plus rigoureuses faisant appel à des projets quasi expérimentaux[2] en vue de déterminer si les individus obtiennent des bénéfices similaires selon qu'ils participent à des programmes informels de mentorat ou à des programmes formels de mentorat. Nous avons un besoin urgent de recherches montrant l'efficacité des programmes formels de mentorat pour accroître l'efficacité organisationnelle. (Noe, 1988a, p. 474)

Par ailleurs, selon Phillips-Jones (1982), il y a dix conditions à respecter lors de la mise sur pied d'un programme de mentorat. Je les reprends ici, même si certains points ont déjà été rapportés dans la synthèse de Zey précitée. Ces points sont les suivants :

- s'assurer que la direction soutient le mentorat ;
- insérer le programme de mentorat à l'intérieur de l'effort général de formation des gestionnaires et du développement de carrière ;
- insister pour que la participation au programme de mentorat soit volontaire (et que ceux qui optent pour ne pas y participer ne soient en rien pénalisés) ;
- veiller à ce que chaque phase du programme soit brève ;
- sélectionner attentivement les mentors et les mentorés : il importe de s'assurer que les mentors possèdent les compétences, le pouvoir, la volonté de s'engager et le temps nécessaire ; de leur côté, les mentorés doivent vouloir participer à un tel programme de formation et avoir les habiletés de base requises. Enfin, quand le jumelage ne fonctionne pas, le changement doit toujours être possible ;
- offrir une orientation aux mentors et aux mentorés en vue de créer de l'enthousiasme chez les mentors, de les aider à définir ce qu'ils peuvent apporter à leurs mentorés, de leur faire savoir comment le mentorat peut leur être profitable, de les informer de ce à quoi ils peuvent s'attendre dans ce type de relation, de les aider à définir les diverses façons dont ils peuvent améliorer leurs habiletés de mentors. Les mentorés seront également orientés avant de s'engager dans le programme de mentorat ;

---

2. Des projets de recherches autres que « quasi expérimentaux » pourraient également être utiles : je pense à la recherche dite qualitative qui s'inspire de l'approche phénoménologique, telle qu'on en trouve à l'Université Duquesne aux États-Unis.

- permettre aux mentors une «flexibilité structurée» où ils sont encouragés à exercer leur mentorat dans le style qui leur est propre;
- les préparer à des défis potentiels;
- construire un système de monitorat (points de tombées: rencontres, mini-rapports, mises au point) en vue de maintenir la motivation des membres du programme;
- évaluer le programme en permettant à chacun de partager ses réactions.

Encore ici, outre les compétences requises tant du côté du mentor que du côté du mentoré, le libre choix de participer au programme de part et d'autre et la possibilité de changer le jumelage à la demande de la dyade sont des conditions essentielles de la réussite du programme.

Plus récemment

Plusieurs auteurs proposent tantôt des étapes, tantôt des principes, tantôt un modèle, pour aider les personnes qui songent à mettre sur pieds un programme de mentorat. On ira même jusqu'à proposer une liste d'items à vérifier pour s'assurer de satisfaire aux exigences de base, et mettre les chances de réussite de son côté, comme le fait Abbott (2000, p. 143, tableau 7). Plusieurs recherches récentes répertorient et décrivent les meilleures pratiques (Cuerrier, 2001 et 2003; Allen et Eby, 2007; Ragins et Kram, 2007). Je ne peux qu'encourager le lecteur à se référer à ces ouvrages. Pour ma part, voici les balises que je vous propose.

Les balises d'un programme de mentorat[3] : un canevas comme un chemin

Voici un canevas pour mettre sur pied et coordonner un programme de mentorat. Je distingue cinq balises essentielles – qui font partie de l'avant, du pendant et de l'après – sur lesquelles il faut travailler en vue de concevoir, d'implanter et d'encadrer un programme de mentorat, puis de l'évaluer. Ces balises circonscrivent un chemin à suivre; je vous propose donc un canevas qui se présente comme une sorte de méthode. On se rappellera incidemment l'étymologie du mot méthode qui vient de deux mots grecs: *meta* qui signifie *vers* et *hodos* qui signifie *chemin*.

---

3. Dans des articles antérieurs (2002, 2005, 2008) j'ai parlé de conditions de réussite des programmes de mentorat. Je préfère maintenant parler de balises.

Canevas d'un programme de mentorat

I – Conception et décision d'implantation
- s'assurer de l'appui de la haute direction.
- insérer le programme de mentorat à l'intérieur :
  - de l'effort général de formation des gestionnaires,
  - du développement de carrière,
  - de la formation de la relève.
- insister sur la participation volontaire.
- délimiter et décrire clairement les objectifs du programme.
- considérer les conditions concrètes d'implantation : ressources, finances, infrastructure.
- nommer un responsable-coordonnateur du programme de mentorat.
- assurer la visibilité du programme dans l'organisation, ce qui implique :
  - d'établir un vaste programme d'orientation et de le publiciser,
  - de donner des informations sur le programme de mentorat.

II – Sélection des mentors et des mentorés
- établir des critères de sélection des mentors et des mentorés :
  - pouvoir et volonté de s'engager,
  - qualités et attitudes de base,
  - compétences spécifiques et expertises,
  - habiletés communicationnelles requises,
  - disponibilité.
- procéder au jumelage :
  - choix réciproque plutôt qu'assignation lors du jumelage,
  - complémentarité des besoins du mentoré et de l'expertise du mentor (questionnaires, test de personnalité comme le MBTI de Myers et Briggs), etc.,
  - possibilité de changer le pairage à la demande de la dyade.

III – Formation des mentors et des mentorés

La formation pourra se faire selon diverses formules ; conférence, atelier, colloque, etc. Certaines activités s'adresseront nommément aux mentors, d'autres aux mentorés. D'autres activités seront pensées pour mentors et mentorés ensemble. Voici certains contenus qu'il est possible d'aborder :
- parler de l'accompagnement, de la transmission et de la générativité,
- présenter les phases de la relation mentorale,
- les sensibiliser aux 3-Dimensions : défi, soutien, projet,
- présenter les responsabilités respectives du mentor et du mentoré en les définissant,
- insister sur l'importance d'avoir des attentes réalistes vs la relation,
- définir les compétences requises et les caractéristiques des rôles des mentors et des mentorés,

- présenter la question des modalités de fonctionnement des rencontres,
- discuter des questions éthiques : confidentialité, limite, responsabilités.

Importance de la formation des mentors en vue :
- de créer de l'enthousiasme chez les mentors,
- de les aider à identifier ce qu'ils peuvent apporter à leur mentoré,
- de leur faire connaître les bénéfices du mentorat pour le mentor,
- de les informer de ce à quoi ils peuvent s'attendre dans ce type de relation,
- de les aider à identifier les diverses façons dont ils peuvent améliorer leurs habiletés de mentors,
- d'encourager «une flexibilité structurée»: il n'y a pas qu'une seule manière d'être un bon mentor.

Importance de la formation des mentorés en vue :
- de les informer sur les buts et les limites du programme de mentorat avant de s'engager,
- de susciter leur participation et de recevoir leurs appréhensions,
- de les aider à identifier leurs besoins et ce qu'ils peuvent attendre de leur engagement dans un tel programme,
- de leur faire savoir comment le mentorat peut leur être avantageux en leur présentant les bénéfices du mentorat pour le mentoré,
- de les informer de ce à quoi ils peuvent s'attendre dans ce type de relation,
- de les aider à identifier les diverses façons dont ils peuvent apprendre.

IV – Fonctionnement du programme :
- faire des rencontres de stimulation : témoignages de dyades, nouveautés dans le programme,
- assurer la circulation d'informations entre l'organisation, les mentors et les mentorés,
- assurer le suivi des dyades, leur donner de la formation sur l'accompagnement, sur quand et comment partager leur propre expérience, etc. et intervenir en cas de conflit, si besoin est.

V – Évaluation et autorégulation du programme de mentorat :
- examiner en quoi le programme a-t-il atteint ses objectifs,
- revenir sur la manière dont s'est fait l'arrimage entre la direction et le programme de mentorat,
- identifier les satisfactions (ou les insatisfactions) des mentorés, des mentors, de l'organisation,
- réfléchir sur les difficultés rencontrées et sur les stratégies utilisées pour les résoudre,
- identifier les effets du programme de mentorat sur les mentorés, sur les mentors, sur le milieu,
- envisager des lignes d'action pour améliorer le programme de mentorat.

Bref le travail de conception d'un programme, d'implantation, de sélection des participants, de formation et d'information auprès des mentors et des mentorés, de suivi des dyades, de synergie entre milieu, mentors et mentorés pendant toute la durée du programme et enfin le travail d'évaluation du programme de mentorat sont des balises fondamentales pour mettre sur pied des programmes de mentorat.

Ces balises indiquent un tracé. Les meilleures pratiques de mentorat pourront nous en dire davantage sur ce qui fait le succès d'un programme de mentorat.

À ce propos, dans l'imposante recherche faite par Christine Cuerrier et son équipe (2003) publiée aux Éditions de la Fondation de l'entrepreneurship sous le titre suivant: *Le mentorat et le monde du travail au Canada: recueil des meilleures pratiques*, on trouve la description d'une centaine de programmes de mentorat à travers le Canada, soit dans six provinces du Canada, l'Alberta, la Colombie-Britannique, le Nouveau-Brunswick, l'Ontario, le Québec et Terre-Neuve. La diversité, la spécificité des programmes recensés et analysés ouvre des horizons de compréhension sur les applications du mentorat, ce qui est précieux pour toute personne qui songe à faire du mentorat. À partir de cette recherche, Cuerrier a dégagé un modèle canadien de mentorat (p. 34) en quatre temps:

I – Contexte de départ
II – Fonctionnement
III – Formation
IV – Évaluation.

Elle insiste sur l'analyse des besoins en fonction du contexte, sur la position du coordonnateur du programme et sur l'importance de le bien choisir dès le début, sur le rôle des bénévoles – « chef mentor » ou personnalité en vue dans le milieu – qui aident à faire connaître le programme de mentorat, sur la montée du réseautage à l'intérieur du mentorat et sa pertinence à la phase d'évaluation. Elle ajoute:

> [...] en raison principalement du manque de ressources et de temps, les coordonnateurs se concentrent davantage sur la diffusion, le recrutement et la gestion. En effet, quand vient le temps d'encadrer le contenu des rencontres et d'assurer un suivi destiné à évaluer la qualité de la relation entre les mentors et leurs protégés, leurs interventions auprès des dyades deviennent plus informelles. Afin de donner une importance prépondérante à l'essence même de ce que vise le mentorat, c'est-à-dire obtenir une relation significative entre le mentor et son protégé, nous devons [...] dans notre modèle

accorder une place à la consolidation de cette relation après le moment où le jumelage est effectué. Nous allons donc parler d'accompagnement et d'encadrement des dyades, en insistant sur le suivi et l'évaluation de la qualité de la relation mentor-protégé. (p. 32-33)

À mesure que le mentorat se déploie, comme stratégie et comme relation comportant ses propres défis, une partie de l'illusion de la magie mentorale se dissipe! Il ne suffit pas en effet de mettre en contact un potentiel mentor et un éventuel mentoré. Le travail d'accompagnement et de formation des dyades est capital, après le jumelage et tout au cours du développement du programme de mentorat dont il faut assurer le fonctionnement et qu'il faudra évaluer le moment venu.

Quelques mots sur le cybermentorat

Plus récemment, les programmes de mentorat ont pris de nouvelles formes, et le mentorat s'est fait cybermentorat. Ce terme désigne du mentorat qui se déroule en utilisant les nouvelles technologies de communication. On trouve également les expressions suivantes: télémentorat, mentorat virtuel, mentorat électronique, qui sont synonymes de cybermentorat. Voici la définition qu'en donne l'Office québécois de la langue française 2003 (cité *in* Légaré, 2004).

> Mentorat où la communication est basée sur l'utilisation des nouvelles technologies de l'information, plus particulièrement du courriel électronique, des forums de discussion et de la visioconférence. Le cybermentorat s'oppose au mentorat présenciel (ou présentiel), en anglais *face-to-face mentoring ou presential mentoring*, qui se caractérise par la présence réelle du mentor auprès des protégés.

Le cybermentorat a l'avantage de transcender en quelque sorte les paramètres habituels de l'espace et du temps, ce qui donne au mentorat une flexibilité géographique et temporelle qui permet au mentor et au mentoré de se rejoindre par courriel et autres moyens électroniques. Au Québec, le programme Academos[4] est un «programme de cybermentorat destiné à favoriser l'exploration professionnelle des étudiants de niveau collégial» (Légaré, 2004).

---

4. On pourra consulter le site <www.academos.qc.ca/>.

Que faire pour promouvoir le mentorat ?

Différentes actions peuvent être entreprises :
- *Premièrement*, informer les jeunes et les adultes du mitan sur les sujets suivants :
  - ce qu'est le mentorat et son rôle dans le développement des personnes : sa spécificité, son but, ses fonctions, son évolution, les pierres d'achoppement, les bénéfices, les écueils ;
  - le rôle de mentor et celui de mentoré : attentes, compétences, etc.

  et inciter et motiver les gens du mitan à endosser cette responsabilité : même si ce ne sont pas toutes les personnes qui choisissent d'exercer leur générativité et de partager avec les plus jeunes, il faut aller chercher les personnes qui veulent donner leur temps et leurs énergies, partager leurs compétences et leurs connaissances et contribuer à la formation des plus jeunes.
- *Deuxièmement*, aider à concevoir et implanter des programmes de mentorat de qualité :
  - il faut réfléchir à la pertinence de mettre sur pied un programme de mentorat ;
  - ici les balises proposées sont des éléments essentiels sur lesquels on devra se pencher.
- *Troisièmement*, former les personnes intéressées :
  - il faut former les adultes qui souhaitent devenir mentors au moyen de différentes activités qui leur permettront d'acquérir les habiletés interpersonnelles et les compétences requises :
    ◇ comment ajuster les attentes réciproques ;
    ◇ comment doser défis et soutien ;
    ◇ comment composer avec les différents problèmes qui surgissent au fur et à mesure de l'évolution de la relation ;
    ◇ ce que l'on peut faire dans des situations de rivalité ou de compétition ;
    ◇ comment faire part de ses stratégies ;
    ◇ comment composer avec la dimension affective de cette relation ;
    ◇ comment faciliter un dénouement heureux de cette relation ;
    ◇ comment élucider les conflits potentiels.
- *Quatrièmement*, développer la culture mentorale et la promouvoir :
  - sensibiliser les différents milieux (affaires sociales, éducation, santé, organisations) aux enjeux psychosociaux du mentorat pour les personnes et pour l'organisation. Les différents milieux organisationnels ont des responsabilités et des pouvoirs face à la gestion du mitan de la vie au travail et à la formation des jeunes et face aux transitions dans le cycle de vie au travail ;
  - lutter contre les obstacles à la création de conditions favorables à l'apparition du mentorat et créer de nouvelles mentalités ;

- présenter les valeurs de générativité et le sens des échanges intergénérationnels et exposer la conception de la transmission qui sont au fondement du mentorat véritable ;
- trouver de nouvelles manières d'encourager la générativité des différents adultes en tant que ressources pour faire face aux défis sociaux d'aujourd'hui.

En conclusion

Le mentorat instrumental qui par définition tente de reproduire les conditions du mentorat essentiel (Collin, 1986) peut à l'occasion donner lieu à du mentorat « essentiel », il peut aussi donner lieu à du mentorat plus ou moins essentiel, ce qui est non moins légitime et fort pertinent. Cela justifie l'existence des programmes de mentorat. Par ailleurs, il y a encore de la place pour poursuivre la recherche sur les spécificités du mentorat formel et les conditions de son exercice.

Les programmes de mentorat impliquent une revalorisation de la relation éducative et de la relation de formation, et ce au niveau d'une écologie des relations interpersonnelles. Tant que les universités survaloriseront la recherche au détriment de l'enseignement et de la formation – et cela est affaire de mentalité –, tant que les ministères d'éducation penseront beaucoup plus en termes d'équipements qu'en termes d'environnements éducatifs personnalisés, tant que les organisations penseront en termes de productivité au détriment de la qualité de vie au travail, le mentorat continuera d'être un parent pauvre du système. Mais il semble que le vent tourne...

Comment favoriser le recyclage de ressources humaines importantes qui semblent se gaspiller ? Comment refaire les ponts entre des générations qui parfois s'ignorent ? Plusieurs moyens – conférences, changements organisationnels, programmes spécifiques de formation, programmes formels de mentorat –, favorisent l'éclosion du mentorat. L'équilibre consiste à penser des programmes de mentorat, qui sont, faut-il le rappeler, des interventions organisationnelles qui concilient les valeurs et objectifs de l'organisation, le but du programme formel de mentorat et les attentes des protagonistes que sont le mentor et le mentoré. Ceci en vue d'améliorer la qualité des relations interpersonnelles que nous offrons aux plus jeunes et la qualité de vie au travail tout au long du cycle de vie.

Ultimement, le mentorat formel apporte un nouvel éclairage à la question suivante : Quelle place faisons-nous aux jeunes adultes qui entrent comme jeunes professionnels dans nos institutions ? Il nous invite à assumer nos rôles de filiation, de transmission et de générativité.

Sans doute avez-vous déjà quelques idées sur comment cela pourrait se faire dans votre milieu. Et ce sont vos idées qu'il faudra implanter, non les miennes. Nous y gagnerons tous à créer ces ponts, et en énergie vitale et en productivité.

CHAPITRE 10

Les approches biographiques et les pratiques mentorales

Dieu a inventé le monde parce qu'il aimait les histoires.
Élie WIESEL

Les histoires de vie et le mentorat sont deux pratiques d'accompagnement qui se croisent. Les approches biographiques[1] font partie prenante du mentorat et certaines, que ce soit au niveau des programmes de mentorat ou encore de la relation mentor-mentoré, se retrouvent dans nos pratiques mentorales[2]. Mon but est d'importer un champ des sciences humaines, celui des histoires de vie ou des récits de vie (comme on les désigne communément, mais je préfère la dénomination plus large d'approches biographiques) dans celui des pratiques mentorales. J'espère montrer l'importance et la richesse des approches biographiques et vous permettre d'entrevoir comment mentorat et histoires de vie sont des pratiques d'accompagnement qui s'enrichissent l'une l'autre.

Je vous propose donc de circonscrire ce que sont les approches biographiques pour mieux explorer ensuite les pratiques biographiques à l'intérieur du mentorat, ce qui nous conduira à examiner de plus près une application au sein du RAME, le Regroupement des amis mentors en entrepreneuriat.

Les approches biographiques en sciences humaines
Notions et définitions

Le mot biographie vient de deux mots grecs : βιοσ qui veut dire vie et γραφειν qui veut dire écrire. Les βιοι désignent d'abord les vies ou les existences, mais également les récits sur les vies, comme le dit le dictionnaire grec-français de Bailly. Comme on le sait, le mot γραφειν est l'infinitif du verbe écrire. Au sens strict, graphie réfère à écriture, mais au sens large, le terme englobe aussi l'oralité.

---

1. Pour en savoir plus : Houde, Renée (1999). « Les approches biographiques et le développement adulte », chapitre 13 dans *Les temps de la vie, le développement psychosocial de l'adulte*, 3ᵉ éd., Montréal, Gaëtan Morin Éditeur, p. 357-385.
2. Ce chapitre se base sur mon texte intitulé « Les approches biographiques et les pratiques mentorales » publié en 2004 dans les Actes du colloque de Mentorat Québec. Ce colloque avait pour thème « Consolider la culture mentorale » et a eu lieu les 12 et 13 novembre 2003.

Sous le vocable approches biographiques, il faut distinguer deux sortes de βιοι :

1. celles où la personne qui raconte est la même que la personne qui est le sujet de la vie (*eautos* [Εαυτοσ] en grec signifie soi-même : c'est le pronom personnel réflexif). On parle alors d'autobiographie. Dans l'autobiographie, il y a identité entre la personne réelle, le personnage principal du récit (le héros), et le narrateur.
2. celles où la personne qui raconte est différente de la personne qui est le sujet de la vie racontée. On parle alors de biographie. Il est intéressant de noter, au niveau de l'évolution de la langue comme des idées, que nous ne parlons pas ici d'hétérobiographies, ce qui s'explique par le fait que la pratique des écritures de soi, du moins dans la civilisation occidentale qui est la nôtre, apparaît subséquemment.

Les origines des approches biographiques

Quelle est l'origine des approches biographiques ? Les premiers βιοι apparaissent en langue grecque avec Plutarque dans ses *Vies parallèles*. Quant aux écritures de soi, on les retrouve en langue latine avec les *Confessions* d'Augustin, puis, plus d'un millénaire plus tard, en vieux *françois*, dans *Les écrits* de Montaigne qui esquisse un portrait de lui-même et dit, dès l'incipit : « Je suis à moi-même la matière de mon propre livre » et enfin, dans une français plus près du nôtre, dans *Les confessions* de Jean-Jacques Rousseau. Ces deux genres littéraires – biographies et autobiographies – sont fort répandues en histoire et en littérature. Il revient à Philippe Lejeune d'avoir défini le pacte autobiographique comme suit : « récit rétrospectif en prose qu'une personne réelle fait de sa propre existence lorsqu'elle met l'accent sur sa vie individuelle, en particulier sur l'histoire de sa personnalité » (Lejeune, *Le pacte autobiographique*, p. 14) en y insérant un pacte de sincérité, ce qui a le mérite d'écarter les récits où la fiction ou l'autofiction sont la convention ou la règle de base.

Par ailleurs, l'origine de l'utilisation des histoires de vie en sciences humaines se situe au XXe siècle alors qu'un chercheur tente de comprendre l'expérience d'un paysan polonais émigré aux États-Unis. Ethnologues, anthropologues, sociologues-chercheurs sont les premiers à instaurer le récit de vie ou l'histoire de vie comme méthode de recherche en vue de comprendre une culture : ils tentent alors de faire parler la personne autochtone afin d'obtenir des informations nouvelles. Il revient à Daniel Bertaux d'avoir mis de l'avant le postulat réaliste de la méthodologie qui prélude aux histoires de vie « en insistant sur le fait qu'il s'agit d'une personne (mais aussi d'une ville, d'une institution, d'un pays) [qui] possède une réalité préalable à la façon dont elle est racontée et indépendante de celle-ci» (Bertaux, *ibid.*, p. 33); à ses yeux le récit de vie recueilli à des fins de recherche peut remplir trois fonctions :

- exploratoire : en vue de baliser le terrain ;
- analytique : quand émergent des phénomènes intéressants et que le chercheur oriente le récit de ce côté ;
- expressif : quand le récit a une valeur exemplaire.

Bertaux (*ibid.*, p. 32) définit comme suit le récit de vie : « il y a récit de vie dès lors qu'un sujet raconte à une autre personne, chercheur ou pas, un épisode quelconque de son expérience vécue. Le verbe "raconter" (faire le récit de) est ici essentiel ; il signifie que la production discursive du sujet a pris la forme narrative. »

La nature conteuse de l'être humain

En quête de sens, l'être humain recourt tantôt au concept abstrait, tantôt à la métaphore, s'inscrivant dans la pensée pensante ou dans la pensée narrative, le plus souvent dans une conjonction de ces modes. L'acte de compréhension qui repose sur l'acte de signification est imbriqué dans la pensée pensante et dans la pensée conteuse. Les grandes mythologies se présentent comme des modes fondamentaux de créer du sens. Et au cours du XXe siècle, l'herméneutique – la science de l'interprétation mise de l'avant par Ricoeur et Gadamer, a contribué à l'essor des approches biographiques en sciences humaines. Il revient également à la psychologie narrative d'avoir mis en relief cette « nature conteuse » du comportement humain – « *storied nature of human conduct* » selon le mot de Sarbin (1986), et de s'intéresser à cette manière dont les êtres humains composent avec leur expérience en construisant des récits et en écoutant les récits des autres. La quête de sens est propre à l'activité humaine et cette quête s'exprime au moyen des récits tout autant que de la pensée logique.

Se raconter est une façon d'encoder et d'exprimer son expérience et son histoire, qui est spontanée chez l'être humain. Il n'y a qu'à regarder comment la structure de récit qui commence par « Il était une fois… » ou encore par « Au commencement… » se retrouve fréquemment dans nos discours, et dans la façon de s'exprimer des enfants, des adultes et des personnes âgées. La forme narrative du récit fait partie de notre mode d'être. En vue de se comprendre, chaque personne se raconte une histoire sur elle-même, histoire qui l'anime parfois à son insu; lorsque l'on se met à écouter cette histoire (la sienne ou celle d'un autre), on peut toucher à ce que j'appelle le «mythe personnel».

Une vie racontée

Denzin (1989, p. 30) distingue trois niveaux d'une vie: 1) une vie en tant qu'elle est vécue, 2) une vie en tant qu'elle est expérienciée et 3) une vie an tant qu'elle est racontée, ceci en s'appuyant sur l'idée de Bruner (1984, p. 7) pour qui: «*Une vie vécue est ce qui survient actuellement. Une vie expérienciée se compose des images, sensations, sentiments, désirs, pensées et significations expérimentés par la personne qui vit cette vie [...] Une vie racontée, une histoire de vie, est un récit, influencé par les conventions culturelles sur le récit, par l'audience, et par le contexte social.*»

Quand on se raconte, on organise son expérience, on construit son récit. Les découpages d'une vie ne recoupent pas la fluidité du déroulement existentiel d'une vie. Toute vie racontée implique une ponctuation dans la séquence des événements d'une vie. Le rapport entre le récit ou l'histoire de vie et une vie est un lieu de réflexion et d'analyse fécond qui a été creusé par nos contemporains. Comme le dit Bertaux (1997, p. 36) «Entre les expériences vécues par un sujet et leur mise en récit s'interposent nécessairement un grand nombre de médiations»; ainsi l'espace entre vie et récit peut être vu comme un lieu où sont ancrés l'identité et le mythe personnel. La métaphore selon laquelle la relecture de vie (*life-review*) – qui est une autre approche biographique – est comparable à une tapisserie, évoque le lien qu'il y a entre vie et récit; Black et Haight (1992) comparent la relecture de vie à la tapisserie: les événements sont analogues à ces fils qui passent; l'envers est le fil des événements et l'endroit est le sens qui émerge quand on fait sa re-lecture de vie car on la ré-interprète, bref on retourne la tapisserie à l'endroit!

La vie racontée emprunte d'autres méandres que la vie vécue et elle suit d'autres visées. La vie racontée obéit à la forme du récit. Ceci a donné lieu à la psychologie narrative, une partie de la psychologie qui s'intéresse à la psychè via le biais de la narration, le fait de se raconter étant une particularité de l'être humain comme on l'a vu plus haut. Cette discipline est nourrie par la philosophie du langage et la littérature. Par exemple, McAdams (1993) rappelle que la grammaire des histoires comprend les éléments suivants:

> ## La grammaire des histoires
>
> - **la mise en situation** (Où ? Quand ?) : c'était la veille de Noël dans une chaumière retirée.
> - **les personnages** (Qui) ; quelques informations de base sur le personnage avant que quelque chose arrive.
> - **l'événement initiatique :** la mère envoie le petit chaperon rouge porter des vivres à sa grand-mère.
> - **l'épisode :** action – réaction – conséquences (*plot thickens*)
>   - le petit chaperon rouge apporte la nourriture ;
>   - la grand-mère veut le manger ;
>   - ils n'ont pas les mêmes intentions.
> - **le dénouement :** comment le tout se termine.

Quand une personne se raconte, elle fait appel à des structures de pensée fondamentales chez l'être humain. Raconter est une façon de dire. Il faudra réfléchir plus avant sur cette percée du récit dans les sciences humaines au cours du XXe siècle éclaté et angoissant, sur le retour à des structures archaïques – archaïque à un double titre : au plan de l'histoire humaine puisque les premiers grands textes sont des récits, et au plan de la genèse individuelle puisque toute personne raconte et se raconte dès l'enfance. Devant tant de digital, l'analogique a sans doute eu besoin de faire contrepoids !

Différences entre histoire de vie et récit de vie

En anglais, on rencontre les termes «*life story*» et «*life history*». Le recoupage linguistique des langues ne se recoupe pas, et il faudrait une étude plus poussée pour voir si le terme «*life story*» correspond à celui de «récit de vie» et si le terme «*life history*» correspond à celui d'histoire de vie. Ceci étant dit, je propose d'adopter cette clarification comme point de départ. Elle converge avec celle que fait Michel Legrand (1993, p. 179) :

> [...] dans l'usage habituel, le «récit de vie» a un rapport électif avec le sous-genre autobiographique. Il n'en va pas de même de «l'histoire de vie», dont, à l'appel des potentialités de la langue anglaise, la signification serait diffractée entre une *life history*, ou histoire de vie objectivante, assimilée parfois à «l'étude de cas clinique», qui tenterait, à la manière de l'historien biographe, de s'approcher de l'histoire réelle en puisant à une multiplicité de matériaux biographiques, et une *life story*, ou histoire d'une vie telle que la personne qui l'a vécue la raconte. (Bertaux, 1980, p. 20)

Pour ma part, j'ai distingué récit de vie et histoire de vie au moyen de trois paramètres que je conçois comme des empans et qui, un peu comme le spectre des couleurs de nos ordinateurs, nous permettraient de situer sur un point précis d'un cercle, le document ou la production biographiques étudiés :

a) la perspective ou le point de vue :

L'histoire de vie adhère à un point de vue objectivant, *i.e.* qui tire vers l'objectivité et la véracité des faits qui appartiennent à une vie tandis que le récit de vie épouse un point de vue subjectivant, ce qui fait appel à la subjectivité comprise comme la façon singulière dont le sujet fait l'expérience de sa propre vie.

b) la nature des matériaux ou des *datas* biographiques :

Du côté de l'histoire de vie se classent les documents biographiques tels que les *curriculum vitae*, les agendas, les enquêtes biographiques, les notices biographiques, les dossiers biographiques divers (de l'acte de naissance à la chronique nécrologique en passant par les dossiers de santé, les dossiers criminels et autres) tandis que, du côté du récit de vie, se classent les matériaux dans lesquels les éléments biographiques sont pétris par la subjectivité du sujet, tels les journaux intimes, les correspondances, les journaux de voyages, les journaux de création.

c) la forme littéraire :

L'histoire de vie adopte une écriture qui relève du style de la chronique ; elle ressemble à celle du rapport, du compte-rendu, de la description ; bref l'histoire de vie implique une écriture « sur quelque chose » de caractère plus événementiel tandis que le récit de vie adopte une écriture narrative en « je ». Dès lors, le continuum se situe entre « parler sur » et « parler en première personne, *i.e.* en je », en faisant de la place à l'autoréflexion et à l'autoanalyse.

Finalités des approches biographiques

On peut utiliser les approches biographiques à différentes fins :

1. à des fins de recherche, comme méthode de recherche en sciences humaines et alors le but global est de faire avancer les savoirs en sciences humaines ;
2. à des fins pédagogiques de formation, par exemple le bilan de vie professionnel, le projet de vie professionnel ou le parcours de vie professionnel, ou encore les histoires de vie en formation prônées par Gaston Pineau et Pierre Dominicé, et alors le but est

de préciser le projet pédagogique et de favoriser la formation et l'apprentissage, le développement initial ou le développement continu de l'adulte;

3. à des fins psychologiques de développement du Soi et d'actualisation de soi, par exemple la relecture de vie, l'autobiographie guidée, en vue de l'individuation de l'adulte. Ces pratiques émancipatoires sont reliées aux grands enjeux ériksoniens de développement de l'adulte, soit l'identité, l'intimité, la générativité et l'intégrité, et aux diverses transitions d'une vie.

Les écritures de soi pourraient donc donner lieu à la transformation de soi, car une dynamique s'instaure. En écrivant sa vie, ou des parties de sa vie, le processus de réminiscence est activé, ce qui peut entraîner une transformation de la personne. Comme le dit Gusford (p. 11):

> L'écriture du moi présente une remémoration, ou mieux une commémoration, de l'être individuel; le récit de vie, dans les œuvres maîtresses du genre, ne se borne pas à la narration exacte des faits. L'évocation du sillage temporel obéit à l'exigence de fidélité à soi-même selon l'ordre des valeurs révélatrices du sens d'une vie, en la plénitude de sa permanente actualité. Telle la préoccupation majeure d'Augustin et de Rousseau, de Goethe et de Chateaubriand, dans leurs tentatives exemplaires pour délivrer le sens de leur destinée, pour expliciter cet incessant dialogue, dont ils étaient eux-mêmes l'enjeu, entre leur temporalité et leur éternité. L'intention des écritures du moi, entreprise d'un individu pour mettre au propre son existence, débarrassée des crasses et des fioritures, réduite à l'essentiel, ne produit pas une transcription de la situation spirituelle déjà existante; elle intervient comme un facteur dynamique dans l'évolution de la réalité mentale. L'interrogation d'identité contribue à la constitution de l'identité, grâce à la recherche et reprise, en appel, des expériences de vie; accompagnement en sourdine du présent, commentaire perpétuel, le passé du souvenir n'est pas irrévocable, ainsi que l'attestent les épreuves de conversion ou du pardon. La mutation du sens survenue dans le présent exerce une autorité rétrospective sur certains moments du passé, colorés d'illuminations nouvelles ou d'obscurcissements.

Selon le moment où une personne raconte sa vie, la lecture qu'elle fait des événements de sa vie, bref l'histoire qu'elle se raconte, se modifie (à moins que la réminiscence ne soit de type obsessionnel). Comme si en voyant sa vie d'un autre regard, la personne se métamorphosait... C'est ce regard renouvelé et renouvelant (qu'on a pu circonscrire partiellement dans la technique du recadrage, mais qui appartient ultimement à la *conversio*), qui rend possible une reconfiguration de l'identité. Paul Ricoeur a nommé «identité narrative» cette identité reliée à l'histoire que chacun se raconte sur lui-même. Le passage qui suit permet de comprendre le processus de transformation:

> Sans le secours de la narration, le problème de l'identité personnelle est en effet voué à une antinomie sans solution : ou bien l'on pose un sujet identique à lui-même dans la diversité de ses états, ou bien l'on tient, à la suite de Hume et Nietzsche, que ce sujet identique n'est qu'une illusion substantialiste, dont l'élimination ne laisse apparaître qu'un pur divers de cognitions, d'émotions, de volitions. Le dilemme disparaît si, à l'identité comprise au sens d'un même (*idem*), on substitue l'identité comprise au sens d'un soi-même (*ipse*) ; la différence entre *idem* et *ipse* n'est autre que la différence entre une identité substantielle ou formelle et l'identité narrative. L'ipséité peut échapper au dilemme du Même et de l'Autre, dans la mesure où son identité repose sur une structure temporelle conforme au modèle d'identité dynamique issue de la composition poétique d'un texte narratif. Le soi-même peut ainsi être dit refiguré par l'application réflexive des configurations narratives. À la différence de l'identité abstraite du même, l'identité narrative, constitutive de l'ipséité, peut inclure le changement, la mutabilité, dans la cohésion d'une vie. Le sujet apparaît alors à la fois comme lecteur et comme scripteur de sa propre vie, selon le vœu de Proust. Comme l'analyse littéraire de l'autobiographie le vérifie, l'histoire d'une vie ne cesse d'être refigurée par toutes les histoires véridiques ou fictives qu'un sujet raconte sur lui-même. Cette refiguration fait de la vie elle-même un tissu d'histoires racontées. (Ricoeur, p. 353)

Relire sa vie, la refigurer, et de la sorte se transformer. Voilà ultimement à quoi nous convient certaines pratiques autobiographiques.

Diversité des pratiques biographiques

Il existe différentes manières de raconter sa vie et on reconnaît la spécificité d'approches telles que les histoires de vie de formation, l'autobiographie guidée, le roman familial et la trajectoire sociale, la relecture de vie qui sont autant de pratiques biographiques. C'est dire à quel point ce champ est en ébullition. Mais qu'en est-il à l'intérieur du mentorat ?

L'utilisation des approches biographiques dans les pratiques mentorales

Une brèche dans nos pratiques

Comme le mentorat est une pratique relativement nouvelle, les approches biographiques utilisées sont loin d'être repérées et dénombrées. De façon impressive et non systématique, en voici quelques-unes.

a) des approches biographiques à des fins de recherche sur le mentorat

On a utilisé l'entrevue semi-structurée ou encore un court récit de vie en demandant au mentoré de relater son expérience, ayant en tête de confirmer des questionnements précis, soit sur la relation mentorale, soit sur les apprentissages du mentoré.

On peut donc penser à l'utilisation d'approches biographiques à des fins de recherche, en vue d'évaluer les programmes de mentorat, en vue d'apprécier les dimensions de la relation mentorale.

b) des approches biographiques à des fins de formation

Pour faciliter la prise de contact, un mentor a demandé à son mentoré d'apporter son *curriculum vitae* lors de leur première rencontre. Son but premier était de trouver un moyen de briser la glace et d'amorcer la relation, mais ce fut un matériau biographique qui a permis de saisir le parcours de vie au travail du mentoré.

Des outils tels que le «journal de bord» de formation, la technique de futurisation du projet de vie (récit qui porte sur là où il voudrait se voir dans cinq ans), le récit expérientiel des points tournants dans leur trajectoire professionnelle, le récit des bascules (positives et négatives) au travail, sont autant d'approches biographiques qui peuvent faciliter la formation.

Lorsqu'on invite des mentors et des mentorés à témoigner de leur expérience, les personnes s'expriment la plupart du temps sous la forme de récit, sans nécessairement en prendre conscience. Écrire ce récit et en faire l'analyse, soit en s'inspirant des grilles du développement psychosocial de l'adulte ou de grilles d'analyse psychosociales diverses, devient un instrument de formation.

Du côté des mentors, comme on le verra bientôt avec l'exemple du RAME, il y a aussi plusieurs possibilités.

Un exemple: celui du RAME

Quelques mots sur RAME et sur le projet de vidéo.

RAME est le Regroupement des amis mentors de l'entrepreneuriat de la cellule mentorale du Forum économique de Verdun, à Montréal. Voici les informations communiquées aux membres de l'atelier sur les approches biographiques et le mentorat, lors du colloque organisé par Mentorat Québec en novembre 2003 qui avait pour thème «Consolider la culture mentorale»:

Chapitre 10 – Les approches biographiques et les pratiques mentorales 229

Le projet du RAME

En décembre 1999, suite à l'obtention d'une subvention d'Emploi Québec pour mettre en place un projet de mentorat, les responsables ont travaillé à la :
- Révision de la littérature et analyse d'expériences diverses de mentorat
- Précision d'un concept avec particularités locales
- Élaboration du projet RAME

Ce qui nous a conduit à mettre en évidence les points suivants :
- Description du profil du mentor et du mentoré
- Mise en évidence de problèmes appréhendés
  - Critères de sélection des mentors
  - Formation des mentors
  - Critères d'exclusion
- Développement de deux outils de travail
  - Vidéocassettes sur les mentors choisis
  - Cédérom sur le mentorat

C'est au cours de l'été 2000 que furent réalisées les vidéocassettes. Pourquoi les vidéocassettes ?

Dans la préparation du projet, certains problèmes ont été mis en évidence comme suit :

Pour le projet

Vu que le Forum économique de Verdun avait des ressources limitées, on a cherché des moyens pour minimiser le temps de la coordination et les vidéocassettes des mentors sont apparues comme un outil pour la coordonnatrice afin de :
- Mieux sélectionner les mentors ;
- Mieux les connaître pour pouvoir les recommander aux mentorés ;
- Éliminer s'il y a lieu des mentors présélectionnés.

Pour le mentor

- Moyen de le sensibiliser et de le former au mentorat
- Moyen de bien connaître son profil de mentor
  - Obligation pour le mentor de faire un retour sur lui-même, sur son cheminement, ses valeurs, etc.
  - Obligation pour le mentor de faire découvrir ce qu'il est (en général, on est plus connu pour ce qu'on a réalisé, pour le titre qu'on avait, pour la profession qu'on exerce)
  - Regard rétrospectif sur son histoire de vie

Pour le mentoré

- Permettre de faire un choix éclairé en fonction de ce qu'il recherche
- Permettre un contact important pour préparer la rencontre avec le mentor

- ◆ Permettre de découvrir chez le mentor:
  - Ses valeurs
  - Ses expériences de vie
  - Les influences reçues
- ◆ Permettre d'avoir une idée de comment la personne-ressource, le modèle, le guide, etc., recherché «est devenu le personnage qu'il est présentement»

Notons d'entrée de jeu que le récit de vie du mentor sur vidéo a pour objectif de favoriser le jumelage mentor-mentoré. Le mentor est invité à se préparer à l'entrevue qui sera enregistrées sur vidéo en réfléchissant à partir d'un canevas d'entrevue; lors de la séance de vidéo, un animateur chevronné – toujours le même pour les diverses vidéos, questionne le mentor à partir de ce canevas d'entrevue:

1. Le canevas d'entrevue

Canevas d'entrevue* (tel que soumis au mentor)

1. **Qui suis-je?**
   Mon poste – Mon commerce – Ma profession
   Où je suis actuellement (actif – semi-retraité – retraité – etc.)

2. **Comment je suis devenu ce que je suis?**
   On veut découvrir la personne – le personnage
   Diverses influences du milieu d'origine
   des parents
   de la famille
   du collège (études – expériences…)
   des emplois
   du couple, etc.

3. **Quelles sont les personnes significatives dans ma vie?**
   Selon diverses périodes de vie au collège
   au travail
   Y a-t-il eu des modèles – des mentors?

4. **Quelles sont les valeurs qui me propulsent?**

5. **Principales réalisations?**
   Les bons coups – les difficultés
   Les grandes étapes

6. **Mes projets d'avenir**

*Canevas remis par monsieur Roger Cadieux et reproduit avec sa permission.

Comme on le voit sur le canevas d'entrevue précédent, les thèmes soumis au mentor couvrent le parcours de vie au travail ancré dans le milieu d'origine, la famille d'origine, le cheminement de formation tant à travers les emplois d'été qu'à travers la formation académique et professionnelle, les figures significatives, les valeurs, les réalisations et les projets. Le canevas d'entrevue est construit sur des thèmes précis et structurants : 1) l'identité (Qui suis-je?) ; 2) les influences diverses : origine sociale et milieu familial, influence du père et de la mère, influences au cours des études et à travers les emplois; 3) les personnes significatives à travers leur réseau personnel (parents, amis, professeurs, mentors), 4) les valeurs, 5) les réalisations et 6) les projets. Le canevas est remis à chaque mentor qui est invité à faire une préparation antérieure à l'enregistrement du vidéo en pensant à ces thèmes, en y réfléchissant.

Ceci déclenche chez le mentor une démarche de réminiscence par rapport à l'évolution de sa vie au travail : il doit se remémorer, structurer, et dégager les événements importants et les figures d'influences centrales en leur attribuant une signification eu égard au développement de sa carrière et de sa vie au travail.

2. Le questionnaire individuel

Le mentor prend le temps de répondre aux diverses questions. Le travail de réminiscence et de découpage peut donner lieu à des prises de conscience qui prolongent celles déjà faites au cours de la réflexion sur le canevas d'entrevue.

3. La production de la vidéo : enregistrement, montage, visionnement, critique et montage final pour diffusion

La séance d'enregistrement donne lieu à une prise de parole : le mentor se raconte oralement à quelqu'un qui joue un rôle d'interviewer. Ceci peut encore activer la réminiscence et la relecture de sa vie. Lorsque le montage est fait, il regarde le résultat afin d'approuver l'ensemble. Ces cassettes vidéo deviennent en effet un matériel de diffusion et il importe que le mentor soit en accord avec la production finale.

Les objectifs explicitement poursuivis en faisant ces vidéos consistent à faciliter, au futur mentoré, le choix de son éventuel mentor. Le mentoré éventuel est invité à visionner un certain nombre de cassettes (nombre déterminé par le mentoré) en vue de se jumeler à un mentor. Le récit de vie au travail du mentor est donc un matériel biographique qui a pour but de faciliter le jumelage des mentors et des mentorés, objectif qui semble avoir été atteint, au dire de monsieur Cadieux.

Cependant il y a eu des retombées intéressantes à cette procédure, non intentionnelles et imprévues, qui concernent le développement des mentors proprement dit. Le fait de raconter leur histoire sur vidéo, le fait de s'y préparer, de le faire et de se regarder a entraîné des effets non intentionnels :

- déclenchement d'un processus de réminiscence ;
- immersion réflexive dans leur propre histoire ;
- relecture des événements de leur vie ;
- re-saisie des figures significatives de leur vie (qui a été leur mentor ? En ont-ils eu un ? Quelles ont été les personnes qui les ont marqués ?) ;
- prise de conscience de comment ils sont devenus qui ils sont devenus (perception de leur valeur, de leurs choix, de leur vision du monde, du sens du travail dans leur vie) ;
- déclenchement d'échanges à un autre niveau avec leurs propres enfants, leur conjointe, et même leurs petits-enfants qui connaissaient la personne du mentor dans son rôle parental ou conjugal.

Bref il y a eu reconfiguration de leur identité narrative et du sens de leur vie.

J'ai déjà dit que le mentorat était une valeur ajoutée pour le mentoré mais aussi pour le mentor. Et dans le cas des vidéos du RAME comme outil de jumelage, il semble que ce soit doublement juste.

Il serait fort intéressant de faire un retour sur cette expérience avec les mentors qui ont participé à la réalisation d'une vidéo : ils pourraient ainsi partager avec les autres mentors les effets de cette démarche et analyser les bénéfices de cette expérience, ce qui pourrait donner lieu à une relecture de vie professionnelle en groupe avec un accompagnateur ou une accompagnatrice ayant une formation à l'accompagnement des récits de vie en groupe.

En conclusion

Les approches biographiques sont des outils féconds. Les récits de pratiques, les entrevues semi-dirigées sur une partie de leur expérience comme mentor ou comme mentoré, sont fréquents dans les recherches sur le mentorat. Plusieurs outils biographiques sont utilisés à l'intérieur des programmes de mentorat: tantôt pour sélectionner les mentors, tantôt pour aider le mentoré à préciser son projet, tantôt pour faciliter la prise de contact lors de la première rencontre entre le mentor et le mentoré. Enfin, les approches biographiques se retrouvent aussi à des fins de développement personnel. Il arrive même que recherche, formation, développement personnel se chevauchent, comme nous l'avons vu dans le projet du RAME. Il y a là un champ de pratiques novateur et il paraît important de voir quelles approches biographiques sont pertinentes pour les programmes de mentorat et les relations mentor-mentoré. Nous en sommes aux commencements.

CONCLUSION

> *Caminante no hay camino*
> *Se hace camino al andar*[1].
> — Antonio MACHADO

Le mentorat a le vent dans les voiles. Et nous pouvons faire en sorte que les programmes de mentorat prennent leur vent de façon féconde. Nous avons besoin de mentors capables de relations interpersonnelles matures. Pour cela, il devient important de refaire les connexions entre les jeunes adultes, les adultes du mitan et les personnes âgées, de jeter des passerelles et de construire des ponts entre des générations qui évoluent parfois, semble-t-il, de manière mutuellement exclusive. Et ce, dans la société en général, dans les programmes de formation, dans le parcours de vie au travail.

---

1. Le marcheur n'a pas de chemin
   C'est en marchant qu'il fait son chemin.

J'ai voulu, dans ce livre, montrer la richesse et la complexité d'une relation humaine que nous avons intérêt à mieux connaître, puisque, par les temps qui courent, il arrive que nous pratiquons le mentorat « par oreille ». J'espère vous avoir démontré la valeur unique de cette richesse naturelle et vous avoir fait entrevoir l'immense richesse que peut entraîner le mentorat bien fait : comme relation, comme programme formel.

Dans la première partie de cet ouvrage, j'ai exposé ma conception du mentorat. Entre jeune adulte et adulte du mitan, le mentorat surgit, telle une connexion pleine de promesses. Un pont à construire pour que chacun traverse la rivière, sa rivière. Une filiation à cultiver pour que le *puer* devienne *senex* et pour que le *senex* reconnaisse le *puer*, en lui comme en l'autre.

La relation mentorale relève du besoin qu'a le mentoré d'être confirmé dans ce qu'il devient, cependant que le mentor répond à l'impératif existentiel de laisser sa marque tout en se souciant de la génération montante. Devenir mentor est une tâche de générativité, mais cette dernière n'est pas l'apanage exclusif du milieu de la vie adulte car il est possible d'exercer sa générativité à différents âges, et dans différents domaines.

Entre les humains, les liens se tissent, de nature différente, d'intensité variable. À côté de l'amour, de l'amitié, de la relation parentale et de la relation conjugale, existe le mentorat. Comme c'est le cas pour tous les liens humains, une relation entre deux personnes est toujours une variation singulière sur le thème. Par exemple, l'amour entre Paul et Louise est un exemplaire de l'amour ; l'amitié entre Francine et Camille est une application de l'amitié. Et ainsi de suite. Le mentorat parfait, celui qui correspond au modèle, est un point de fuite, un idéal jamais atteint. C'est dire que le mentorat peut se vivre à des degrés divers, de diverses manières, et selon maintes formules. (À la limite, on pourrait concevoir qu'il existe des anti-mentors.)

Le mentorat a ceci de particulier : l'un des protagonistes, le mentor, met ses ressources au service d'une plus grande individuation de l'autre protagoniste, le mentoré. Il reconnaît l'être potentiel de l'autre et lui offre des conditions pour prendre forme, pour éclore, pour exister. Ainsi le mentor n'est pas un réservoir d'information, de connaissances, d'expertises et d'habiletés qui dévide ce qu'il sait à un « réceptacle » passif car on sait que les récepteurs sont proactifs. Tels sont la beauté, le mystère et la complexité de l'interaction et de la transmission entre humains.

Conclusion

Tout l'art d'être mentor consiste à doser les interventions de défis, de soutien, de conseils, d'enseignement, etc., sur la trame d'une affection saine. L'exercice de l'amour doit être sain. L'exercice du pouvoir doit être sain. Le mentorat n'existe pas sans la générosité et le don, sans que se produise l'éclair de bien-être de la confiance réciproque – une confiance mutuelle mais non basée sur les mêmes attentes. En ce sens, le mentor est une sorte de sage-femme, un accoucheur d'êtres, de personnes.

J'ai voulu également vous faire réaliser – ce fut le sens de la deuxième partie de cet ouvrage – à quel point et de quelle manière le mentorat est une relation de transition et montrer qu'il est possible d'apprendre à commencer, à continuer et à mettre fin à nos relations humaines. Dans la société dans laquelle nous vivons les personnes sont appelées à engager, à poursuivre et à mettre fin à des relations interpersonnelles significatives et marquées par un investissement important sur le plan affectif. Cela n'est pas nouveau dans l'histoire humaine.

Ce qui est nouveau, c'est l'attention portée à ces processus à la suite des savoirs élaborés au cours du XXe siècle : processus d'attachement, d'identification, d'individuation-séparation, processus de deuil, processus d'apprentissage, etc. Ce qui est nouveau, c'est la possibilité d'acquérir des connaissances et des habiletés à ce sujet.

Ainsi nous avons vu que le mentorat a un commencement, un déroulement et une fin, et nous avons compris la dynamique transformative inhérente à cette relation à travers les phases de séparation, de liminalité et de reconstitution du soi. Puisque le mentorat débouche, dans les meilleurs cas, sur une plus grande individuation (sentiment de réaliser une plus grande totalité de son être) et sur un sentiment d'identité plus solide, le modèle de la liminalité est apparu essentiel et lumineux précisément parce qu'il explique la déconstruction partielle du soi, puis l'espace d'entre-deux, lieu de l'ambivalence et de l'ambiguïté de l'être, et ensuite la reconstitution du soi, gage d'une plus complète identité.

À travers sa trajectoire, particulièrement dans des périodes de transition, chaque adulte peut éprouver le besoin d'un guide, d'un conseiller, d'un maître, d'un mentor. Dès lors nous pouvons nous entraider à composer avec les transitions de la vie adulte et il devient d'autant plus important d'intégrer le caractère transitionnel de ces relations interpersonnelles particulièrement significatives.

Enfin j'ai considéré, en troisième partie, des questions pratiques comme celles du choix du mentor, des champs d'application et des effets du mentorat, puis nous avons réfléchi sur les programmes de mentorat, enfin nous avons entrevu des croisements entre les approches biographiques et le mentorat, toutes problématiques qui demandaient à être nuancées en fonction de la nature irréductible du mentorat: il ne s'agit ni d'une formule chimique, ni d'une recette, ni d'un programme de formation en une fin de semaine! Le mentorat est une relation complexe dont nous ne pouvons décider ni de la durée ni des protagonistes. Les programmes de mentorat consistent en une intervention organisationnelle (au sens large du mot organisation) et demandent soin, doigté et expertise. Nous pouvons créer des conditions favorables à du mentorat de haute qualité.

Faire connaître le mentorat, aider les personnes à saisir le sens de cette relation dans le développement psychosocial d'un individu, que ce dernier ait 20 ans, 40 ans ou 60 ans, et à comprendre le processus de transformation impliqué par le mentorat, rendre les mentors virtuels visibles aux mentorés potentiels, travailler à créer des environnements qui soient favorables à l'éclosion d'une telle relation, tenir compte de balises proposées en créant et en implantant des programmes de mentorat, telles sont les stratégies d'action que je privilégie.

Le danger, lorsqu'on découvre une nouvelle idée, est de vouloir l'appliquer à toutes les situations. Je compte bien que les amis vont rester des amis, les superviseurs des superviseurs, les parents des parents, nos enfants des enfants, et les conjoints des conjoints. En faisant le tour du débat sur les programmes de mentorat, en proposant des balises, et en explicitant ce que nous savons sur le choix mentor-mentoré, en considérant comment les histoires de vie peuvent se retrouver dans nos pratiques mentorales, j'ai voulu aller dans le sens qui suit: rendre à César ce qui appartient à César. Loin de moi l'idée de faire du mentorat et des programmes de mentorat une route imposée, la panacée de tous nos problèmes.

Nous ne sommes plus au début du XXe siècle quand les enfants de 12 ans travaillaient dans les mines ou à la ferme. Nous savons que certains comportements et certaines attitudes sont plus favorables que d'autres au développement des personnes. Nous savons que le nouveau cycle de vie au travail, l'organisation apprenante, l'apprentissage tout au long de la vie font partie de notre culture. Ces savoirs peuvent nous aider à créer des environnements éducatifs plus sains, plus féconds.

Conclusion

Je crois que toute génération – sans même soupçonner les défis auxquels aura à faire face la génération qui la suivra – a l'immense responsabilité d'enseigner à la génération suivante, en laissant des interstices pour la créativité, en créant des espaces pour l'altérité.

On peut se demander jusqu'où notre génération, compte tenu de ses ressources et de ses privilèges, de ses désarrois et de ses limites, s'acquitte de cette tâche. On peut se demander aussi jusqu'où nous ne nous sommes pas coupés de plaisirs millénaires. Comme génération du mitan, nous avons quelque chose à donner aux jeunes pour que la filiation s'opère, pour que les jeunes puissent, en se frottant à notre manière d'être des hommes et des femmes, devenir à leur tour des hommes et des femmes, et ce, dans une société qui sera autre. Pour que, réciproquement, nous devenions des adultes à part entière en nous frottant à leur énergie de jeunes adultes. Telle est la chaîne de la civilisation humaine.

Cela sans perdre de vue que l'exercice du mentorat ne supplantera jamais la nécessité, pour tout être humain, de faire son chemin.

Le marcheur n'a pas de chemin
C'est en marchant qu'il fait son chemin.

Au moment de reprendre le travail menant à cette nouvelle édition, j'ai choisi de reprendre le titre de 1995, *Des mentors pour la relève*, parce que j'aime le mouvement de propulsion qu'il recèle.

Entre 1995 et 2010, les chemins se sont ouverts. Quinze ans d'implantation et d'expériences de programme de mentorat, quinze ans de formation de mentors et de mentorés, quinze ans de recherches et de publications. Devant un tel foisonnement, dont témoignent les deux *Handbook* édités en 2007, j'ai été fascinée par le raffinement et la précision des objets de recherches, par l'élaboration des questionnements, par les nouvelles pistes d'exploration dans les pratiques mentorales, par les études de cas, par les réflexions suscitées. À titre d'exemples : les stratégies de jumelage, le rôle de la personnalité dans les relations mentorales, les apports du mentorat, la nécessité de préciser les compétences du mentor, le fossé idéal ou la distance pertinente entre l'expertise du mentor et les besoins du protégé, la socialisation organisationnelle, le mentorat et la diversité, le cybermentorat.

On continue à importer dans le domaine du mentorat des savoirs provenant d'autres champs de recherche et de pratique, notamment du changement organisationnel, de l'approche constructiviste, de l'apprentissage adulte, des réseaux, des compétences relationnelles, de l'intelligence émotionnelle, des théories de la communication, des théories de la personnalité, des approches biographiques.

Pas de doute, le mentorat fairt son chemin.

Erik H. Erikson (1902-1994) : le psychologue de la générativité

Erik H. Erikson est né le 15 juin 1902 à Frankfurt, Allemagne. Il est décédé en 1994. Je veux rendre hommage[1] à l'homme qui a dédicacé son livre *Childhood and society* « Aux enfants de nos enfants ». Une telle dédicace révèle non seulement l'homme qui a aimé et côtoyé les enfants mais le psychologue, théoricien et clinicien, d'une identité pétrie d'intergénérationnel. La dédicace ne dit pas « À nos enfants ». Ni « À nos petits-enfants ». Mais bien « Aux enfants de nos enfants », ce qui d'emblée campe l'auteur et ses idées, et prend le lecteur à partie faisant de lui son complice (en effet, Erikson n'a pas dit : « Aux enfants de mes enfants »). Cette dédicace inscrit l'ouvrage au cœur de l'intergénérationnel : société et culture font dorénavant partie de la constitution de la personne à l'échelle du cycle de vie individuel. Pas d'individu sans famille, pas de famille sans société, pas de société sans culture, pas de culture sans civilisation. Et pas de civilisation sans individu. Avec Erikson (*Enfance et société*, p. 6), « l'histoire de l'humanité [apparaît] comme gigantesque métabolisme de cycles de vie individuels. »

On connaît Erikson comme le théoricien qui a réfléchi sur l'identité. Également comme celui qui a proposé une vue d'ensemble du développement de l'être humain sur tout le cycle de la vie. On connaît moins son influence sur le mentorat, l'intergénérationnel et sur les histoires de vie.

L'homme aux quatre noms

Qui était Erik H. Erikson[2] pour être devenu l'homme qui a tenté de dire la complexité de la formation de l'identité chez l'être humain ? L'homme reconnaissait, avec finesse et humour, que la question de l'identité le tenaillait de l'intérieur :

> En racontant cette histoire, je ne voudrais pas sous-entendre que la « crise d'identité » est un symptôme bien à moi dont je suppose les autres également affectés – bien qu'à vrai dire il y ait un peu de cela. (*Adolescence et crise*, p. 13)

Son existence s'est déroulée, semble-t-il, dans des espaces frontières : il était danois, allemand et américain ; il a été à la fois artiste et psychanalyste-psychologue ; enfin il fut juif et chrétien. Né en 1902 –

---

1. Ce texte a fait l'objet d'une publication (2002) dans *La revue québécoise de psychologie*.
2. Les éléments biographiques de la vie d'Erikson sont basés sur les renseignements du magnifique volume de Friedman (1999).

on sait que *Die Traumedeutung*³ paraît en 1899 – son évolution est concomitante du développement de la psychanalyse. Il a pris le nom d'Erik H. Erikson quand il est devenu citoyen américain, ce qui n'est pas anodin pour une personne qui réfléchit sur l'identité.

Sa mère, Karla Abrahamsen, une jeune femme juive du Danemark, se trouve en Allemagne au moment d'accoucher. Pendant les six premières années de sa vie, l'enfant s'appelle Erik Solomonsen, du nom de l'ex-mari de Karla, Waldemar Solomonsen. Karla vit seule avec Erik pendant trois ans et cette complicité primordiale demeurera. Le 15 juin 1905, jour du troisième anniversaire de naissance d'Erik, elle épouse le pédiatre de son fils, le Dr Theodor Homberger, à condition que ce dernier accepte de dire qu'il est le père d'Erikson. Le jeune enfant et l'adolescent grandit dans la religion juive et porte le nom d'Erik Homberger, d'après le nom de famille du deuxième mari de sa mère. Or, Karla et Theodor ont les cheveux noirs, tandis que Erik est un enfant aux yeux bleus et aux cheveux blonds, ce qui suscite les railleries de ses copains à l'école et au temple.

Pendant toute sa vie, Erikson tentera de trouver l'identité de son père biologique. Une des versions qui lui sera communiquée est que Salomonsen a abandonné sa mère alors qu'elle était enceinte. En grandissant, Erik apprendra que le premier mariage de sa mère n'a probablement jamais été consommé (Friedman, 1999), et que, de fait, Waldemar Salomonsen a quitté sa mère quatre ans avant sa naissance. Qui était son père biologique ? Ce sera un des sujets de son analyse avec Anna Freud. En 1960, après la mort de sa mère, Erikson, alors âgé de 58 ans, chargera un de ses amis danois-américain, qui possédait des données sur la généalogie de sa mère, de tenter de clarifier l'énigme de sa naissance, mais en vain. Erik finira par opter pour la version suivante : il serait né d'une liaison de Karla avec un artiste danois aristocrate. Sa naissance restera entourée de mystère.

Sur sa demande de naturalisation en 1938, se trouve écrit ceci : *profession*: psychologue (et non psychanalyste) ; *lieu de naissance*: Allemagne ; *race*: Scandinave ; *nom*: Erik Homberger Erikson. C'est au moment où il obtiendra sa citoyenneté américaine qu'il changera officiellement son nom de Erik Homberger en Erik H. Erikson. Friedman nous dit que ses enfants inciteront leur père à faire un tel changement, trouvant, parmi d'autres considérations, difficile de porter le nom de Homberger dans le pays du hamburger. Un commentateur affirme ne pas savoir où Erikson est allé chercher ce nom. Ce changement de

---

3. Œuvre majeure de Sigmund Freud qui paraîtra sous le titre français, *L'interprétation des rêves*.

nom condense, à mon avis, plusieurs explications complémentaires : c'est une manière d'affirmer à la fois qu'il s'est construit lui-même, qu'il n'a jamais pu savoir qui était son père biologique, qu'il reconnaît – par le maintien du « H » – le rôle paternel tenu par Théodor Homberger (qui, rappelons-le, était pédiatre et a sans doute transmis à Erikson son amour des enfants) et enfin de reconnaître son parcours d'immigrant et sa nouvelle identité de citoyen américain. Erik Erikson signifie, en allemand, Erik fils d'Erik, ce qui exprime à la fois le secret gardé sur ses origines et le pivot de son modèle théorique : la personne construit son identité de l'intérieur du réseau des relations significatives qui l'accompagnent et des cultures qui la façonnent.

Revenons au jeune Erik. Son entrée dans le monde adulte est lente : pendant sept années, il voyage, se voyant plutôt comme un artiste. Son ami Peter Blos lui propose de venir travailler avec lui à Vienne dans une école expérimentale pour enfants américains que Dorothy Burlingham, amie d'Anna Freud, met sur pied. Nous sommes en 1927. Erik est engagé comme éducateur et c'est en cours d'emploi qu'il suit une formation à l'école Montessori. Au début de cette période, le jeune Erik ne connaît ni Freud, ni la psychanalyse. Anna Freud lui propose d'entrer en analyse avec elle (il sera son premier analysant adulte). Il a un don naturel pour se lier aux enfants, don remarqué par son entourage. Il analyse les dessins ou les structures que construisent les enfants, méthode qu'il appelle son approche configurationnelle ; d'ailleurs il dira – l'expression est belle – qu'il analyse des « rêves sans mots ». Il obtiendra un diplôme de l'Institut de psychanalyse de Vienne. C'est ainsi qu'il entreprend une carrière clinique comme psychanalyste d'enfants : « Je vins à la psychologie par l'art », dira-t-il.

Pendant les années de Vienne (1927-1933), Erik rencontre Joan Serson, une Canadienne née en Ontario et venue étudier la danse en Allemagne. Ils se marient en 1930. Devant la montée d'Hitler, ils décident de quitter le pays et émigrent aux États-Unis en 1933 avec leurs deux premiers enfants (ils auront quatre enfants, dont un trisomique). Erikson a 31 ans quand il arrive en Amérique. Sitôt arrivé, on lui offre un poste à la *Harvard Medical School*, même s'il n'a jamais fait d'études de médecine ; il s'installe sur la *côte est*, puis déménage plus tard sur la *côte ouest* où il enseigne à Berkeley avant de revenir sur la *côte est*. Il s'initie aux théories de la personnalité de Henry Murray. Il rencontre Margaret Mead, Gregory Bateson, Ruth Benedict et Scudd Mekeel, des anthropologues qui partagent avec lui leur vision du monde. Tout ce temps, la présence de Joan à ses côtés accentue et nourrit son côté artiste : entre eux, complicité et collaboration seront constantes à travers et malgré les aléas de la vie. Erikson mourra en 1994 après avoir vécu soixante et un ans aux États-Unis. Son œuvre, importante, sera beaucoup lue.

On a dit que certains de ses textes auraient été publiés sous le seul nom d'Erik Erikson, sans le «H», ce qui lui a valu quelques remarques désobligeantes sur le fait qu'il occultait son identité juive. Erikson a nommément nié cette accusation, alléguant qu'il avait maintenu le «H» entre Erik et Erikson. Quoi qu'il en soit, l'homme aux quatre noms ne lèvera jamais le secret de sa naissance. Il intégrera la richesse et sans doute les souffrances de son existence en construisant une théorie de la formation de l'identité. La métamorphose de son nom exprime son histoire personnelle, culturelle et intergénérationnelle.

L'architecte de l'identité

Dans l'histoire des idées en psychologie, on aura d'abord et avant tout retenu qu'il est «l'architecte de l'identité[4]». Sa théorie sur les huit âges de l'homme est sans doute ce qui, dans l'ensemble de sa pensée, est le plus souvent enseigné dans les classes et exposé dans les manuels scolaires (quoique passablement ignoré par les jeunes générations). En 1950, Erikson présente les huit stades du cycle vital humain dans un chapitre de l'ouvrage *Enfance et société*; puis, quatorze ans plus tard, en 1964, il les élabore dans le beau chapitre intitulé «L'énergie humaine et le cycle des générations» du volume *Insight and responsibility*[5]. Après Carl Jung et Charlotte Bühler, il est parmi les premiers à décrire des stades de la vie adulte[6], ne faisant pas s'achever le développement de la personne à la fin de l'adolescence.

Depuis la naissance jusqu'à la mort, Erikson illustre les enjeux de développement de la personne à travers huit stades psychosociaux décrits par une tension focale entre deux opposés. Si, en vertu du modèle, ces enjeux apparaissent selon une séquence, ils sont à l'œuvre de façon dynamique et systémique. À chaque stade correspond une vertu qui représente une force psychosociale de l'*ego*, sorte d'attribut humain tributaire du travail des civilisations, soit l'*espoir*, la *volonté*, l'*autodétermination*, la *compétence*, la *fidélité*, l'*amour*, la *sollicitude* et

---

4. Pour reprendre le titre que Lawrence J. Friedman a donné à sa biographie parue en 1999, *Identity's architect: A biography of Erik Erikson*.
5. La traduction française, *Éthique et psychanalyse*, est publiée en 1971 chez Flammarion, Paris, soit sept ans après la parution de l'original anglais.
6. Le mot *adulte*, qui vient de *adultus*, participe passé du verbe latin croître, grandir (*adolesco, adolescere, adultus*), signifie «qui a grandi, qui a crû».

enfin l'*intégrité*. Chacun de ces apprentissages s'accomplit à l'intérieur des relations interpersonnelles au sein desquelles la personne évolue, ce que Erikson nomme le radius des relations significatives.

Erikson explicite chacun des stades. En voici un aperçu succinct pour le lecteur moins familier avec la pensée d'Erikson. Ainsi, la tension entre faire confiance et éprouver de la méfiance émerge dès la première enfance et peut déboucher sur l'apprentissage de l'*espoir* (premier stade):

> J'ai appelé ce premier trésor «la confiance fondamentale»; c'est là le premier trait psychosocial et il sert de fondement à tous les autres. La confiance fondamentale dans la mutualité de l'échange est cet «optimisme» originel, cette conviction que «quelqu'un est là»; sans cet optimisme et cette conviction nous ne saurions vivre. Lorsque cette confiance fondamentale ne peut pas se développer dans la première enfance, en raison d'un défaut soit de l'enfant lui-même, soit de l'assistance maternelle, l'enfant meurt mentalement; il ne répond pas, et il n'apprend pas; il n'assimile pas ce dont on le nourrit; il ne parvient pas à se défendre contre l'infection; et souvent il meurt physiquement autant que moralement.
>
> On peut donc soutenir que cette rencontre initiale d'un sujet qui perçoit et d'un objet perçu (lequel à son tour semble «reconnaître» le sujet) est le point de départ de tout sens de l'identité. (*Luther avant Luther*, p. 137)

Le deuxième stade (autonomie *versus* doute) ouvre sur la *volonté* comprise comme «[...] la ferme détermination d'exercer librement son choix aussi bien que le contrôle de soi-même, en dépit de l'inévitable expérience infantile de la honte et du doute[7]». Au troisième stade (initiative *versus* culpabilité), la résolution ou l'*autodétermination* «[...] n'est autre que le courage d'envisager et de poursuivre des objectifs valables sans se laisser inhiber par la faillite des fantasmes infantiles, par la culpabilité ou par la crainte paralysante de la punition[8]». Le stade quatrième, travail *versus* infériorité, débouche sur la *compétence*[9], *i.e.* «le libre exercice de la dextérité et de l'intelligence dans l'exécution des tâches – sans qu'intervienne aucune inhibition par un sentiment infantile d'infériorité[10]». Le cinquième stade, identité *versus* confusion de rôle, permet de développer la *fidélité*, «l'aptitude à maintenir la loyauté librement promise en dépit des inévitables contradictions des

---

7. *Éthique et psychanalyse*, p. 122.
8. *Idem*, p. 126.
9. Sans doute, les pédagogues et les administrateurs de programmes de formation seront-ils inspirés en relisant ce que Erikson a dit sur la compétence, une notion fort à la mode de nos jours.
10. *Idem*, p. 128.

systèmes de valeurs[11]». Les trois derniers stades portent nommément sur la vie adulte. Le sixième, intimité *versus* distanciation, ouvre sur la capacité d'aimer vue comme «la mutualité de la dévotion[12]». Le septième, générativité *versus* stagnation, concerne le souci des générations suivantes[13] et ouvre sur la *sollicitude*; ainsi la générativité se trouve au fondement de l'intergénérationnel. Enfin, la tension entre l'intégrité et le désespoir (huitième stade), prépondérante en fin de vie, ouvre sur la *sagesse* définie comme «une sorte d'intérêt détaché pour la vie en tant que telle, face à la mort en tant que telle[14]».

Pour Erikson, la formation de l'identité est enracinée dans les changements concomitants du corps, de la psyché et de l'ethos (culture et société). Le processus de la formation de l'identité se situe au croisement de l'individu et de sa communauté de sorte qu'il devient impossible de séparer la croissance personnelle des changements sociaux: entre le social et le psychologique, entre l'histoire personnelle et l'histoire collective, les entremêlements sont constants. La relativité psychosociale s'impose: impossible de saisir le développement d'une personne sans comprendre le contexte culturel et historique, personnel et social, du déroulement de sa vie. Semblables aux fils de couleurs qui composent la tapisserie qu'est une vie, les enjeux peuvent dès lors devenir des filons qui permettent de saisir notre histoire de vie et celle des autres.

Son influence

Parce qu'il décrit le développement de la personne ordinaire, parce qu'il nous parle de générativité avant qu'il ne soit question d'intergénérationnel et de mentorat, enfin parce que l'ensemble de sa pensée, son travail de psychobiographe et son enseignement inspirent les histoires de vie, l'influence de Erik H. Erikson est plus grande qu'on ne le croit[15].

---

11. *Idem*, p. 129.
12. *Idem*, p. 135.
13. *Ibid*.
14. *Idem*, p. 139-140.
15. Sans doute le fait que la psychanalyse a été si influente en France explique-t-il le peu d'audience qu'il a connu dans l'Hexagone.

Le développement de la personne «ordinaire»

La postérité reconnaît Erikson comme étant l'un des premiers psychologues qui tentent de nommer le développement de l'être humain... faudrait-il dire ordinaire? Non, puisque Erikson s'intéresse aussi à l'évolution des vies extraordinaires comme celle de Martin Luther, de Gandhi, de William James, de Georges Bernard Shaw et de Sigmund Freud. Faudrait-il dire normal? Pas davantage, car ses analyses portent sur la totalité de l'expérience humaine.

Insistant sur le développement, il a non seulement décrit «une sorte d'itinéraire des étapes du moi» (*Enfance et société*, p. 29), mais mis de l'avant le concept de crise développementale, donnant de la crise une notion qui «n'évoque plus l'idée d'une catastrophe imminente», mais qui est «synonyme de tournant nécessaire». Rendons à César ce qui revient à César. La conception que la vie humaine implique des crises de développement vues comme des occasions de maturation psychosociale revient à Erikson. Si on peut parler des différentes naissances de la vie adulte, si on peut parler des transformations de la vie humaine à travers des phases, c'est parce qu'Erikson a fait passer dans la culture psychologique cette conception positive et féconde de la crise développementale. Ce faisant, non seulement décrit-il le développement de chacun, mais il le qualifie en des termes qui rompent avec la tradition freudienne: *a)* les forces de l'ego sont tout aussi importantes que les mécanismes de défense; *b)* l'expression de la totalité de la vie devient plus centrale que la suprématie de l'inconscient; *c)* l'identité – plutôt que la pulsion ou la sexualité – devient la matrice du changement; *d)* l'identité passe par l'actualisation mutuelle des personnes au cours d'un cycle de vie intergénérationnel; *e)* la générativité s'entremêle à l'identité à l'échelle de la civilisation.

Certains commentateurs ont taxé sa vision du développement d'optimiste parce qu'elle souligne les forces positives de l'ego et communique une vision dynamique du changement. Quand il intervient comme clinicien, Erikson mise sur les ressources de la personne, mais il ne néglige pas pour autant le rôle du conflit et des difficultés dans l'aventure développementale: ne propose-t-il pas, pour chaque stade, une tension entre deux pôles qui peut mener à l'acquisition de vertus proprement humaines et qui peut aussi conduire à des résolutions moins heureuses du conflit (inadaptation et mésadaptation)?

En corollaire de cette vision, Erikson a contribué à déloger la psychologie de l'originologie – pour reprendre son néologisme: désormais le développement de la personne ne s'explique plus seulement par son enfance. Il a également contribué à contrer l'hégémonie de l'inconscient, remettant ce dernier à une place bien légitime dans l'ensemble plus large des forces impliquées : soma, psyché, ethos. Enfin, Erikson a imposé la nécessité d'un point de vue psychosocial et a insisté sur l'influence de la famille et de la société, à travers les relations interpersonnelles et la culture, amenant des considérations éthiques encore actuelles.

L'homme qui a ciselé la générativité : au cœur de sa pensée, l'intergénérationnel

Se soucier des générations futures est un des enjeux majeurs de développement au mitan de la vie. La générativité (par opposition à la stagnation) est en quelque sorte une forme d'amour élargi à la progéniture, aux descendants au sens large, bref à la suite du monde ; elle mène à la sollicitude.

Pour Erikson, la formation de l'identité est arc-boutée aux générations, comme il le dit lui-même *(Adolescence et crise*, p. 26) : « [...] on est enclin à oublier que la formation de l'identité, encore qu'elle soit « critique » dans l'adolescence, constitue réellement un *problème de génération* ». En ce sens, il montre comment l'appauvrissement ou l'enrichissement de la vie émotive se transmet :

> Les enfants doivent, un jour, éduquer leurs propres enfants et tout appauvrissement de leur vie émotionnelle dans le but d'éviter des frictions doit être considéré comme une perte affectant plus d'une existence. Les générations futures dépendront de l'aptitude de chaque individu à faire passer chez ses enfants un peu de l'enthousiasme vital qu'il aura sauvé des conflits de son enfance. *(Enfance et société*, p. 200)

Il insiste également sur le rôle et la responsabilité de la société face aux enfants et aux jeunes : « Chaque société se compose d'hommes qui se développent de l'état d'enfants à celui de parents. Pour assurer la continuité de la tradition, la société doit préparer de bonne heure ses enfants à être des parents ; elle doit s'occuper des inévitables restes d'infantilisme chez ses adultes. » *(Enfance et société*, p. 270) On a beaucoup insisté sur l'influence des parents dans le développement des enfants, cependant Erikson montre que les enfants exercent aussi une influence sur le développement psychosocial des parents : il insiste sur la mutualité (et non la réciprocité) du développement des uns et des autres.

Il nomme, de manière claire et distincte, le besoin d'être confirmé au cours du processus de formation de l'identité, ébauchant ainsi un des éléments fondateurs du mentorat. Dans *Éthique et psychanalyse* (p. 130), il parle de l'importance pour les adultes d'exercer le rôle de mentor (Levinson qui reprendra l'idée de mentor doit donc beaucoup à Erikson): «Les jeunes ont besoin par-dessus tout d'adultes pour les confirmer et de compagnons d'âge pour les affirmer.» Et dans son livre *Young man Luther*, Erikson décrit de façon fort convaincante le besoin de confirmation des jeunes adultes:

> Les jeunes patients (ainsi que les jeunes gens doués d'une personnalité extraordinaire) exigent d'eux-mêmes et de leur entourage des réponses extrêmes et totales. Il leur faut une confirmation quotidienne d'eux-mêmes, et ils exigent cette confirmation tant pour le futur significatif que pour le passé absurde; ils cherchent cette confirmation soit dans une vertu absolue, soit dans une dépravation radicale, soit en outrant leur originalité, soit en s'efforçant d'annihiler leur personnalité. Les jeunes sujets atteints d'un trouble grave ne sont pas faits pour le divan du psychanalyste; ils veulent vous faire face et veulent que vous leur fassiez face, non comme le fac-similé du parent, ou sous le masque du professionnel qui les aide parce que c'est son rôle, mais comme un individu d'une espèce supérieure sur lequel un être jeune peut s'appuyer, ou dont il désespérera. (*Luther avant Luther*, p. 16)

Il s'ensuit que la régénération de l'énergie humaine dépend de l'intergénérationnel, comme il l'explique clairement:

> Qu'il s'agisse des crises ou des forces, nous savons par notre expérience psychiatrique, et aussi par l'observation des enfants normaux, que les relations entre générations ont une influence considérable, car c'est de cette interaction que dépend aussi bien la régénération de l'énergie humaine que la perpétuation de la faiblesse humaine «à la seconde ou la troisième génération». Ceci nous amène au rôle de l'individu dans l'enchaînement des générations et, donc, à cet ordre successif que vos textes sacrés appellent Lokasangraha – ou «maintien du monde» [...]. (*Éthique et psychanalyse*, p. 233)

Les liens entre l'intergénérationnel et l'évolution de la civilisation sont en conséquence fort étroits; Erikson (*ibid.*, p. 162) en conclut: «L'énergie humaine dépend donc d'un processus total qui régit à la fois l'enchaînement des générations et la structure de la société.»

Un pionnier des approches biographiques en développement adulte

Un aspect moins connu de l'œuvre d'Erikson est son travail de pionnier dans le domaine des histoires de vie. Les histoires de vie et les récits de vie ont récemment retrouvé leurs lettres de noblesse. À ce chapitre, on peut entrevoir l'apport majeur mais insuffisamment souligné d'Erikson en regardant son œuvre de psychobiographe et son travail comme professeur du cycle de vie.

Erikson a publié de nombreuses études psychohistoriques de personnages importants. Il cherche à élucider le développement du protagoniste en fonction de son contexte historique, de sa culture et de sa société, et le plus souvent, disons-le, son adolescence et son entrée dans le monde adulte. Rappelons ses analyses sur Maxim Gorky et Adolph Hitler, sur George Bernard Shaw et William James. Son étude magistrale de la jeunesse de Martin Luther a donné lieu à l'ouvrage «Young Man Luther[16]», un livre sans doute moins connu mais très fascinant. L'étude porte sur sept années de la vie de Luther, soit de 1505 à 1512. Le jeune Martin est analysé par un eriksonien de la première heure, soit Erik H. Erikson lui-même, affairé à illustrer son concept de crise d'identité; il reconstitue la vie du grand réformateur depuis sa famille d'origine et insiste sur les convergences entre cette période de pré-renaissance et la Réforme: l'esprit du temps (*Zeitgeist*) façonne l'homme autant que l'homme façonne son époque. Quelques années plus tard, son analyse de la vie de Gandhi, magistrale, lui vaudra le prix Pulitzer et le National Book Award.

Au cours de sa carrière comme professeur, Erikson a, entre autres, enseigné un cours de base sur le cycle vital humain à plus de cent étudiants à qui il a proposé de travailler sur la crise d'identité d'un des grands auteurs tels que Eugene O'Neil, Auguste Strinberg, Herman Hesse, Mozart, ou de quelqu'un qu'ils connaissaient personnellement[17]. Puis, dans un séminaire intitulé «*Life history and history*» (histoire de vie et histoire) qui s'adressait aux étudiants gradués, il leur a demandé de s'engager dans une investigation biographique, choisissant à leur convenance une approche d'histoire de vie. Chaque étudiant devait étoffer sa recherche de matériel visuel (photos et autres) et mettre en relation l'évolution de la personne et le contexte dans lequel s'était déroulée sa vie. Notons que Mary Catherine Bateson a choisi Mère Teresa, Hellen Keller, De Gaulle. Psychobiographe, professeur, Erikson ne pouvait sans doute pas entrevoir à quel point ses idées sur l'identité, sur la dimension psychosociale du développement, sur l'articulation entre le social et le psychique allaient devenir des fondements pour les praticiens des récits de vie en sciences humaines (histoires de vie en formation, sociologie clinique, etc.). Ici encore, nous lui sommes redevables.

---

16. Paru en français dix ans plus tard sous le titre suivant: *Luther avant Luther, psychanalyse et histoire*, traduit de l'américain par Nina Godneff, chez Flammarion.
17. Friedman, *op. cit.*, p. 316 et suiv.

Conclusion

L'influence d'Erikson est encore fort prégnante aujourd'hui. Le développement de l'enfant, de l'adolescent, du jeune adulte, de l'adulte du mitan et de la personne âgée, ne peut plus être pensé sans les notions qu'il a élaborées. Qu'il s'agisse du travail d'identité, d'intimité, de générativité et d'intégrité, ou de la crise développementale, ce sont là des concepts de base qui font dorénavant partie du corpus de la psychologie contemporaine. Sa manière de voir les choses a déteint sur nous, parfois à notre insu. À preuve, le fait que nous parlons des crises de la vie, de générativité et d'intégrité, sans toujours remonter en amont. Le mentorat et les approches biographiques lui doivent beaucoup. Et ceux qui se passionnent pour l'intergénérationnel reliront avec joie ses idées sur la générativité.

Erikson n'a pas élaboré une théorie du cycle de vie hors de cause et hors de connaissance. Il a vécu son existence dans des espaces frontières et était conscient à la fois de la richesse et de la complexité de son parcours : « J'ai réussi à construire ma vie professionnelle à partir de ma première existence sur ce que Paul Tillich a décrit comme étant une vie sur les frontières (*a life on boundaries*)[18]. » Freud aurait sans doute qualifié de sublimation réussie la canalisation de la quête de son père biologique. Cette recherche a animé Erikson toute sa vie. À travers sa lecture des vies de Luther, de Gandhi et des autres, s'essayant à nommer leur parcours d'identité, cherchait-il possiblement à nommer le sien. Sa théorie de l'identité pétrie d'intergénérationnel est enracinée dans une expérience fondamentale de confiance de base qui n'est pas sans faire écho à l'expérience vécue avec Karla. Mais sans doute Erikson répliquerait-il immédiatement que le contexte social, culturel et interpersonnel est nécessaire pour rendre justice au façonnement d'une vie et d'une œuvre.

Plus que du psychologue de l'identité, c'est du psychologue de la générativité dont l'histoire se souviendra.

---

18. Friedman, *op. cit.*, p. 344.

BIBLIOGRAPHIE

ABBOTT, I.O. (2000). *The Lawyer's Guide to Mentoring*, Washington, NALP.

ALBERONI, F. (1981). *Le choc amoureux*, Paris, Éditions Ramsay.

ALLEN, T.D. (2007). « Mentoring relationships from the perspective of the mentor », dans B.R. Ragins et K.E. Kram, *The Handbook of Mentoring at Work: Theory, Research, and Practice*, Los Angeles, Sage Publications, p. 123-148.

ALLEN, T.D. et L.T. EBY (2007). « Common bonds : An integrative view of mentoring relationships », dans B.R. Ragins et K.E. Kram, *The Handbook of Mentoring at Work: Theory, Research, and Practice*, Los Angeles, Sage Publications, p. 397-420.

ALLEN, T.D. et L.T. EBY (dir.) (2007). *The Blackwell Handbook of Mentoring: A Multiple Perspectives Approach*, Oxford, Blackwell Publishing,

ALLEN, T.D., L.T. EBY, M.L. POTEET, E. LENTZ et L. LIMA (2004). « Career benefits associated with mentoring for protégés : A meta-analysis », *Journal of Applied Psychology*, vol. 89, p. 127-136.

ALLEN, T.D., M.L. POTEET et S.M. BURROUGHS (1977). « The mentor's perspective : A qualitative iniquity and future research agenda », *Journal of Vocational Behavior*, vol. 51, p. 70-89.

AMBROSE, L. (2008). *Common Sense Mentoring*, Chicago, Perrone-Ambrose Ass.

BAUM, S.H. (1992). « Mentoring narcissistic fantaisies and dipal realities », *Human Relations*, vol. 45, n° 3, p. 223-245.

BECK, L. (1989). « Mentorships : Benefits and effects on career development », *Gifted-Child Quarterly*, vol. 33, n° 12, p. 22-28.

BENABOU, C. (1995). « Mentors et protégés dans l'entreprise : vers une gestion de la relation », *Gestion*, vol. 20, n° 4, p. 18-24.

BERTAUX, D. (1997). *Les récits de vie (perspective ethnosociologique)*, Paris, Nathan.

BIRREN, J.E. et al. (1996). *Aging and Biography, Explorations in Adult Development*, New York, Springer Publishing Co.

BLAKE-BEARD, S.D., R.M. O'NEILL et E.M. McGOWEN (2007). « Blind dates? The importance of matching in successful formal mentoring relationships », dans B.R. Ragins et K.E. Kram, *The Handbook of Mentoring at Work : Theory, Research, and Practice*, Los Angeles, Sage Publications, p. 617-633.

BLY, R. (1990). *Iron John, a Book about Men*, New York, Vintage Books, Random House. Cet ouvrage est paru en 1992 sous le titre *L'homme sauvage et l'enfant*, traduction Christian Cler et Maxime Loiseau, Paris, Éditions du Seuil, coll. « La couleur de la vie ».

BRANDES, S. (1985). *FORTY, XL, the Age and the Symbol*, Knoxville, The University of Tennessee Press.

BURKE, R.J. (1984). « Mentors in organizations », *Group and Organization Studies*, vol. 9, n° 3, p. 353-372.

BURKE, R.J. et R.J. McKEEN (1990). « Mentoring in organizations : Implications for women », *Journal of Business Ethics*, vol. 9, p. 313-332.

CAMERON, S.W. (1978). *Women Faculty in Academia : Sponsorship, Informal Networks and Scholarly Success*, thèse de doctorat inédite, University of Michigan.

CARDEN, A.D. (1990). « Mentoring and adult career development : The evolution of a theory », *The Counselling Psychologist*, vol. 18, n° 2, p. 275-299.

CARON, L. (2002). « Démarrer, développer et animer un programme de mentorat », dans *Actes du colloque Mentorat Québec*, Montréal, Mentorat Québec, p. 35-44.

CESA, I.L. et S.C. FRASER (1989). « A method for encouraging the development of good mentor-protégé relationships », *Teaching of Psychology*, vol. 16, n° 3, p. 125-129.

CHAO, G. (1998). « Invited reaction : Challenging research in mentoring », *Human Resource Development Quarterly*, vol. 9, p. 333-338.

CHAO, G., P. WALZ et P. GARDNER (1992). « Formal and informal mentorships : A comparison on mentoring functions and contrast with non-mentored counterparts », *Personal Psychology*, vol. 45, p. 619-636.

CHERNISS, C. (2007). « The role of emotional intelligence in the mentoring process », dans B.R. Ragins et K.E. Kram, *The Handbook of Mentoring at Work : Theory, Research, and Practice*, Los Angeles, Sage Publications, p. 427-447.

CHIRIBOGA, D.A. (1989a). « Stress and loss in middle age », dans Richard A. Kalish (dir.), *Midlife Loss, Coping Strategies*, Londres, Sage Publications, p. 42-87.

CHIRIBOGA, D.A. (1989b). « Divorce at midlife », dans Richard A. Kalish (dir.), *Midlife Loss, Coping Strategies*, Londres, Sage Publications, p. 179-217.

CLAWSON, J.G. (1985). « Is mentoring necessary? », *Training and Development Journal*, vol. 39, n° 4, p. 36-39.

CLAWSON, J.G. (1986). « Chemistry, contingency theory, and interpersonal learning : A theory of developmental relationships in organizations », dans W. Gray et M. Gray (dir.), *Mentoring Aid to Excellence in Career*

Development, Business and the Professions – Proceedings of the First International Conference on Mentoring : 2, Vancouver, International Association for Mentoring, p. 102-112.

CLUTTERBUCK, D. et B.R. RAGINS (2002). *Mentoring and Diversity: An International Perspective*, Oxford, Butterworth-Heinemann.

CLUTTERBUCK, D. et G. LANE (dir.) (2004). *The Situational Mentor: An International Review of Competences and Capabilities in Mentoring*, Aldershot, Gower.

CLUTTERBUCK, D. (2007). «An international perspective on mentoring», dans B.R. Ragins et K.E. Kram, *The Handbook of Mentoring at Work: Theory, Research, and Practice*, Los Angeles, Sage Publications, p. 633-655.

COHEN, N.H. (1995). *Mentoring Adult Learners: A Guide for Educators and Trainers*, Malabar, Krieger Pub.

COHEN, N.H. (2000). *A Step By Step Guide to Starting an Effective Mentoring Program*, Worcester, HRD Press.

COLARUSSO, C.A. et R.A. NEMIROF (1981). *Adult Development: A New Dimension in Psychodynamic Theory and Practice*, New York, Plenum Press.

COLLIN, A. (1986). «The role of the mentor in the experience of Chang», dans W.A. Gray et M.M. Gray (dir.), *Proceedings of The First International Conference on Mentoring*, Vancouver, International Association for Mentoring, p. 94-101.

COLLIN, A. (1990). «The mentor and mentoring programs», dans Mike Featherstone (dir.), *Proceedings of the First International Conference on the Future of Adult Life*, Center for the Study of Adult Life, Teesside Polytechnic, Royaume-Uni, p. 213-224.

CORNU, L. (2004). «Transmission et institution du sujet», *Le Télémaque*, n° 26, novembre, p. 43-54.

CRONAN-HILLIX, T., L.K. GENSHEIMER, W.A. CRONAN-HILLIX et W.S. DAVIDSON (1986). «Student's views of mentors in psychology graduate training», *Teaching of Psychology*, vol. 13, p. 123-127.

CUERRIER, C. (2001). *Le mentorat et le monde du travail: un modèle de référence*, Québec, Les Éditions de la Fondation de l'entrepreneurship, coll. «Mentorat».

CUERRIER, C. (2003a). *Répertoire de base*, Québec, Les Éditions de la Fondation de l'entrepreneurship, coll. «Mentorat».

CUERRIER, C. (dir.) (2003b). *Le mentorat et le monde du travail au Canada: recueil des meilleures pratiques*, Québec, Les Éditions de la Fondation de l'entrepreneurship, coll. «Mentorat».

CYRULNIK, B. (2004). *Parler d'amour au bord du gouffre*, Paris, Odile Jacob.

DARLING, L. (1986). «The mentoring mosaic: A new theory of mentoring», dans W. Gray et M. Gray (dir.), *Mentoring: Aid to Excellence in Career Development, Business and Professions – Proceedings of the First International Conference on Mentoring*, Vancouver, International Association for Mentoring, p. 1-7.

DE BELLEFEUILLE, L. (1991). *Le mentorat et la relation initiatique*, manuscrit inédit.

DeCOSTER, D. et R. BROWN (1982). « Mentoring relationships in the educational process » dans R. Brown et D. DeCoster (dir.), *Mentoring Transcript Systems for Promoting Student Growth*, San Francisco, Jossey Bass, p. 5-17.

DENZIN, N.K. (1989). « Interpretative biography », *Quality Research Methods Series*, vol. 17, A Sage University Paper, 93 p.

EBY, L. (1997). « Alternative forms of mentoring in changing organizational environments : A conceptual extension of the mentoring literature », *Journal of Vocational Behavior*, vol. 51, p. 125-144.

EGAN, T.M. (2005). « The impact of learning goal orientation similarity on formal mentoring relationship outcomes », *Advances in Developing Human Resources*, vol. 7, p. 489-504.

ENSHER, E.A. et S.E. MURPHY (1997). « Effects of race, gender, perceived similarity, and contact on mentor relationships », *Journal of Vocational Behavior*, vol. 50, p. 460-481.

ERIKSON, E.H. (1963). « Les huit étapes de l'homme », dans E.H. Erikson, *Enfance et société*, Neuchâtel, Delachaux et Niestlé, p. 169-180. Titre original : *Childhood and Society*.

ERIKSON, E.H. (1963[1950]). *Enfance et société*, Neuchâtel, Delachaux et Niestlé, p. 169-180 (Texte original : *Childhood and Society*).

ERIKSON, E.H. (1968[1958]). *Luther avant Luther, psychanalyse et histoire*, traduit de l'américain par Nina Godneff, Paris, Flammarion, 330 p. (Texte original : *Young Man Luther*, New York, W.W. Norton).

ERIKSON, E.H. (1971[1964]). *Éthique et psychanalyse*, traduit de l'américain par Nina Godneff, Paris, Flammarion (Texte original : *Insight and responsibility*, New York, W.W. Norton).

ERIKSON, E.H. (1972[1968]). *Adolescence et crise, la quête de l'identité*, traduit de l'américain par J. Nass et C. Louis-Combet, Paris, Flammarion (Texte original : *Identity Youth and Crisis*, New York, W.W. Norton).

ERIKSON, E.H. (1974[1969]). *La vérité de Gandhi*, traduit de l'américain par Vilma Fritsch, Paris, Flammarion (Texte original : *Gandhi's Truth, on the Origins of Militant Nonviolence*, New York, W.W. Norton).

ERIKSON, E.H. (1980c[1959]). *Identity and the Life Cycle*, Londres, Norton and Co.

FAIRBAIRN, W.R.D. (1952). *Psychoanalytic Studies of the Personality*, Londres, Tavistock Publications.

FLAHERTY, J. (1999). *Coaching. Evoking Excellence in Others*, Oxford, Butterworth-Heinemann, 200 p.

FORTIN, J. avec la collaboration de C. CUERRIER (2003). *Évaluer un programme de mentorat*, Québec, Les Éditions de la fondation de l'entrepreneurship, coll. « Mentorat ».

FREY, B.R. et R.B. NOLLER (1986). « Mentoring : A promise for the future », *Journal of Creative Behavior*, vol. 20, n° 1, p. 49-51.

FRIEDMAN, L.J. (1999). *Identity's Architect : A Biography of Erik H. Erikson*, New York, Scribner.

GENDRON, P.J. et C. FAUCHER (2002). *Les nouvelles stratégies de coaching*, Montréal, Éditions de l'Homme.

GILLIGAN, C. (1986). *Une si grande différence*, Paris, Flammarion.

GLADSTONE, M. (1988). *Mentoring: A Strategy for Change in a Rapidly Changing Society*, Montréal, Cégep John Abbott.

GOLEMAN, D. (1998). *Working with Emotional Intelligence*, New York, Bantam.

GOULD, R. (1978). *Transformation: Growth and Change in Adult Life*, New York, Simon and Schuster, 343 p.

GOULD, R. (1980). «Transformations during early and middle adult years», dans N.J. Smelser et E.H. Erikson (dir.), *Themes of Work and Love in Adulthood*, Cambridge, Harvard University Press, p. 213-237.

GRAY, W.A. et M.M. GRAY (dir., 1986a). *Mentoring: A Comprehensive Annotated Bibliography of Important References*, Vancouver, International Association for Mentoring.

GRAY, W.A. et M.M. GRAY (dir., 1986b). *Mentoring: Aid to Excellence, 1, 2, Prodeedings of the First International Conference on Mentoring*, Vancouver.

GUAY, M.-M. (2002). «Le mentorat: rien de mieux pour favoriser le développement de carrière et la transmission de la mémoire organisationnelle», *Échange*, octobre, p. 2-9.

GUAY, M.-M. (2002). «Utiliser le mentorat pour gérer les enjeux de la relève», *Actes du colloque Mentorat Québec*, Québec, Mentorat Québec, p. 64-67.

GUSDORF, G. (1991). *Lignes de vie*, Tome I, *Les écritures du moi*, et tome II, *Autobiographie*, Paris, Odile Jacob.

HAIGHT, B.K. et J.D. WEBSTER (1995). *The Art and Science of Reminiscence*, Londres, Taylor and Francis, 323 p.

HARDING, P.P. (1985). *Generativity in the Middle Adulthood*, thèse de doctorat en éducation, Northern Illinois University.

HENNING, M. et A. JARDIM (1977). *The Manegerial Woman*, New York, Doubleday.

HÉTU, J.-L. (2000). *Bilan de vie, Quand le passé nous rattrape*, Montréal, Fides, 190 p.

HOUDE, R. (1989). «Les transitions de la vie adulte et la formation expérientielle», *Éducation permanente*, nos 100/101, p. 143-151.

HOUDE, R. (1990a). «Transition, transformation, crise développementale, individuation et liminalité», à paraître dans *Proceedings of the Second International Conference on the Future of Adult Life*, conférence tenue à Amsterdam en juillet 1990.

HOUDE, R. (1990b). «Le (la) travailleur (se) social(e) et les Temps de la Vie», *Travail social*, revue de l'Association suisse des assistants sociaux (ASAS), vol. 4, p. 2-9.

HOUDE, R. (1990c). «What is the value of the developmental paradigm on adult life?», dans Mike Featherstone (dir.), *Proceedings of the First International Conference on the Future of Adult Life, 2: The Life Course: Crisis, Transitions and Identity Change*, p. 117-139.

HOUDE, R. (1991a). *Les temps de la vie: le développement psychosocial de l'adulte selon la perspective du cycle de vie*, 2e éd. revue et augmentée, Boucherville, Gaëtan Morin.

HOUDE, R. (1991b). «Le concept de générativité appliqué à la vie professionnelle et le rôle de mentor», *Actes du colloque «La carrière au mitan de la vie»*, organisé par la Fédération des cégeps, 4-5 octobre 1990, p. 125-140.

HOUDE, R. (1992). « La vieillesse, un temps de la vie », *Journal des psychologues*, n° 101, p. 30-34.

HOUDE, R. (1992a). « Mentorat, supervision et travail social : 1. La nature du mentorat et les fonctions du mentor », *Travail social*, revue de l'Association suisse des assistants sociaux (ASAS), vol. 6, juin, p. 2-12.

HOUDE, R. (1992b). « Mentorat, supervision et travail social : 2. L'évolution de la relation de mentorat et les programmes de mentorat », *Travail social*, revue de l'Association suisse des assistants sociaux (ASAS), vol. 9, septembre, p. 2-16.

HOUDE, R. (1994). « Y a-t-il une crise du milieu de la vie ? », *Journal des psychologues*, n° 118, p. 34-40.

HOUDE, R. (1995). « À propos des différentes saisons de la vie adulte », *La différence*, Québec, Fides et Musée de la civilisation, p. 114-149.

HOUDE, R. (1995). *Des mentors pour la relève*, Montréal, Éditions du Méridien, 253 p.

HOUDE, R. (1996). *Le mentor : transmettre le savoir-être*, Paris, Éditions Hommes et Perspectives, 230 p.

HOUDE, R. (1999). *Les temps de la vie, Le développement psychosocial de l'adulte selon la perspective du cycle de vie*, 3ᵉ éd., Boucherville, Gaëtan Morin Éditeur, 449 p.

HOUDE, R. (2000). « Le mentorat : une relation de transition », *GenerAction, Cycle de vie – relations interpersonnelles – lien social*, Pro juventute et Pro Senectute (numéro publié en français et en allemand), Zurich, Éditions Pro Senectute, p. 64.

HOUDE, R. (2001). « Le mentorat un défi relationnel : quand le message est le messager », *Actes du colloque « Le mentorat et le monde du travail »* organisé par le comité Réseautage sur le mentorat en novembre 2000, p. 15-31.

HOUDE, R. (2002). « À propos des différentes saisons de la vie », dans IUT – Genève, *La retraite ! Comment réparer un nouveau départ*, Genève, IUT de Genève.

HOUDE, R. (2002). « Devenir mentor… pour la suite du monde », *Pour la suite du monde*, bulletin d'information de l'Association des professeures et professeurs retraités de l'Université du Québec à Montréal, n° 19, février, p. 4-8.

HOUDE, R. (2002). « Erik H. Erikson (1902-1994), le psychologue de la générativité », *Revue québécoise de psychologie*, vol. 23, n° 2, p. 255-267.

HOUDE, R. (2002). « Histoire de vies, histoires de sens », *Chemins de formation au fil du temps… Pratiques d'histoires de vie*, Université de Nantes, n° 3, juin, p. 152-159.

HOUDE, R. (2002). « On the different seasons of adult life », dans IUT – Genève, *Retirement! Paving The Way to a Fresh Start*, Genève, IUT de Genève.

HOUDE, R. (2002). « Sororité, fraternité et histoire de vie », *Vivre au présent, des femmes s'interrogent*, n° 5, p. 4-5.

HOUDE, R. (2002). « Temporalité et construction du sujet par le récit », communication de Renée Houde, Table ronde de fermeture, Actes du Colloque de Nantes : 7 et 8 juin 2001, *Chemins de formation au fil du temps*, n° 4, octobre, p. 76-82.

HOUDE, R. (2003). « La vie adulte, un long fleuve non tranquille », *Le Devoir*, 23-24 août, série « Que sont nos rites devenus ? ».

HOUDE, R. (2004). « Consolider la culture mentorale », *Le Devoir*, 5 janvier.

HOUDE, R. (2004). « La relecture de vie et l'intégrité », dans J.-Y. Robin, Bénédicte de Maumigny-Garban et Michel Soëtard (dir.), *Le Récit biographique. De la recherche à la formation – Expériences et questionnements*, Tome II, Paris, L'Harmattan, p. 51-62.

HOUDE, R. (2004). « Les approches biographiques et les pratiques mentorales », *Actes du colloque Mentorat Québec*, Saint-Adèle, Québec, 12 et 13 novembre 2003, <www.mentoratquebec.org/>.

HOUDE, R. (2005). « La théorie de la bascule », *Chemins de formation*, n° 8, p. 36-48.

HOUDE, R. (2005). « Le mentorat à la croisée de plusieurs phénomènes de communication », dans J. Saint-Charles et P. Mongeau (dir.), *Communication : horizon de pratiques et de recherche*, Québec, Presses de l'Université du Québec, p. 131-157.

HOUDE, R. (2008). « Le mentorat aujourd'hui : des racines et des ailes », *Lumen Vitae*, vol. LXIII, n° 2, p. 129-146.

HUNT, D.M. et C. MICHAEL (1983). « Mentorship : A career training and development tool », *Academy of Management Review*, vol. 8, n° 3, p. 475-485.

IRVINE, J.J. (1985). « The master teacher as mentor : Role perceptions of beginning and masters teachers », *Education*, vol. 106, n° 2, p. 123-130.

JUNG, C.G. (1933[1971]). « The stages of life », dans J. Campbell (dir.), *The Portable Jung*, New York, Viking, p. 3-22.

JUNG, C.G. (1953). *La guérison psychologique*, préface et adaptation du Dr R. Cahen, Genève, Librairie de l'Université, et Paris, Buchet-Chastel.

JUNG, C.G. (1964). *Dialectique du moi et de l'inconscient*, Paris, Gallimard, coll. « Idées ».

JUNG, C.G. (1966). *Ma vie*, Souvenirs, rêves et pensées recueillis et publiés par Aniéla Jaffé, traduction Roland Cahen, Paris, Gallimard.

KALBFLEISCH, P.-J. (1997). « Appraising the mentor », *Aggressive Behavior*, vol. 23, p. 389-403.

KALBFLEISCH, P.-J. (2000). « Similarity and attraction in business and academic environments : Same and cross-sex mentoring relationships », *Review of Business*, vol. 21, p. 58-61.

KALBFLEISCH, P.-J. (2002). « Communicating in mentoring relationships : A theory for enactment », *Communication-Theory*, février, vol. 12, n° 1, p. 63-69.

KANTER, R. (1977). *Men and Women of the Corporation*, New York, Basic Books.

KARPEL, J. (1976). « Individuation : From fusion to dialogue », *Family Process*, mars, p. 65-82.

KENNEDY, C.E. (1990). « Adulthood », dans Robert Murray Thomas (dir.), *The Encyclopedia of Human Development and Education : Theory, Research and Studies*, Toronto, Pergamon Press.

KLAUSS, R. (1981). «Formalized mentor relationships for management and executive development programs in the federal government», *Public Administration Review*, vol. 41, n° 4, p. 489-496.

KNOX, P.L. et T.V. McGOVERN (1988). «Mentoring women in academia», *Teaching of Psychology*, vol. 15, n° 1, p. 39-41.

KRAM, K. (1983). «Phases of the mentor relationship», *Academy of Management Journal*, vol. 26, n° 4, p. 608-625.

KRAM, K. (1985). *Mentoring at Work: Developmental Relationships in Organizational Life*, Glenview, Foresman.

KRAM, K. (1985a). «Improving the mentoring process», *Training and Development Journal*, vol. 39, n° 4, p. 40-43.

KRAM, K. (1987). «Mentoring in the workplace», dans D. Hall *et al.* (dir.), *Career Development in Organizations*, San Francisco, Jossey-Bass, p. 160-201.

LAING, R.D. (1970). *Nœuds*, traduits de l'anglais par C. Elsen, Paris, Éditions Stock + Plus.

LANKAU, M.J. et T.A. SCANDURA (2002). «An investigation of personal learning in mentoring relationships: Content, antecedents and consequences», *Academy of Management Journal*, vol. 45, p. 779-790.

LEAN, E. (1983). «Cross-gender mentoring – downright upright and good for productivity», *Training and Developmental Journal*, vol. 37, n° 5, p. 60-65.

LÉGARÉ, C. (2004). *Implantation et évaluation du programme de cybermentorat Academos, visant à faciliter l'exploration professionnelle des étudiants de niveau collégial*, thèse présentée comme exigence partielle du doctorat en psychologie, août, 306 p.

LEGRAND, M. (1993). *L'approche biographique*, Marseille, Hommes et Perspectives.

LEJEUNE, P. (1979). *Le Pacte autobiographique*, Paris, Seuil.

LEJEUNE, P. (1980). *Je est un autre: l'autobiographie, de la littérature aux médias*, Paris, Seuil.

LEMAIRE, P.-M. (1989). «Qu'est-ce que la communication?», *Communication et culture*, Québec, Les Presses de l'Université Laval, p. 41-65.

LERNER, H.G. (1989). *The Dance of Intimacy, A Women's Guide to Courageous Acts of Change in Key Relationships*, New York, Harper and Row.

LEVINSON, D.J. (1986). «A conception of adult development», *American Psychologist*, vol. 41, n° 1, p. 3-13.

LEVINSON, D.J. (1990). «A theory of life structure development in adulthood», dans C.N. Alexander et E.J. Langer, *Higher Stages of Development, Perspectives on Adult Growth*, New York et Oxford, Oxford University Press, p. 35-54.

LEVINSON, D.J., C.N. DARROW, E.B. KLEIN, M.H. LEVINSON et B. McKEE (1978). *The Seasons of a Man's Life*, New York, A.A. Knopf, 363 p.

LOUIS, S. (1994). «Jeunes femmes sous influence», dans Conseil du statut de la femme, *La gazette des femmes*, p. 20-23.

McADAM, D. et C. SIMPSON (2003). *Former les mentors et les mentorés*, Québec, Les Éditions de la Fondation de l'entrepreneurship, coll. «Mentorat».

McADAMS, D.P. (1993). *Stories We Live By, Personal Myths and the Making of the Self*, New York, William Morrow, 336 p.

McADAMS, D.P., H.M. HART et S. MARUNA (1998). « The anatomy of generativity », dans D.P. McAdams et E. de St. Aubin (dir.), *Generativity and Adult Development: How and Why We Care for the Next Generation*, Washington, American Psychological Association. p. 7-44.

McGOWEN, E.M. (2001). *Texts and Contexts of Reciprocity: Five Models of Mentoring*, inédit.

McNAMEE, S. et K. GERGEN (1999). « An invitation to relational responsibility ». dans S. McNamee et K. Gergen (dir.), *Relational Responsibility: Resources for Sustainable Dialogue*, Thousand Oaks, Sage, p. 3-28.

MISSIRIAN, A. (1982). *The Corporate Connection: Why Executive Women Need Mentors to Reach the Top*, Englewood Cliffs, Prentice-Hall.

MORNEAU, C. (2003), *Coordonner un programme de mentorat*, Les Éditions de la Fondation de l'entrepreneurship, Québec, coll. « Mentorat ».

MULLEN, E. (1998). « Vocational and psychological mentoring functions: Identifying mentors who serve both », *Human Resource Development Quarterly*, vol. 9, p. 319-331.

MURRAY, M. (2001). *Beyond the Myths and Magic of Mentoring*, San Francisco, Jossey-Bass, 234 p.

NŒ, R.A. (1988a). « An investigation of the determinants of successful assigned mentoring relationships », *Personnel Psychology*, vol. 41, p. 457-479.

NŒ, R.A. (1988b). « Women and mentoring: A review and research agenda », *Academy of Management Review*, vol. 13, n° 1, p. 65-78.

OTTO, M.L. (1994). « Mentoring: An adult developmental perspective », dans J.A. Wunsch (dir.), *Mentoring revisited: Making an impact on individuals and institutions*, *New Directions for Teaching and Learning*, vol. 57, printemps, p. 27-34

OTTO, M.L. (1994). « Mentoring: An adult developmental perspective », dans J.A. Wunsch (dir.), *Mentoring revisited: Making an impact on individuals and institutions*, San Francisco, Jossey-Bass, p. 27-34.

PELUCHETTE, J.V. et S. JEANQUART (2000). « Professionals' use of different mentor sources at various career stages: Implications for career success », *Journal of Social Psychology*, vol. 140, p. 549-564.

PERKINS, J. et N. BLYLER (1999). « Taking a narrative turn in professional communication », dans N. Blyler et J.M. Perkins (dir.), *Narrative and Professional Communication*, Stanford, Ablex, p. 1-34.

PERRONE, J. (2001). « Moving from telling to empowering », *Healthcare Executive*, vol. 16, n° 5, p. 60-61.

PHILLIPS, L. (1978). « Mentors and protégés: A study of the career development of women managers and executives in business and industry », thèse de doctorat, dans *Dissertation Abstracts International*, vol. 38, n° 11.

PHILLIPS-JONES, L. (1982). *Mentors and protégés*, New York, Arbor House.

PHILLIPS-JONES, L. (1983). « Establishing a formalized mentoring program », *Training and Development Journal*, vol. 37, n° 2, p. 38-42.

PINEAU, G. et J.-L. LE GRAND (1993). *Les histoires de vie*, Paris, Presses universitaires de France, coll. « Que sais-je? ».

PINEAU, G. et Marie-Michèle (1983). *Produire sa vie: autoformation et autobiographie*, Montréal, Éditions Albert St-Martin.

POEPLE, A. (2003). *Concevoir et implanter un programme de mentorat*, Québec, Les Éditions de la Fondation de l'entrepreneurship, coll. « Mentorat ».

RAGINS, B.R. (1989). « Barriers to mentoring: The female manager's dilemma », *Human Relations*, vol. 42, n° 1, p. 1-22.

RAGINS, B.R. (2002). « Understanding diversified relationships: Definitions, challenges and strategies », dans D. Clutterbuck et B.R. Ragins, *Mentoring and Diversity: An International Perspective*, Oxford, Butterworth-Heinemann, p. 23-54.

RAGINS, B.R. et J.C. COTTON (1991). « Easier said than done: Gender differences in perceived barriers to gaining a mentor », *The Academy of Management Journal*, vol. 34, n° 4, p. 939-952.

RAGINS, B.R. et J.L. COTTON (1999). « Mentor functions and outcomes: A comparison of men and women in formal and informal mentoring relationships », *Journal of Applied Psychology*, vol. 84, p. 529-550.

RAGINS, B.R., J.L. COTTON et J.S. MILLER (2000). « Marginal mentoring: The effects of type of mentor, quality of relationship, and program design on work and career attitudes », *Academy of Management Journal*, vol. 43, p. 110-132.

RAGINS, B.R. et K.E. KRAM (dir.) (2007). *The Handbook of Mentoring at Work: Theory, Research, and Practice*, Los Angeles, Sage Publications.

RAGINS, B.R. et K.E. KRAM (dir.) (2007). *The Handbook of Mentoring at Work: Theory, Research, and Practice*, Los Angeles, Sage Publications.

RAGINS, B.R. et D.B. McFARLIN (1990). « Perceptions of mentor roles in cross-gender mentoring relationships », *Journal of Vocational Behavior*, vol. 37, p. 321-339.

RAWLES, B. (1980). « The influence of a mentor on the level of self-actualisation of american scientists », thèse de doctorat, Ohio State University, dans *Dissertation Abstracts International*, vol. 41.

REICH, M.H. (1986). « The mentor connection », *Personnel Journal*, février, p. 50-57.

RÉSEAU DE PARRAINAGE DE LA FONDATION DE L'ENTREPRENEURSHIP ET SES PARTENAIRES (RPFE) (2000). *Guide pour les entrepreneurs parrainés*, Québec, Fondation de l'entrepreneurship.

RÉSEAU DE PARRAINAGE DE LA FONDATION DE L'ENTREPRENEURSHIP ET SES PARTENAIRES (RPFE) (2000). *Guide pour les mentors*, Québec, Fondation de l'entrepreneurship.

RICŒUR, P. (1983). *Temps et récit. 1. L'intrigue et le récit historique*, Paris, Éditions du Seuil.

RICŒUR, P. (1984). *Temps et récit. 2. La configuration dans le récit de fiction*, Paris, Éditions du Seuil.

RICŒUR, P. (1985). *Temps et récit. 3 Le temps raconté*, Paris, Éditions du Seuil.

RICŒUR, P. (1990). *Soi-même comme un autre*, Paris, Éditions du Seuil.

RICŒUR, P. (2000). *La mémoire, l'histoire, l'oubli*, Paris, Éditions du Seuil.
RIVERIN-SIMARD, D. (1984). *Étapes de vie au travail*, Montréal, Albert Saint-Martin.
SATIR, V. (1980). *Pour retrouver l'harmonie familiale*, Montréal, Éditions France-Amérique.
SCANDURA, T.A. et E.K. PELLEGRINI (2004). « Competences of building the developmental relationship », dans D. Clutterbuck et G. Lane (dir.), *The Situational Mentor: An International Review of Competences and Capabilities in Mentoring*, Aldershot, Gower Publishing Limited, p. 83-93.
SCHUTZ, W. (1958). *The Interpersonal Underworld* (FIRO), Palo Alto, Science and Behavior Books
SHEA, G.F. (1997). *Mentoring: How to Develop Successful Mentor Behaviors* Menlo Park, Crisp Publications Inc., 89 p.
SHEA, G.F. (2002). *Mentoring: How to Develop Successful Mentor Behaviors*, Menlo Park, Crisp Learning.
SHEA, G.F. (2003). *The Mentoring Organization*, Menlo Park, Crisp Learning.
SHEEHY, G. (1976). *Passages: Predictable Crisis of Adult Life*, New York, E.O. Dutton and Co. Inc. Version française: *Passages: les crises prévisibles de la vie adulte*, Montréal, Select, 1977.
SHERMAN, E. (1987). *Meanings in Mid-Life*, Albany, State University of New York Press.
ST-ARNAUD, Y. (1982). *La personne qui s'actualise: traité de psychologie humaniste*, Boucherville, Gaëtan Morin.
STEIN, J.O. (1981). « A study of change during the midlife transition in men and women with special attention to the intrapsychic dimension », thèse de doctorat en *counseling psychology*, Evanston.
STEIN, J.O. et M. STEIN (1987). « Psychotherapy, initiation, and the midlife transition », dans Louise Carus Madhi *et al.*, *Betwixt and Between*, LaSalle, Open Court, p. 287-303.
STEIN, M. (1983). *In Midlife: A Jungian Perspective*, Dallas, Spring Publications, 149 p.
STORR, A. (1970). *La maturation de la personnalité, devenir personnel et approche psychothérapeutique*, Toulouse, Éditions Privat, coll. « Bibliothèque de psychologie clinique ».
STORR, A. (1991). *Solitude: les vertus du retour à soi-même*, traduit de l'anglais par B. Vierne, Paris, Robert Laffont, coll. « Réponses »; paru en 1988 sous le titre *The School of Genius*, cet ouvrage a ensuite été publié en 1989 sous le titre anglais *Solitude*.
SULLIVAN, H.S. (1953). *The Interpersonal Theory of Psychiatry*, New York, W.W. Norton.
SWAP, W., D. LEONARD *et al.* (2001). « Using mentoring and storytelling to transfer knowledge in the workplace », *Journal of Management Information Systems*, vol. 18, n° 1, p. 95-114.
TURBAN, D. et T. DOUGHERTY (1994). « Role of protege personality in receipt of mentoring and career success », *Academy of Management Journal*, vol. 37, p. 688-702.

TURBAN, D.B. et F.K. LEE (2007). « The role of personality in mentoring relationships: formation, dynamics, and outcomes », dans B.R. Ragins et K.E. Kram (2007). *The Handbook of Mentoring at Work: Theory, Research, and Practice*, Los Angeles, Sage Publications, p. 21-51.

TURKEL, S.B. et T. ABRAMSON (1986). *Peer-Tutoring and Mentoring as a Drop-Out Prevention Strategy*, Port Washington, The Clearing House.

TURNER, V.W. (1969). *The Ritual Process: Structure and Anti-Structure*, Chicago, Aldine.

VAILLANT, G.E. (1977). *Adaptation to Life*, Boston, Little Brown.

VARELA, F.J. (1989). *Autonomie et connaissance: essai sur le vivant*, Paris, Seuil, coll. « La couleur des idées ».

VIORST, J. (1988). *Les renoncements nécessaires: tout ce qu'il faut abandonner en route pour devenir adulte*, Paris, Laffont, coll. « Réponses ».

Von FRANZ, M.-L. (1967). « Le processus d'individuation », *L'homme est ses symboles*, Paris, Pont Royal, p. 158-230.

Von FRANZ, M.-L. (1984). *La femme dans les contes de fées*, Paris, La Fontaine de Pierre.

Von FRANZ, M.-L. (1987). *L'interprétation des contes de fées*, Paris, La Fontaine de Pierre.

WADNER, D. (1981). *The Use of Transitional Partners During Midlife*, thèse de doctorat, Northwestern University, University Microfilms International.

WATZLAWICK, P., J. WEAKLAND et R. FISCH (1975). *Changement: paradoxes et psychothérapie*, Paris, Seuil.

WHITTAKER, M. et A. CARTWRIGHT (2000). *The Mentoring Manual*, Aldershot, Gower Ed.

WINNICOTT, D.W. (1969). « Objets transitionnels et phénomènes transitionnels », dans D.W. Winnicott, *De la pédiatrie à la psychanalyse*, Paris, Petite bibliothèque Payot, p. 109-126.

WINNICOTT, D.W. (1980). *Les processus de maturation chez l'enfant, développement affectif et environnement*, Paris, Petite bibliothèque Payot.

YOURCENAR, M. (1974). *Mémoires d'Hadrien*, Paris, Gallimard, coll. « Folio ».

ZACHARY, L.J. (2000). *The Mentor's Guide: Facilitating Effective Learning Relationships*, San Francisco, Jossey-Bass Publishers.

ZACHARY, L.J. (2005). *Creating a Mentoring Culture: The Organization Guide*, San Francisco, Jossey-Bass Publishers.

ZEY, M.-G. (1984). « Mentoring programs: Making the right moves », *Personnel Journal*, vol. 64, n° 2, p. 53-57.

ZEY, M.-G. (1988). « A mentor for all reasons », *Personnel Journal*, vol. 67, n° 1, p. 46-51.

INDEX

A

Abbott, I.O., 8, 211, 253, 257
Abramson, T., 112, 264
accompagnement, 11-13, 157, 186, 212, 213, 220, 232
aires de vie, 30-34, 106, 199
Alberoni, F., 54, 253
Allen, T.D., 80, 177, 180, 188, 195, 211, 253
Ambrose, L., 253
approches biographiques, 219-223, 225, 227, 228, 233, 238, 250, 252
Athéna, 7, 8

B

Baum, S.H., 253
Beck, L., 253
Benabou, C., 113, 253
Bertaux, D., 221, 222, 223, 224, 253
Blake-Beard, S.D., 188, 254
Bly, R., 4, 92, 254
Blyler, N., 261
Brandes, S., 89, 254
Brown, R., 103, 256, 264
Burke, R.J., 254
Burroughs, S.M., 177, 253

C

Cameron, S.W., 197, 254
Carden, A.D., 26, 103, 144, 145, 177, 193, 198, 254
Caron, L., 254
Cartwright, A., 264
Cesa, L.L., 177, 254
champ d'application du mentorat, 192
Chao, G., 254
Cherniss, C., 37, 38, 254
Chiriboga, D.A., 254
choix de carrière, 45, 46, 55, 60
Cicéron, 44
Clawson, J.G., 179, 187, 208, 254
cloning, 86, 93, 132, 137, 183
Clutterbuck, D., 104, 105, 205, 255, 262, 263
Cohe, N.H., xv, 105, 106, 255
Colarusso, C.A., 24, 129, 255
Collin, A., 205, 217, 255
communication
    initiatique, xv, 150, 151
    modèle cybernétique de la –, 14, 151
constellation mentorale, 117, 118
contexte de la relation, 199
Cornu, L., 15, 255

Cotton, J.L., 119, 184, 262
Cronan-Hillix, T., 177, 255
Cronan-Hillix, W.A., 255
Cuerrier, C., 17, 113, 211, 214, 255, 256
cybermentorat, xi, xvii, 215
Cyrulnik, B., 255

D

Darling, L., 178, 255
Darrow, C.N., 260
Davidson, W.S., 255
De Bellefeuille, L., 150, 255
défi, 94-98, 103, 104, 106, 126-128, 212
Denzin, N.K., 223, 256
désillusion créatrice, 66, 67, 135, 136, 143
deuil, 30, 51, 67, 72, 110, 138, 140, 161, 162, 237
Dougherty, T., 264

E

Eby, L.T., 180, 188, 194, 211, 253, 256
écueils, 132, 133, 137, 141, 153, 216
Egan, T.M., 188, 256
Ensher, E.A., 178, 256
entrée dans le monde adulte, 29, 35, 48, 60, 72, 160, 244, 251
Erikson, E.H., 9, 17, 29, 35, 36, 42, 48, 60, 73-75, 128, 160, 167, 177, 205, 241-252, 256-258
espace transitionnel, 27, 142, 155-157
évolution de la relation mentorale, 123-154
    commencement, 129-133
    dénouement, 138-142
    déroulement, 133-138

F

facteurs d'attraction, 177-178
Fairbairn, W.R.D., 82, 84, 256
Faucher, C., 256
femme spéciale, 53, 55
figure
    de transition (ou figure transitionnelle), 27, 42, 60, 156
    d'identification, 24, 27
    significative, 12, 13, 24, 38, 231, 232

filiation, 4-6, 23, 60, 218, 236, 239
Fisch, R., 264
Flaherty, J., 113, 256
Fortin, J., 256
Fraser, S.C., 177, 254
Freud, A., 243, 244
Freud, S., 12, 142-144, 156, 164, 243, 248, 252
Frey, B.R., 256
Friedman, J.L., 242, 243, 245, 251, 252, 256

G

Gardner, P., 254
Gendron, P.J., 256
génération sandwich, 68
générativité, 16, 17, 29, 40, 48, 62, 67, 73-80, 90, 120, 128, 135, 156, 177, 178, 194, 199, 201, 205, 212, 217, 218, 226, 236, 241, 247-249, 252
Gensheimer, L.K., 255
Gergen, K., 261
Gilligan, C., 75, 256
Gladstone, M., 257
Goethe, 15, 36, 226
Goleman, D., 38, 257
Gould, R., 9, 12, 29, 35, 38, 46, 257
Gray, M.M., 254, 255, 257
Gray, W.A., 254, 255, 257
Guay, M.-M., 257
Gusdorf, G., 257

H

Haight, B.K., 223, 257
Harding, P.P., 76, 77, 78, 79, 257
Hart, H.M., 261
Henning, M., 257
Hermès, 163, 165
Hétu, J.-L., 257
histoire de vie, 11, 17, 117, 134, 220-225, 227, 229, 238, 242, 247, 250, 251
homme spécial, xiv, 54, 55
Houde, R., 11, 50, 77-79, 105, 113, 114, 125, 129, 160, 220, 257-259
Hunt, D.M., 196, 197, 259

I

idole, 25, 26, 92, 112
individuation, 6, 24, 27, 28, 82-86, 93, 128, 167, 182, 226, 236, 237, 264
intégration de nouvelles compétences, 135
intergénération, 242, 247-250, 252
intersubjectivité, 12
intimité, 28-30, 42, 47, 48, 60, 64, 75, 147, 151, 226, 247, 252
investissement affectif, 25, 26, 80, 104, 132, 174
Irvine, J.J., 131, 259
isolement, 29, 30, 42, 48, 60, 75, 84, 124, 126

J

Janus, 65
Jardim, A., 177, 257
Jeanquart, S., 261
Jung, C.G., 9, 31, 63, 72, 142-144, 156, 160, 164, 167, 245, 259
   individuation, 167
   métaphore de la journée, 63, 64
   persona, 160, 161, 165
   polarité jeune-vieux, 31, 72
   relation entre Jung et Freud, 142-144, 156, 164

K

Kalbfleisch, P.-J., 259
Kanter, R., 102, 177, 259
Karpel, J., 82-85, 167, 259
Kennedy, C.E., 86, 259
Klauss, R., 207, 260
Klein, E.B., 260
Knox, P.L., 79, 178, 260
Kram, K.E., 9, 102-105, 146-149, 177, 195, 196, 207, 208, 211, 253-255, 260, 262, 264

L

Laing, R.D., 189, 260
Lane, G., 255, 263
Lankau, M.J., 195, 260
Lean, E., 209, 260
Lee, F.K., 177, 264

Légaré, C., 215, 260
Le Grand, J.-L., 5, 157, 262
Legrand, M., 224, 260
Lejeune, P., 221, 260
Lemaire, P.-M., 150, 151, 260
Lentz, E., 253
Leonard, D., 263
Lerner, H.G., 82, 260
Levinson, D.J., 9, 24, 25, 29, 31, 35, 49, 51, 53, 56, 67, 72, 93, 96, 102, 119, 120, 126, 128, 129, 145, 146, 177, 250
Levinson, M.H., 260
Lima, L., 253
liminalité
   phase de
      liminalité proprement dite, 163-166
      reconstitution, 166, 167
      séparation, 159-162
   sens
      anthropologique de la –, 158
      psychologique de la –, 158, 167
      sociologique de la –, 158
   types de – 158, 159
      synchronique, 168
      diachronique, 160
Louis, S., 102, 256, 260

M

Maruna, S., 261
maturité
   interpersonnelle, 81
   personnelle, 40, 81, 113, 136
   relationnelle, 82, 86, 113, 132, 183
McAdams, D.P., 223
McFarlin, D.B., 100, 119
McGowen, E.M., 188
mentor
   avoir un –, 43-60
   caractéristiques du –, 78, 80, 199
   choix d'un –, 173-189
   devenir un –, 36
   origine du mot, 7-9
mentorat
   but du –,16, 91-94
   de carrière, 92, 102, 104, 106, 189, 200
   dimensions (3D) du –, 94-97
   essentiel *versus* instrumental, 205, 206, 217

fonctions du –, 34, 98-102, 116, 152, 193
  informel *versus* formel, 206
  résurgence du –, 9-10
Michael, C., 196, 197, 259
Miller, J.S., 262
Missirian, A., 146, 261
mitan, 29, 62-90
  nouvelle donnée, 86-90
  stress du –, 67-70
  tâches du –, 72, 80
mode relationnel, 47, 83-86, 132, 133, 183
  – mature, 85, 86
Mullen, E., 261
Murphy, S.E., 178, 256
Murray, H., 244

N-O

Nemirof, R.A., 255
Noe, R.A., 119, 184, 202, 206-210
Noller, R.B., 256
Otto, M.L., 261

P

parrain, 112, 194
partenaire transitionnel, 27, 28, 35, 79, 141, 142, 176, 182
passeur, 5, 15, 22-24, 27, 153, 154, 176
Pellegrini, E.K., 263
Peluchette, J.V., 261
Perkins, J., 261
Perrone, J., 253, 261
persona, 160, 161, 165
personne
  nourrissante, 36, 37, 38
  toxique, 37
phase
  de reconstitution du soi, 142, 163, 166, 167, 237
  de séparation, 145, 147, 148, 158, 160-163, 237
Phillips, L., 144-146, 149, 209, 210, 261, 262
Phillips-Jones, L., 144-146, 149, 209, 210, 261, 262
Pineau, G., 11, 225, 262
Poeple, A., 262

Poteet, M.L., 80, 177, 253
prise de contact, 129, 130, 133, 145, 147, 150, 186, 228, 233
processus de séparation, 129, 162
programme de mentorat, 130, 138, 189, 194, 202-218
  – conditions de réussite, 209, 211
projet, 45, 51, 62, 86, 93-98, 106, 129, 130, 134, 164, 212, 225
psychologie narrative, 222, 223
puer, 31, 32, 236

R

Ragins, B.R., 9, 100, 104, 119, 177, 179, 184, 211, 253-255, 262, 264
RAME, 220, 228, 229, 232, 233
Rawles, B., 195, 262
récit de vie, 220-226, 228, 230-232, 250, 251
Reich, M.H., 118, 196, 208, 262
relation
  amoureuse, 16, 53, 60, 69, 80, 115
  d'inégalité, 130
  objectale, 27, 176
  plus égalitaire, 136
  transitionnelle, 28, 116, 156, 157
Rêve de vie, 149-53, 70, 79, 80, 92-94, 96, 97, 106, 111, 130, 159, 204
Ricoeur, P., 222, 226, 227
Riverin-Simard, D., 78, 263
rôles connexes, 111, 118

S

sagesse, 8, 44, 62, 71, 79, 87, 89, 151, 180, 181, 247
Satir, V., 139, 263
Scandura, T.A., 119, 195, 260, 263
Schutz, W., 130, 263
senex, 30-32, 236
sentiment d'identité, 49, 160, 165-167, 237
Shea, G.F., 263
Sheehy, G., 76, 263
Sherman, E., 74, 263
Simpson, C., 261
soutien, 28, 77, 84, 88, 94--98, 101-105, 109, 115, 129, 133, 147-149, 193, 212, 2167

stagnation, 29, 48, 73, 74, 75, 76, 80, 247, 249
St-Arnaud, Y., 263
Stein, J.O., 158, 160, 161, 163-168, 263
Stein, M., 156, 158-166, 168, 263
Storr, A., 54, 81, 124, 263
stress interpersonnel, 69
structure de vie, 32, 33, 35, 47, 49, 50, 51, 52, 53, 60, 70, 79, 96, 126, 161, 162, 166, 167, 176, 182
Sullivan, H.S., 12, 263
Swap, D., 263

T

tâche développementale, 29, 34, 56, 176
transmission, 11, 13-16, 72, 212, 217, 218, 236
Turban, D.B., 177, 264
Turkel, S.B., 112, 264
Turner, V.W., 158, 168, 264
tuteur, 5, 7, 112, 113, 159, 163, 166, 169, 194, 204

V

Vaillant, G.E., 29, 71, 76, 78, 196, 264
Van Gennep, A., 158, 163
Varela, F.J., 23, 264
Viorst, J., 30, 62, 69, 264
Von Franz, M.-L., 164, 168, 264

W

Wadner, D., 27, 28, 35, 79, 115, 129, 141, 142, 167, 176, 182, 264
Walz, P., 254
Watzlawick, P., 264
Weakland, J., 264
Webster, J.D., 8, 257
Whittaker, M., 264
Winnicott, D.W., 25, 27, 82, 95, 156, 264

Y-Z

Yourcenar, M., 26, 54, 192, 264
Zachary, L.J., 264
Zey, M.-G., 194, 197, 209, 210, 264

Marquis imprimeur inc.

Québec, Canada
2010

Imprimé sur du papier Silva Enviro 100% postconsommation traité sans chlore, accrédité Éco-Logo et fait à partir de biogaz.

certifié — procédé sans chlore — 100 % post-consommation — archives permanentes — énergie biogaz